혼돈의 시대

혼돈의 시대

거 대 한
전 환 점 이 될
팬 데 믹 이 후
10년을 통찰하다

김동원 지음

매일경제신문사

프롤로그

《전체에 대한 통찰》(김현 평론집, 나남, 1990)을 처음 보는 순간 번개를 맞은 듯했다. 그리고 긴 시간이 지나도록 필자의 뇌리 속에 맴돌고 있던 이 책 제목을 필자는 2018년 미·중 무역 마찰과 2020년 코로나 팬데믹 충격 이후 곱씹기 시작했다. 이 사건들 이후 필자가 이해하고 있는 얼마간의 경제학 지식으로는 더 이상 경제현상을 설명하는 것이 어렵다고 느껴졌기 때문이다. 칼 폴라니Karl Polanyi의 《거대한 전환》이나 에릭 홉스봄Eric Hobsbawm의 18세기 말부터 20세기 초 1차 세계대전 직전까지의 역사 3부작은 대표적으로 위대한 시대에 대한 통찰이다.

선진국들이 2010년대에 2008년 세계 금융위기의 상처를 치유하는 데 골몰했던 시기에 상대적으로 유리한 상황에 있던 중국은 '중국몽中國夢'으로 G1 국가인 미국의 위상을 자극하기 시작했다. 더구나 미국은 스스로 세계 경찰의 자리에서 물러나고자 함으로써 세계의 국제정치와 경제 시스템을 주도하는 글로벌 거버넌스는 혼란에 빠졌다. 여기에 양극화로 중병이 든 자본주의와 부족정치로 갈라진 각국의 정치

판도 부족해서 기후변화와 바이러스까지 인류를 위협하면서 2020년 대의 세계는 혼돈에 직면하고 있다. 더구나 코로나 팬데믹은 우리 생활 곳곳을 디지털로 바꾸어 놓으면서 기술적으로는 디지털 전환의 융합과 복합시대로 돌입하게 했다.

도대체 우리의 시대는 어디로 가고 있는가? 우리는 과연 지금 무엇을 하고 있는가? 이 시대를 사는 누구라도 한번쯤 가졌을 이 의문에 답하기 위해서 필자는 지금이야말로 '시대에 대한 통찰'이 절실하게 필요하다고 생각했다. 국제정치는 물론 디지털혁명에 대한 이해도 부족한 필자로서 이 시대를 전체로 살피는 작업은 감히 넘보기조차 과분한 과제다. 부족하나마 얼마간이라도 통찰을 이야기할 수 있다면, 가치 있는 일이라는 생각에서 긴 시간 고민 끝에 감히 이 작업을 착수하게 되었다.

이 책에서 전문적인 이해 부족으로 사실의 오류나 잘못된 해석을 기술했을 수도 있으며, 어떤 독자의 정서에는 맞지 않는 서술을 포함했을 수 있다. 이 모두는 전적으로 필자의 부족함에 있으며 마땅히 필자의 책임이다. 필자의 시대에 대한 통찰을 독자들과 나누고자 했던 의도가 독자들이 2020년대를 이해하는 데 도움이 되었는지 아니면 독자들의 시대에 대한 이해를 어지럽혔는지 그 여부는 독자들 판단에 달려 있다.

필자에게 평소 시대의 담론을 과분하게 요구하시는 정덕구 니어재단 이사장님과 필자가 중앙일보에 연재하고 있는 '김동원의 이코노믹스'를 통해 시대의 고민을 함께 해온 김동호 논설위원께 감사드리며, 이제 그동안 답답한 시간을 참고 기다려준 가족들에게 돌아가고자 한다.

CONTENTS

PART 6 희망의 대한민국

PART 1

2020년대, 세기적 대전환기

시대적 사건에 대하여 제대로 된 전망을 갖는다는 것은 어려운 일이다. ⋯ 그러나 복잡한 현상 속에서 조짐은 한 방향으로만 흐르지 않는다. 우리는 사건들이 모두 합당한 원인을 가지고 있는 것은 아니라는 점에 너무 즉각적이고 필연적으로 반응하여 결과를 예상하기 때문에 오류를 범할 수 있다. 전망 그 자체의 어려움은 우리로 하여금 예측의 정확성을 의심케 한다. 더구나 우리의 상상력은 이야기하기에 너무 놀라워서 흥분되기보다는 침울해 있기 쉬우며, 우리의 마음은 '전망이 너무 나빠서 사실일 리 없다'고 단념하기 쉽다.

존 메이너드 케인스의 《평화의 경제적 결과(1919)》 중에서

100년 만의 '대전환'

"20세기가 미국의 세기였던 것처럼, 만약 21세기가 아시아의 시대라면, 작금의 세계적 전염병은 그 전환점으로 기억될 것이다. 우리는 단순히 극적인 사건을 겪고 있는 것이 아니라 역사의 전환기를 살고 있다."

로렌스 서머스[1]

1803년 5월 시작하여 1815년 7월까지 13년에 걸친 나폴레옹 전쟁이 끝난 이후 1914년 7월 1차 세계대전이 발발하기까지 소위 '백년 평화'가 있었다. 이 기간 동안 신흥 프로이센이 유럽의 맹주로 등장하는 과정에서 프로이센–오스트리아 전쟁(1866)과 프로이센–프랑스 전쟁(1870-1871)이 있었지만 나폴레옹 전쟁과 같이 유럽 전체를 전쟁의 소용돌이로 몰아넣는 비극적인 전쟁은 일어나지 않았다. 특히 1871년에서 1914년 사이에 대규모 전쟁은 없었다. 또한 1815~1914년의 백 년은 정치적으로는 프랑스의 경우 민주화를 지향하는 혁명의 시대(1830.

1846, 1870)[2]였으며, 산업혁명을 통해 노동자 계급이 정치 세력화하는 기간이었다. 경제적으로는 영국에서 시작된 산업혁명이 유럽 대륙으로 확산되는 시대였으며, 국제적으로는 산업혁명으로 팽창하는 경제력을 배경으로 유럽 열강들이 세계로 뻗어나가는[3] '팽창의 시대'라고 할 수 있었다.

말하자면 유럽 각국들이 국내에서는 산업혁명으로 국부를 키우고 밖으로는 식민지를 확장하는 데 열중함으로써 나폴레옹 전쟁과 같은 대규모 전쟁도 없었다. 그리고 산업혁명과 식민지 팽창을 통한 경제적 번영을 배경으로 문화적으로는 소위 낭만주의(1800~1850)를 꽃피웠다.

대규모 전쟁이 없는 평화시대였다고 해서 유럽 제국들이 각자 내포하고 있는 정치적·경제적·사회적 역동성이 정지된 것은 아니었다. 영국의 경제력은 19세기 말 확실히 쇠퇴하기 시작했으며[4] 식민지에 의존하고 있었다. 반면에 1870년 프랑스를 격파한 프로이센 왕국은 빌헬름 1세가 1871년 독일 황제로 즉위함으로써 통일국가로 부상하는 한편 산업혁명을 급속하게 추진해나갔다. 통일 독일이 부상하면서 유럽의 판도를 바꿨다. 통일 독일은 오스트리아-헝가리 제국을 압박하는 한편, 오스트리아-헝가리 제국은 동남쪽 발칸 반도에 대한 지배권을 두고 러시아와 충돌하고 있었다. 더구나 터키제국의 쇠퇴로 인한 발칸 반도에 대한 지배력에 공백이 발생하면서 발칸의 다양한 민족들의 민족주의가 확산됨으로써 발칸 반도의 긴장은 높아졌다.

특히 독일은 해군력을 급속하게 확대함으로써 영국과의 해군력 경쟁을 초래했고 유럽은 전운에 휩싸였다. 산업혁명의 가속화로 경제력과 군사력이 강화된 독일은 유럽에서 지배력을 시험할 기회를 노리고

표 1-1 세기적 대전환기 비교

사건 패러다임	기간	비고
100년 평화	1815년~1914년(100년)	나폴레옹 전쟁 1803년~1815년
1차 세계대전 스페인 독감	1914년 7월~1918년 11월 1918년 7월~ 1919년 4월	938만 명 전사 5억 명 감염, 5,000만 명 사망
파리강화회의	1919년 1월~6월	독일 응징
대공황	1929년 10월(41년)	파시즘 촉진
2차 세계대전	1939년 9월~1945년 9월	2,500만 명 전사
냉전체제(양극체제)	1945년 9월~ 1989년 11월(45년)	베를린 장벽 붕괴 1991년 12월 소련 연방 해체
팍스 아메리카나 세계화	1990년~2018년 4월(30년) 2018년 4월: 미중 무역마찰 개시 2018년 12월: 미군 시리아 철수 발표	골디락스 경제 (2000년~2006년) 세계금융위기(2008년 9월)
포스트 팍스 아메리카나 포스트 글로벌라이제이션 포스트 코로나바이러스 팬데믹	2020년대~?	대침체, 자본주의 쇠퇴, 민주주의 쇠퇴

있었고, 그러던 차에 1914년 7월 28일 오스트리아-헝가리 제국이 세르비아를 침공함으로써 1차 세계대전이 발발했다. 1918년 11월 11일 종전까지 1차 세계대전을 통해 9백만 명의 군인이 전사하였다. 한마디로 1차 세계대전은 나폴레옹 전쟁 후 100년 만에 세계를 총체적으로 바꿔놓았다.

1919년 파리강화회담은 1차 세계대전 이후 세계 질서를 더욱 혼란에 몰아넣었다. 이후 미국이 관세 인상을 주도하면서 세계 무역이 대폭 감소하고 1929년 대공황을 유발했다. 1929년 대공황은 절망에 빠진 독일에 파시즘의 출현을 가져오고, 그 결과로 1939년 독일은 2차 세계대전을 일으킨다. 2차 세계대전은 1차 세계대전 전상자 수의 2.6 배에 달하는 막대한 전상자를 만들면서 막을 내린다. 2차 세계대전 이후 세계는 미국이 대표하는 자본주의 진영과 소련이 주도하는 사회주의 진영으로 재편되고 그 결과로 1950년 한국전쟁이 발생했다. 냉전 체제는 1989년 베를린 장벽의 붕괴와 1991년 소련연방 해체로 막을 내린다. 이후 세계는 미국에 의한 세계 평화Pax-Americana와 경제적으로는 세계화Globalization로 현재에 이르고 있다(표 1-1 참조).

1918년 6월 하순에 시작하여 1919년 4월까지 세 차례에 걸쳐 당시 5억 명의 감염자와 2,000만에서 5,000만 명으로 추정되는 사망자를 만들었던 '스페인 독감'이 일어난 지 꼭 100년 만에 2019년 12월 30일 중국 우한에서 코로나19바이러스가 발생했다. 그리고 2021년 4월 10일 기준 1억 3,472만 명의 감염자와 292만 명의 사망자를 내면서 계속되고 있다. 100년 만에 세계적 유행병이 재발했다는 사실만으로 2020년대가 100년만의 대전환기라고 단정하는 것은 타당하지 않다. 세계적 유행병이 우연히 100년 만에 재발했다는 것을 감안하더라도 역사학자 폴라니가[5] 1920년대와 1930년대를 총체적으로 '거대한 전환'이라고 지칭했던 국제정치 판도를 비롯한 세계를 움직이는 틀의 전환과 비슷한 양상이 2020년대에 전개되고 있다는 점에서 세기적 전환기라고 할 만하다(표 1-2 참조). 그 이유는 다음과 같다.

첫째, 국제정치적으로 100년 전 팍스 브리태니카Pax-Britanica 시대가 끝나고, 세계의 중심이 유럽에서 미국으로 이동하기 시작했다. 2020년대 들어 팍스 아메리카나Pax-Americana 시대가 끝나고 중국이 부상하면서

표 1-2 **역사는 무엇을 시사하는가?**

	1919년 전후		2020년	
	100년 평화의 조건(칼 폴라니)	대전환 양상	팍스 아메리카나 시대	대전환 양상
국내정치	세력 균형체제 (팍스 브리태니카)	독일의 도전과 패전	팍스 아메리카나	중국의 도전과 신냉전
국제금융	국제금본위체제	영국 금본위제 1925년 종결	글로벌라이제이션 2008년 세계금융위기	과다 부채 달러 신뢰 문제
실물경제	자율조정시장 전기 혁명	1929년 대공황	GVC 디지털혁명	대봉쇄 사태
국내정치	자유주의 국가	파시즘 등장	자본주의 쇠퇴 민주주의 쇠퇴	정치적 부족주의 포퓰리즘
팬데믹 위기		1918년 스페인 독감		코로나19

세계 주도권의 혼돈기가 진행되고 있다.

둘째, 경제적으로는 100년 전 영국의 경제력 쇠퇴와 독일의 경제력 확대가 진행되었던 반면에 2020년대에는 미국의 경제력이 상대적으로 쇠퇴하고 중국의 경제력이 팽창하는 이른바 G1의 교체가 진행되고 있다.

셋째, 국제금융 측면에서 1910년대는 금본위제의 붕괴가 진행된 시기로 금본위제의 붕괴는 1929년 대공황을 초래하는 중요한 원인이 되었다. 2020년대에는 세계 경제의 기축통화인 달러 체제가 흔들리고 있다. 100년 전 파운드 중심의 세계금융체제 붕괴가 진행되었던 반면 2020년대에는 2차 세계대전 이후 세계 금융시장을 주도해왔던 달러 중심체제가 흔들리고 있다.

넷째, 실물경제 측면에서는 1차 세계대전 이후 미국의 관세 인상을 비롯하여 자국이기주의가 만연하고 그 결과로 세계무역이 크게 위축되면서 1929년 대공황으로 이어졌다. 2020년대에는 세계 경제가 2008년 세계 금융위기의 후유증을 구조적으로 치유하지 못한 상태에서 1929년 대공황 이후 최대의 경제충격으로 평가되는 2020년 코로나19의 영향을 받았다. IMF는 세계 경제가 이 충격을 극복하는 데 2020년대의 상당한 시간을 소진할 것으로 전망하고 있다.

다섯째, 각국의 정치 흐름에서는 자유민주주의가 후퇴하고 파시즘(1922년 이탈리아의 무솔리니, 1933년 독일의 히틀러)이 일어났다. 2020년대에는 영국의 브렉시트(2016년)와 미국의 트럼프 대통령 출현(2017년)으로 대표되는 대립과 갈등의 정치(정치적 부족주의)가 세계적으로 만연함에 따라 민주주의의 강점인 국민들의 합의에 의한 정치 지도력을 기대하기 어려운 시대가 되었다.

여섯째, 100년 전 기술적으로는 산업동력이 증기에서 전기로 전환되고, 이에 따라 기계의 시대가 본격적으로 시작했던 것과 비교하여 2020년대는 기계의 시대에서 '디지털 시대' 나아가 '데이터 시대'로 전환하는 과정에 있다.

100년만의 세기적 전환 1910년대와 2020년대의 대전환 양상은 100년의 간격만큼이나 큰 차이가 있다. 첫째, 1910년대에는 1차 세계대전을 촉발로 세계의 틀이 바뀐 반면에 2020년대에는 큰 전쟁이 없었다. 둘째, 1910년대에는 1차 세계대전을 계기로 연쇄적으로 사건들이 전개된 반면에 2020년대에는 전쟁과 같은 중심사건 없이 동시다발적으로 변화가 일어나고 있다. 셋째, 1910년대에는 1차 세계대전–파리강화회담–독일의 혼란–나치즘의 출현–2차 세계대전–냉전체제로 이어지며 인과관계가 분명하게 전개되었던 반면에 2020년대의 경우 대전환의 변화는 맞지만 사건들의 인과관계는 분명하지 않다.

만약 2020년대가 100년만의 세기적 전환기라는 가설이 타당하다면, 세기적 전환기는 개인과 한국의 미래에서 무엇을 의미하는가? 우리가 역사의 교훈을 주목해야 하는 이유는 역사가 반복하기 때문만은 아니다. 현대사의 대가인 홉스봄Eric Hobsbawm이 지적한[6] 것처럼 역사는 언제나 역사가들의 예상 이상으로 우리를 놀라게 한다. 945만 명의 전사자를 가져왔던 참혹한 1차 세계대전을 치른 1919년 당시 유럽인들이 10년 후에 대공황이 일어나고 10년 후에 더욱 참혹한 2차 세계대전이 일어날 것을 상상이나 할 수 있었겠는가?[7] 더구나 2020년대 대전환의 양상은 동시다발적이고 다양한 요인들이 엉켜 상호작용함으로써 인과관계가 분명하지 않기 때문에 미래를 전망하기 더욱 어렵다. 과연 역사는 100년만의 대전환기라 할 수 있는 2020년대에 어떤 놀라운 전개를 보여줄 것인가?

코로나19의 충격, 역사적 분수령

2차 세계대전 이래 코로나19보다 세계에 깊은 충격을 미친 사건은 없다. 팬데믹은 공중보건과 경제 문제에 있어 여러 세대에 영향을 끼치는 측정하기 어려운 규모의 위기를 초래했으며, 소득불균등과 글로벌 패권구도와 같은 시스템적인 문제를 악화시켰다.

2020년 10월 12일 세계경제포럼에서 **클라우스 슈밥**

예고되었으나 외면된 재앙

2019년 12월 31일 중국 우한에서 사스 바이러스 감염환자가 발생했다고 WHO(세계보건기구)에 보고된 이래 WHO는 거의 13개월만인 2021년 1월 28일자로 코로나19 바이러스 감염자가 1억 명을 돌파하고 217만 명이 사망했음을 공시했다. 1918년 스페인 독감이 발생한 이후 최악의 세계적 팬데믹이 발생한 것이다. 중요한 사실은 코로나 팬데믹은 결코 예상할 수 없었던 블랙 스완(검은 백조)이 아니라 이미 예고된 화이트 스완(흰 백조)이었다는 사실이다.

2000년 CIA는[8] 냉전시대의 최대 위험이 전쟁이었던 반면에 21세기의 최대 위험은 전염병이 될 것임을 경고한 바 있다. 더구나 2007년 WHO의 연례보고서 〈World Health Report 2007〉는 "2003년 전염병 사스는 수백만 명의 죽음을 가져오는 세계적 전염병이 될 수 있었다"[9] 라고 전염병의 심각성을 경고한 바 있다. 이후 2009년 신종플루H1N1, 2012년 메르스MERS, 2017년에는 몰디브와 파키스탄 등에서 유행병이 계속 발생하였다. 더구나 미국 오바마 행정부의 국가안보실은 팬데믹 대응에 관한 보고서를 작성하여 트럼프 행정부에 넘겼으나 트럼프 행정부는 이를 무시했다[10].

코로나19 바이러스의 정확한 명칭은 SARS-CoV-2다[11]이다. 즉, 코로나19는 사스 계열의 변종 바이러스임을 의미한다. 유전자 구조가 같은 사스 계열임에도 불구하고 2003년 중국에서 발생한 사스의 경우 세계 감염자 수가 8,422명(사망 794명)에 그쳤으나, 코로나19는 2019년 12월 중국에서 감염자를 처음 발견한 이래 WHO로부터 2020년 3월 11일 세계적 전염병, 즉 팬데믹으로 공포되고, 2021년 4월 10일 기준 1억 3,472만 명의 감염자와 292만 명의 사망자를 가져왔다.

코로나19와 사스의 차이점

코로나19 질환을 일으키는 바이러스의 명칭은 SARS-CoV-2로, 이름이 시사하는 바와 같이 2003년 발생했던 사스 바이러스의 변형이다. 사스는 불현듯 나타났다가 또 그렇게 끝났다. 그러나 그 변형인 SARS-CoV-2는 전염의 범위가 전 세계에 걸친 팬데믹이 되었고 전염병으로는 1918년 스페인 독감 이래 가장 강력했으며, 경제적으로는 1929년 대공황 이래 최대의 충격을 가져왔다. 상식적인 차원에서 제기되는 의문은 같은 사스 계열의 바이러스임에도 불구하고 SARS-CoV-2는 어떻게 이 엄청난 재앙을 가져왔는가 하는 점이다.

우선 사스의 치사율(감염자 중 사망자의 비율)이 8.9%인 것과 비교하여 SARS-CoV-2 바이러스로 인한 코로나19의 치사율은 2.2%이다. 즉, 코로나19의 경우 치사율은 상대적으로 크게 낮은 반면에 전염력이 강한 특징을 가지고 있다. 그렇다면 SARS-CoV-2가 강한 전염력을 가지고 있는 이유는 무엇인가?[12] 사스는 숙주의 치사율이 높아 숙주가 너무 빨리 죽기 때문에 다른 숙주를 전염시킬 수 있는 시간적 여유가 없었다. 반면에 코로나19는 숙주의 치사율이 낮은 반면에 숙주에게 머무는 시간이 길어서 다른 숙주를 전염시킬 수 있는 시간적 여유가 충분하기 때문에 전염력이 강하다. 감염에서 고열이나 호흡곤란과 같은 증상이 나타나기까지의 기간을 의미하는 증상잠복기간은 사스의 경우 6~7일인 반면에 코로나19는 2~14일이다.[13] 감염된 이후 다른 사람에게 영향을 끼치는 전염능력을 보유하기까지의 기간을 의미하는 전염잠복기간은 사스의 경우 증상잠복기와 같거나 약간 긴 반면에 코로나19의 경우 증상잠복기간보다 짧다.

따라서 사스의 경우, 고열이나 호흡 곤란과 같은 증상이 나타나기 전에는 아직 다른 사람에게 전염할 능력이 없다. 따라서 증상이 나타난 감염자를 격리하여 치료함으로써 전염을 조기에 차단할 수 있었다. 반면에 코로나19의 경우는 고열이나 호흡곤란 등 증상이 나타나기 전, 즉 무증상 상태에서도 다른 사람에게 전염될 수 있다. 코로나19와 관련해서 미국과 유럽이 초기 방역에 실패한 중요한 이유는 무증상 감염자의 다른 사람에 대한 전염 위험을 제대로 인식하지 못했다는 데 있다. 반면 우리나라의 경우 감염자와 접촉 가능성이 있는 집단에 광범위하고도 집중적인 검사를 실시함으로써 무증상 감염자를 조기에 찾아서, 격리시켜 무증상자에 의한 전염을 최대한 막을 수 있었다.

팬데믹 위기는 다시 온다

"우리는 팬데믹 시대에 살고 있다. 내 생각에는 우리는 팬데믹을 보다 자주 겪을 것으로 보인다. 그 근본적인 이유는 우리가 자연과 조화롭게 사는 데 실패했기 때문이다. 인구 증가, 도시화, 경작지 확대, 숲 파괴 등이 자연을 해치고, 더구나 기후변화가 이 모든 것을 악화시키고 있다."

1976년 에볼라 바이러스 발견자 피터 피오[14]

지구상에는 약 160만 종의 바이러스가 있으며, 이중 약 70만 종이 인간에게 전염 가능하며, 우리에게 알려진 바이러스의 종류는 250종에 불과하다고 한다[15]. 바이러스는 살아 있는 세포에 기생하지 않고는 증식할 수 없기 때문에 기생할 숙주를 찾기 위해 동물이나 인간에게 잠복하며, 새로운 종에 침투하면 변형이 되기 때문에 실체를 알기 더욱 어려워진다.

유엔환경계획UNEP이 발표한 보고서에[16] 따르면, 인류가 겪는 전염병의 75%는 야생동물로부터 전파된다. 이것은 야생동물 수요와 생태계 파괴가 계속되는 한, 동물을 매개로 하는 전염병을 억제할 수 없다는 것을 시사한다. 이 보고서에 따르면 바이러스 전염 위험을 높이는 원인으로 1) 동물 단백질 수요 증가, 2) 농업 확대, 3) 자연 훼손, 4) 도시화, 5) 여행과 운송, 6) 식품 공급 변화, 7) 기후변화를 들고 있다.

즉, 팬데믹은 문명의 발달이 자연에게 끼친 부정적인 작용의 결과가 다시 인류에게 돌아오는 자업자득이라고 할 수 있다. 특히 온난화를 비롯한 기후변화가 급속하게 진행됨에 따라 바이러스-야생-가축-인간의 생태계 고리가 악순환 구조에 빠지고 있다. 그 예로 온난화는 산불 발생을 유발하고, 대형 산불은 야생동물의 생태계를 파괴함으로써 야생동물을 숙주로 삼는 바이러스의 변형을 촉진하는 결과를 낳는다.

다음 팬데믹에 대한 준비

바이러스로 인한 팬데믹이 다시 발생할 위험이 높다면, 2020년 코로나19로 인해 인류가 겪은 고통을 반복하지 않기 위해 우리는 2020년 코로나19의 교훈이 무엇이며, 다음 팬데믹을 어떻게 대비할 것인가를 고민해야 한다. 코로나19의 교훈은 세 가지로 정리된다.

첫째, 팬데믹은 언제인지 그 정확한 시기를 알 수 없을 뿐 반드시 다시 온다. 둘째, 바이러스는 우리가 예상할 수 없을 만큼 치명적이고, 팬데믹은 가공할 피해를 가져온다. 과연 우리가 코로나19 팬데믹을 한번 경험해봤다고 해서 다음의 팬데믹에 대비할 수 있을 것인가? 〈파이낸셜타임스〉[17]가 보도한 것처럼 바이러스는 계속 변종으로 진화하며 우리의 예상을 벗어난다. 셋째, 우리가 자연과의 상호관계를 개선하고 '단기주의, 시장의 실패, 정보의 오류'를 혁신하지 않는 한 팬데믹을 막기는 어려울 것이다.

정부는 방역체계, 의료 시스템, 치료제와 백신 개발 등 근본적인 대응 시스템을 구축하는 정책보다는 단기적으로 정부의 가시적인 정책 성과를 보일 수 있는 정책과 재정에 집중한다.[18] 한편 코로나19가 1억 명 넘는 감염자와 260만 명이 넘는 사망자를 가져왔던 이유는 치료제와 백신이 없었기 때문이다. 왜 제약회사는 치료제와 백신을 개발하지 않았는가? 그 이유는 시장의 실패로 설명된다.

제약회사들이 암이나 고혈압, 당뇨병과 같이 수요가 확실한 분야를 제쳐두고 언제 발생할지 알 수 없는 수요의 존재가 불확실한 약품을 개발하기 위해 엄청난 개발 비용과 노력을 쏟는 것은 시장원리로 타당하지 않다. 그 결과로 미지의 바이러스에 대한 치료제와 백신 개발은 외면된다. 정부가 구매를 보장하여 치료제와 백신을 공공재의 영역으로 편입하지 않는 한 시장의 실패를 막을 수 없다.

한편 코로나19 사태를 악화시킨 또 다른 요인은 정보의 오류였다. 코로나19가 주로 비말을 통해 전파된다는 사실이 의학계에 알려져 있음에도 불구하고 초기에는 여러 나라의 보건 당국조차 마스크의 차단 효과에 의문을 표시하고 공공장소에서 마스크 착용을 의무화하는 데 주저했다. 그 결과 상당한 혼란을 빚었으며 미국 트럼프 대통령을 비롯하여 상당수의 정치 지도자들이 마스크 착용을 거부하고, 정부 차원

그림 1-1 야생동물-가축-인간 간의 병원체 흐름

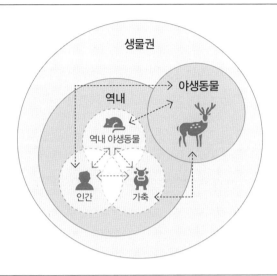

자료: UNEP, ⟨Preventing Next Pandemic⟩, 2020. 06, p15

에서 강제적으로 마스크를 사용하도록 하는 것을 기피했다.

특히 2020년 3월까지도 고열 등 증상이 있는 경우에만 자가 격리를 요구하고 무증상감염자에 의한 확산 위험을 방치함으로써 코로나19 바이러스의 확산을 방치하는 결과를 가져왔다. 2차 충격의 가능성은 이미 4월에 경고되었음에도 불구하고 각국 정부들은 경제활동 위축을 우려한 나머지 가을부터 시작된 2차 파동을 조기에 차단하는 데 실패했다. 코로나19 백신이 개발되더라도 백신의 효과와 안전성에 대한 신뢰 문제는 여전히 정보의 오류라는 시험대를 통과해야 한다.

The Great Lock down, 경제적 충격

각국 정부가 전염을 차단하기 위해 사람들의 이동이나 접촉을 제한했으며, 그 결과로 2020년 2분기 세계 경제는 서비스업의 극심한 위축과 더불어 글로벌 가치 사슬GVC의 심각한 손상을 입었다. 2020년 2분기 미국의 GDP 성장률(전기 대비, 연율)은 ▲32.9%로 세계 금융위기로 인한 2008년 4분기 ▲8.4%의 거의 4배에 달하는 충격을 받은 것은 물론 이 충격은 1929년 대공황의 충격도 넘어섰다. 또한 2020년 2분기 GDP 성장률은 유로존 ▲40.3%, 일본 ▲27.8%로 세계 경제는 초토화되었다. IMF에 의하면[19], 세계 경제성장률은 2019년 2.8%에서 2020년 ▲3.5%로 감소했으며, 2021년 5.5% 성장률로 회복할 것으로 전망되었다.

따라서 2020년 세계 경제성장률의 감소 정도는 세계 금융위기로 세계 경제성장률이 2008년 2.8%에서 2009년 ▲0.6%로 감소한 전례와 비교하여 5.6배 더 큰 충격을 세계 경제에 미친 것이다. 한편 국제노동기구(ILO)는[20] 코로나 팬데믹으로 인해 2020년 세계 근로시간 수의 8.8%를 상실했다. 이 손실 규모는 2019년 4분기 세계 근로시간과 맞먹는 것이며, 정규직 2억 5,500만 개의 손실과 같다고 발표했다.

이와 같은 코로나19로 인한 각국의 심각한 경제활동 위축에 대응하기 위해 각국 정부는 대규모의 긴급재정지출을 단행했다. 그 결과로 각국 정부의 재정적자는 급격하게 증가했다. IMF의 발표에 따르면[21] 코로나19 사태에 대응하여 세계 각국 정부는 총 11.7조 달러 규모의 재정지출을 단행했다. 이러한 재정지출 규모는 세계 연간 총생산액의

12%에 해당하는 막대한 규모다. 그 결과로 GDP의 9%에 해당하는 재정적자를 가져왔으며, 정부 부채의 누적규모는 세계 총생산의 100%에 근접하고 있다.

부와 감염의 역진성

코로나 충격은 기존의 사회가 안고 있는 보건과 소득의 불균등 문제를 극도로 악화시키고 있다. 국가에 따라 보건과 소득의 불균등 정도에 상당한 차이가 있으나, 전반적으로 저소득층은 고소득층에 비해 감염 위험이 높을 뿐만 아니라 의료보험의 제약으로 치료를 제대로 받지 못하고 있다. 따라서 코로나19에 의한 사망 위험이 높을 뿐만 아니라 경제활동 제약으로 인한 소득 감소로 이중의 고통을 겪고 있다.

저소득층의 경우 직장과 가정 등이 밀집된 공간에 위치하기 때문에 감염 위험이 높다. 특히 이들의 경우 주거환경이 열악하기 때문에 셧다운으로 집에 머무는 것이 결코 안전하지 않다는 것이 심각한 문제다. 미국의 질병통제본부CDC 자료에 따르면, 히스패닉과 흑인들의 감염률은 대략 백인 감염률의 3배에 달하며, 사망률은 2배에 달하는 것으로 나타났다.[22] 지역에 따른 흑인 사망률은 백인 사망률에 비해 캔사스 8.1배, 뉴욕 4.5배, 미시시피 3.4배, 매사추세츠 2.1배로 나타났다.[23]

반면에 고소득층은 재택근무로 감염 위험이 낮을 뿐만 아니라 작업환경의 호전으로 생산성이 높아짐으로써 소득이 증대하고 주가 상승

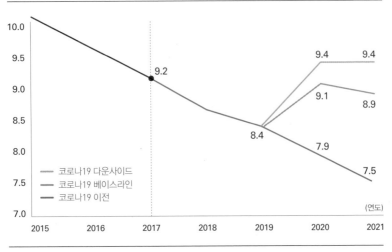

그림 1-2 **코로나 사태가 세계 빈곤율에 미친 영향**

코로나19 다운사이드
코로나19 베이스라인
코로나19 이전

9.2

8.4

9.4   9.4

9.1

8.9

7.9

7.5

(연도)

2015   2016   2017   2018   2019   2020   2021

빈곤율, 세계 인구 중 하루 소득
1.90달러 이하 인구비중

자료: The World Bank. 〈Poverty and Shared Prosperity 2020〉. 2020.

으로 가만히 앉아 늘어난 부를 취하는 양면의 이익을 얻고 있다. 미국의 경우, 코로나 충격으로 4,000만 명이 실업자가 된 반면에 부자들의 재산은 주가 상승으로 5,000억 달러가 늘어났다.[24] 코로나 충격이 발생하기 전 2020년 2월 고점에 대비하여 12월 31일까지 다우지수는 3.6% 상승에 그친 반면에 S&P500지수는 10.9%, 나스닥지수는 31% 상승했고, 특히 아마존은 50%, 애플은 63% 상승했기 때문이다.

이러한 부의 증가 이면에는 코로나 충격에 대응한 경제활동 제한 때문에 발생한 경기 위축을 완화하기 위한 연방준비은행의 대규모 통화 공급이 있었다는 것을 고려해야 한다. 그야말로 통화정책의 역설이 아닐 수 없다. 코로나 충격으로 인한 부와 감염의 역진성 문제는 여기서 그치지 않는다. 이는 양극화 문제로 이어지고, 정부 재정에 저소득층 생계지원을 위한 재정 부담을 가중시킨다.

한편 세계은행은 코로나 충격으로 전 세계에서 하루 소득 $1.90 이하의 극빈곤 인구수가 2019년 1억 1,100만 명에서 2021년 1억 5,000만 명으로 증가하며, 세계 인구 중 2019년 8.4%에서 2020년과 2021년 9.4%로 높아질 것으로 발표했다. 코로나 충격을 예상하지 않은 당초의 추정치와 코로나 충격을 반영한 세계 빈곤율의 추정치 격차는 2020년 1.5%p, 2021년 1.9%p에 달한다. 즉, 코로나19는 세계적으로 빈곤문제를 악화시키고 양극화를 심화시키고 있다.

팬데믹은 언제 끝날 것인가?

면역학적으로 코로나19 팬더믹이 종료된다는 것은 집단면역 상태에 이르거나 치료와 백신 주사가 보편화되는 경우라고 할 수 있다. 일반적으로 백신 개발의 평균 소요기간이 10년인 반면에 가장 성공적인 백신 개발 사례로 평가되고 있는 에볼라 바이러스 백신의 경우 개발에서 승인까지 5년이 걸렸다.[25] 개발과 승인뿐만 아니라 전 세계로 배포하고 주사하는 데도 상당한 시간이 걸린다. 현재 세계적으로 약 300종의 백신 개발이 추진되고 있으며, 이중 가장 앞서 승인을 받은 화이자Pfizer바이오엔태크BioNTech 백신의 경우 영국에서 2020년 12월 8일부터, 미국에서는 14일부터 접종을 개시했다. 하지만 변종 바이러스가 출현하면서 이제 코로나 팬데믹이 언제 끝날 것인가는 여기에 달려 있다.

2020년 10월부터 시작된 3차 유행은 2021년 1월 첫째 주를 정점으로 하여 2월 둘째 주까지 약화되는 추세를 보였으나, 이후 변종 바이러스의 확산으로 인하여 백신 접종 증가에도 불구하고 4차 유행이 진행되고 있다고 할 만큼 다시 강하게 확산하는 양상을 보이고 있다. 전문가들은 백신 접종이 빠른 속도로 확대되고 있어 4차 유행이 3차 유행과 같이 강하고 장기화할 가능성은 낮은 것으로 전망하고 있다.

빌게이츠는 "2021년 여름까지 전 세계에 백신이 공급되어 감염자 수가 기하급수적으로 줄어들 것이며, 2022년에는 끝날 것"으로 전망했다.[26] 그러나 코로나19 팬데믹이 가져온 충격이 보건 차원에 그치지 않고 경제·사회·문화 등 광범위하게 걸쳐 있는 만큼, 보건 차원의 팬데믹이 종료된다고 하더라도 끝난 것이 아니다. 팬데믹의 심리적·사회적·경제적·문화적 충격에서 벗어나기까지는 더 긴 시간이 필요해 보인다.

예를 들어, 전통적으로 다수 인력이 한 장소에 모이는 것을 기본 틀로 해왔던 사업장·근로형태·교육·종교 등이 코로나19 전염을 차단하기 위해 불가피하게 언택트(비접촉)로 강제 전환되었다. 앞으로 팬데믹이 끝나 집합적 행동에 대한 규제가 해제되더라도 이미 그동안 언택트 방식의 효율성을 찾은 분야는 다시 과거의 집합적 행동으로 돌아가지 않을 것이다. 비접촉 방식의 운영 경험은 어떤 형태로든 팬데믹이 끝난 이후에도 영향을 미칠 것이다.

따라서 공공보건 차원에서 코로나19 팬데믹이 2022년 끝나더라도 코로나19 팬데믹이 가져온 사회적·문화적 충격은 새로운 형태로 정리되거나 끝나고 정상으로 돌아가는 데는 얼마간의 시간이 더 걸릴 것이다. 이런 이유로 소위 포스트 팬데믹은 빨라야 2024년 즈음에 시작할 것이라는 전망이 타당해 보인다.[27]

인류의 생존과 기후변화

"2020년대는 인류의 지속 발전을 위한 행동과 자제가 그 어느 때보다도 절실하다는 것을 느끼는 시대가 될 것이다."

2020년 8월 1일 **에너지 세이빙 트러스트**

지금 세계는 코로나 바이러스의 창궐에 문을 닫고 피해 있지만, 2020년 1월 세계경제포럼WEF이 발표한 〈2020년 세계 위험보고서〉[28]에서 금년 세계가 직면할 예상 위험 목록 1위는 '극단적 기후'였으며 2위는 '기후 대응 실패'였다. 충격의 정도에서도 1위는 '기후 대응 실패'가 차지했다. 반면에 전염병 위험은 가능성과 충격의 정도에서 10위 밖의 순위에 있다. 기후변화는 산업화가 가져온 구조적인 결과이며 우리가 알고 있는 위험 요소다. 그런 만큼 대강의 해결책도 나와 있다. 그럼에도 불구하고 대응은 지지부진하다. 인류의 생존이 위협받는 절체절명의 과제가 외면당하는 이 두려운 모순을 어떻게 설명할 수 있을까?

코로나19로 전 세계가 고통을 겪고 있는 지금, 하루가 멀다 하고 지구의 기후변화의 심각성을 알리는 뉴스가 나오고 있다. 지속가능개발연구소IGSD의 설립자인 더우드 자일케는 2020년 10월 16일 "온난화로 인한 북극해의 해빙 문제에 대해 지구가 시한폭탄을 머리에 이고 있는 것과 같다"고 말하기도 했다. 북극 베어링해의 해빙 두께는 2018년과 2019년 측정 결과 5500년 동안 전 시기와 비교할 때 가장 얇은 것으로 나타났으며, 그 원인은 태양열과 CO_2 증가에 있다. 그린란드의 용해 속도는 지난 20년간 최소 3배 높아졌으며, 향후 10년 안으로 해수면 높이를 7미터(23피트)까지 높여 해안 도시 상당수가 침수될 위험에 놓여 있다.

'기후변화의 카나리아'로 불리는 그린란드 대륙빙하가 역대 최고 속도로 녹는다는 분석이 나왔다. 극지역이 지구 온난화의 타격을 다른 지역보다 크게 받는 까닭에 그린란드 상황이 악화되었다는 것은 전 세계를 향한 위험 경고가 된다. 겨울에 어는 양보다 여름에 녹는 양이 많아 감소하는 속도가 되돌릴 수 없는 지경으로 빨라졌다는 것이다.

AP통신에 따르면 독일 알프레드 바그너 연구소는 이 같은 내용을 과학저널 〈네이처 커뮤니케이션 지구&환경〉에 게재했다. 연구진이 위성사진 관측을 분석한 결과 그린란드에서 작년 여름에 녹은 얼음은 5,860만 톤으로, 물로 환산하면 532조 리터에 달했다. 이는 한반도 면적의 두 배 정도를 1.25미터 높이의 물로 덮을 양의 얼음이다. 이 같은 대륙빙하 손실량은 2003년 이후 연평균치인 2,590만 톤을 크게 웃돌며, 종전 최다 기록인 2012년 5,110억 톤보다 많다. 연구를 주도한 인고 사스겐Ingo Sasgen은 "그린란드 대륙빙하가 그냥 녹고 있는 수준이 아니라 점점 더 빠른 속도로 녹고 있다"고 설명했다.

북극의 얼음이 녹는다는 것은 곧 지구 해수면이 상승한다는 것을 의미한다. 그 때문에 학계에서는 그린란드의 변화를, 바닷가에 있는 대도시들의 침수 우려로 받아들이고 있다. 오하이오대학의 빙하학자 미켈레 킹Michele King은 "극 지역에서 일어나는 상황은 극 지역에 국한된 게 아니다"라고 지적했다. 킹은 "기후변화 대응이라는 것은 그린란드 대륙빙하 복원이 아니라 해수면의 급격한 상승이 우리 공동체, 기간시설, 가정, 군사기지에 미치는 영향을 시사하는 것"이라고 설명했다. 지금 일어나고 있는 기후변화의 경우 10년 또는 20년 전 기후학자들이 내놓았던 최악의 전망이 일어나고 있는 것이다.[29] 그렇다면 현재 우리가 우려하는 온갖 암울한 예측치는 바로 10년 후 또는 20년 후 현실이 될 것이 거의 분명해 보인다.

2020년 1월 평균 기온이 영하 40~50도에 달하여 세계에서 인간이 거주하는 가장 추운 마을이라는 시베리아의 베르호얀스크의 기온이 2020년 6월 38도를 기록하여 세계를 놀라게 한 바 있다. 예년의 평균 기온보다 섭씨 10~12도 높은 이상 고온이 시베리아 곳곳에 나타나고 있다. EU 산하의 코페르니쿠스 기후변화서비스C3S는 2020년 5월 세계 기온이 1981년부터 2010년간 30년 평균 기온보다 섭씨 0.63도 높았다고 발표한 바 있다. 한편 NASA 발표에 따르면[30] 유럽은 2019~2020년 눈 부족으로 기록적으로 따뜻한 겨울을 기록한 데 이어 봄과 여름에도 높은 온도와 강수 부족으로 심각한 물 부족 상태에 있다. 특히 중부 유럽 체코는 500년만의 가뭄으로 몰다우 강(블타바 강)의 수위가 20% 감소했다. 한편 중국 남부지역은 6월 계속된 폭우로 장강의 수위가 1951

그림 1-3 지구 온난화 추이

단위: ℃

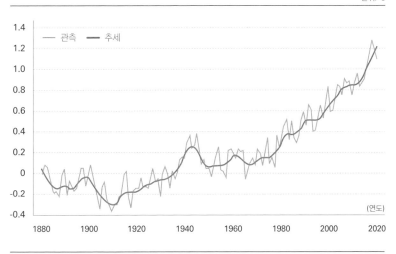

자료: IPCC. 《Global Warming of 1.5℃》. 2019, p6

년 이래 최고를 기록했으며, 미국의 5대호는 관측사상 최고수위를 보이고 있다. 분명한 사실은 코로나 바이러스뿐만 아니라 기후변화도 인류와 지구를 심각하게 위협하고 있다는 점이다.

기후변화로 인한 경제적 손실도 갈수록 심각해지고 있다. 2011년 태국은 홍수 사태로 GDP의 10%에 해당하는 재해를 겪었으며, 2018년 미국은 켈리포니아의 산불로 그해 GDP의 1.7%에 상당하는 손실을 겪었다. IMF에[31] 따르면 지난 10년간 자연재해로 연평균 GDP의 0.2%에 해당하는 13조 달러의 손실이 발생했다고 한다. 특히 지구 온난화가 기속화됨에 따라 극단적인 기후변화로 인한 재해의 발생 빈도와 패해 정도는 갈수록 더 심각해지고 있다. 2020년의 코로나19 사태는 자연재해의 위험을 제대로 평가하지 않았을 뿐 아니라 사전 대비의 중요성을 과소평가한 결과였다. 인류의 경제활동이 재해로 인해 얼마나 단기간에 집중적으로 붕괴할 수 있는지를 여실히 보여주었다.

우리나라도 기후변화의 피해로부터 예외일 수 없다. 국제 환경단체 그린피스 서울사무소가 분석한 결과에 따르면, 이대로 간다면 10년 뒤 서울을 포함한 수도권을 중심으로 우리나라 국토 5% 이상이 물에 잠기고, 332만 명이 직접적인 침수 피해를 입을 것으로 예상된다.[32]

1.5°C 유지로 지구를 구하자!

UN 산하기구인 IPCC(기후변화 정부 간 패널)의 발표에[33] 따르면, 2006~2015년간 지구 표면온도 평균치는 1850~1900년간의 평균치보다 0.87°C 상승했다. 또한 동 보고서는 현재 추세로 간다면 10년마다 0.2°C가 상승할 것으로 추정되어 2030~2052년간 평균 온도는 1850~1900년간에 비해 1.5° 높아질 것이며, 2075년을 전후로 2.0°C까지 상승할 수 있다. IPCC 보고서는 지구 온도가 산업화 이전에 비해 1.5°C 상승에서 멈추는 것과 2.0°C 상승하는 것은 자연생태계는 물론 인류의 생활환경에 치명적인 차이를 가져오기 때문에 1.5°C를 지키는 것이 중요하다는 것을 강조하고 있다(표 1-3 참조).

IMF 자료에 따르면, 에너지와 환경 비용을 낮게 부과한 결과로 세계가 치르는 묵시적인 비용(2017년)은 세계 GDP의 6.5%인 5.2조 달러에 달한다고 한다. 미국의 경우 자연재해로 인한 피해규모는 21세기 말 GDP의 10%로 커질 것으로 전망하고 있다. IMF가 1960~2014년

표 1-3 산업화 이후 2100년까지 지구 온도 상승 차이

		1.5℃ 상승	2.0℃ 상승	차이
해수면 평균 상승		0.26~0.77m	0.36~0.87m	0.1m, 1,000만 명의 위험 감소
種의 다양성 위험 (소멸 위험)	곤충	6%	18%	
	식물	8%	16%	
	척추동물	4%	8%	
생태계 변화(육지 면적)		8.5%	13%	생태계 변화 위험을 1/2로

자료: IPCC. 《Global Warming of 1.5℃》. 2019.

간의 174개국 자료를 분석한 결과[34] 1인당 실질 산출액의 증가는 역사적으로 평균보다 높거나 낮은 기온 변화에 영향을 받는 것으로 나타났다. 세계 평균 기온이 매년 0.04℃ 지속적으로 상승할 경우 적절한 대응을 취하지 않는다면 세계 1인당 실질 GDP는 2100년까지 7% 이상 감소할 수 있으며, 반면에 기온 상승을 매년 0.01℃ 이하로 억제할 경우 2100년까지 세계 1인당 실질소득 감소를 1%로 낮출 수 있다고 전망했다.

한편 세계자연기금WWF의 보고서는[35] 온난화를 이대로 방치한다면, 2050년까지 세계 GDP는 매년 0.67% 감소할 것이며, 2011~2050년 간 총 10조 달러의 손실을 가져올 것이라고 경고했다.

겉도는 파리기후변화협약과 탄소세

세계 195개국이 참여하여 2016년 11월 발효된 '파리기후변화협약'은 지구 기온상승을 2030년까지 산업화 이전 대비 1.5℃ 이내로 낮추는 것을 목표로 하고 있다. 이 목표를 달성하기 위해서는 2020~2030년간 온실 가스 배출량을 매년 7.6%씩 감소시켜야 한다. 그러나 이 목표를 달성할 가능성은 이미 낮다. 유엔환경계획UNEP 발표에 따르면[36] 2018년 세계 온실가스 배출량은 553억 톤으로 사상최고치를 기록했다.

한편 세계기상기구WMO의 발표에 따르면, 2018년 지구의 이산화탄소 연평균 농도는 407.8ppm으로 여전히 지난 10년간 연평균 증가 추세(2.26ppm)를 지속하고 있다. 한마디로 파리기후변화협약에도 불구하고 기후변화는 개선되지 않고 있다. 더구나 세계 탄소배출량의 14%를 배출하는 미국의 경우 트럼프 전 대통령은 2020년 파리기후변화협약 탈퇴를 선언했으며, 중국(29.4%)과 인도(6.8%)는 설정된 감축목표를 달성하지 못하고 있음에도 불구하고 감축목표 수정을 거부하고 있다. 미국 바이든 대통령은 2020년 11월 취임 첫날 파리기후변화협약 복귀를 선언했으며, 2012년 4월 22~23일 기후정상회의에 40개국 정상들을 초청했다. 바이든 정부는 기후정상회의에서 파리기후변화협약에 따른 국가별 새로운 가스 감축 목표를 발표할 예정이나, 과연 중국·인도·러시아 등의 협력을 이끌어낼 수 있을지 주목된다.

한편 IMF는 2019년 10월 총회에서 현재 1톤당 2달러인 탄소세를 2030년까지 G20 국가들이 75달러로 인상할 것을 권고했다.[37] 탄소를 많이 생산하는 기업에게 탄소세를 부과하는 방법은 기업과 가계로 하여금 에너지 사용을 최소화하는 동시에 청정에너지 사용을 촉진하는 유인을 제공한다.

한국, 기후변화 후진국

우리나라가 2017년 배출한 온실가스 배출량은 7.1억 톤으로 이미 목표치를 15.4% 초과했으며 세계 11위를 차지하고 있다. 기후행동네트워크가 발표한 '기후변화대응지수CCPI'에 따르면 우리나라는 61개국 중 58위로 평가받았으며, '기후행동추적CAT'의 평가로는 6등급 중 5등급을 받았다. 따라서 기후변화에 관한 한 후진국이다.

더불어 민주당은 4.15 총선에서 2050년 탄소제로 사회를 실현하기 위한 '그린뉴딜 기본법' 제정을 공약으로 제시했으며, 지난 5월 8일 전력수급기본계획 워킹그룹은 제9차 전력수급기본계획에 대한 권고안을 발표했다. 이 권고안은 2034년까지 발전원별 의존도를 석탄은 40%에서 29%로 낮추는 반면, 신재생에너지는 5%에서 26%로 높일 것을 제안하고 있다. 특히 문재인 대통령은 10월 28일 국회 시정연설에서 '2050년 탄소중립'을 선언했다. 그러나 과연 그것이 가능할지 의문이다.

IMF가 권고하는 탄소배출 1톤당 75달러(약 9만 원)를 탄소세로 부과할 경우 석탄 발전의 단가는 무려 87%가 상승한다. 발전의 27%를 차지하고 석탄보다도 발전 단가가 약 30% 낮은 원자력 발전을 폐기한다면, 우리나라 발전량의 62%에 해당하는 부문의 막대한 원가상승은 불가피하다.

더구나 석탄 발전소 30기를 폐기하는 대신 24기의 액화천연가스 발전으로 전환하는 경우, 파리기후변화협약을 이행하기 위해 장기적으로 가스 발전조차도 포기해야 한다. 이 때문에 또 다시 엄청난 매몰 비용(약 74조 원 추정)이 발생하는 문제가 생긴다. 발전비용이 낮은 원전과 석탄 발전소 감축을 병행하는 동시에 전기요금 안정이라는 양립할 수 없는 목표를 함께 추진하는 모순된 정책의 틀을 정리하지 않는 한, 우리나라가 온실가스 후진국을 벗어나기는 어려워 보인다.

2020년 5월 그린피스 서울사무소는 '2030년 한반도 대홍수'라는 시뮬레이션 영상을 배포했다. 이 영상은 그린피스가 미국의 기후변화 연구기관인 '클라이밋 센트럴Climate Central'의 데이터를 분석한 결과 온실가스 배출이 현 상태로 지속될 경우 2030년 우리나라 국토의 5%가 침수되고 332만 명(경기도 130만 명, 인천 75만 명, 서울 34만 명, 전북 31만 명 등)의 이재민이 발생할 것으로 예측하고 있다. 시뮬레이션 영상을 통해 대홍수로 영종도 국제공항과 서울 여의도 국회의사당이 물에 잠기는 장면을 보여줌으로써 기후변화가 한반도에 목전에 닥친 심각한 생존 현안임을 일깨워준다.

새로운 세상, 디지털혁명

"1차 산업혁명은 물과 증기를 동력으로 기계를 움직여 생산하는 혁명, 2차 산업혁명은 전기를 동력으로 기계를 움직여 대량 생산하는 혁명, 3차 산업혁명은 전자와 정보기술로 생산을 자동화하는 혁명, 현재는 20세기 중반에 일어난 디지털혁명 위에 4차 산업혁명이 진행되고 있다. 4차 산업혁명은 물리와 디지털과 생물학적의 경계를 넘어선 기술의 혼합으로 특징 지워진다."

《4차 산업혁명》(2016) 중에서 **클라우스 슈밥**

인터넷 이용자 수는 1994년 300만 명(대부분 미국)에서 1998년 1억 명을 돌파하여 2004년 10억 명, 2010년 20억 명, 2015년 30억 명, 2019년 40억 명으로 급증했으며, 전 세계 인구가 구글 서치와 유튜브를 하루 1건 이용하고, 이메일을 33건 보내는 시대에 살고 있다. 인류가 생활하고 생산하며 세상과 교류하는 방식에 이르기까지 그야말로 모든 것이 변했다. 1960년대 컴퓨터로 시작하여 1990년대 인터넷, 2007년 이후 스마트폰, 현재의 데이터 경제에 이르기까지 일련의 기술적 변화를 통해 "모든 것이 변했다"는 점에서 디지털혁명Digital Revolution이라고 불러도 손색이 없을 것이다. 디지털혁명은 우리가 생산하고 교류하는 정보의 양과 내용의 혁명을 가져왔으며, 그 결과 현재 이른바 '데이터 이코노미'라는 새로운 시대가 전개되고 있다.

그러나 이 디지털혁명을 산업혁명이라는 역사 발전의 개념에서 4번째 산업혁명으로 정의할 수 있느냐 하는 것은 학계의 일반적인 합의를 얻지 못하고 있다.[38] 그 이유는 클라우스 슈밥이 주장하는 바와 같이 4차 산업혁명이라는 개념이 타당성을 확립하는 데 필수적인 두 가지 난제에 대해 폭넓은 합의를 얻지 못하고 있기 때문이다. 우선 4차 산업혁명이 성립하기 위해서는 3차 산업혁명이 선행되어야 하는데 1960년대 컴퓨터로부터 시작된 기술혁신이 생산방식의 혁신을 넘어서는 경제와 사회 등 광범위한 시대적 변화를 포괄하는 산업혁명이라고 할 만한 역사적 변화를 가져왔는가 하는 점에서 지지를 얻지 못하고 있다.

다음으로는 3차 산업혁명이라는 개념 정의가 타당하다고 하더라도 1990년대 등장한 인터넷과 2000년대의 스마트폰, 인공지능 등의 기술혁신을 1960년대 컴퓨터로부터 시작된 3차 산업혁명과 분리하여 기술적으로 다른 차원의 4차 산업혁명으로 정의할 수 있는가 하는 문제다. 1990년대부터 시작된 인터넷의 발전과 스마트폰, 데이터 기술 등의 발전은 새로운 기술혁명이 아니라 컴퓨터-반도체-통신-소프트웨어 등 기존 디지털 기술의 융합과 복합을 통한 기하급수적 파급효과 내지는 복합적 연장선상의 발전이라는 평가가 지배적이다. 이런 이유로 4차 산업혁명이라는 용어보다는 '디지털 전환Digital Transformation'이란 용어가 맞다는 것이다.

1960년대에서 1980년대까지 반도체와 컴퓨터가 기술혁신을 주도했다면 1990년대 들어서는 정보통신기술ICT이 기술혁신을 주도했다. 인터넷의 대중화를 가져오는 통신망을 가능하게 했던 'WWW'(World Wide Web)이 만들어진 것은 1989년이며, 1994년 Yahoo! 라는 WWW을 기반으로 하는 상용화된 검색엔진이 발표되었다. 1995년에는 Web을 이용한 상거래 사이트로 아마존과 이베이가 출현하고, 1996년 혁신적인 검색엔진으로 구글 서치가 출현함으로써 인터넷이 급격하게 상용화되었다. 통신기술의 혁신과 인터넷의 획기적인 보급을 기반으로 하여 2007년 스티브 잡스가 기존의 디지털 기술을 망라한 복합기기인 스마트폰을 발표함으로써 디지털 전환의 시대는 새로운 전기를 맞게 되었다. 스마트폰은 특히 플랫폼 비즈니스Platform Business라는 새로운 산업을 가져왔다.

전 세계에 가장 많은 방을 운영하는 숙박 체인이지만 정작 단 한 칸의 방도 소유하지 않은 에어비앤비Airbnb, 전 세계에서 가장 많은 택시를 운영하지만 단 한 대의 택시도 소유하지 않은 우버Uber 등 플랫폼 비즈니스는 이용자와 공급자의 정보를 효율적으로 연결함으로써 새로운 경제적 가치를 창출하고 있다. 전통적인 기술혁신에 의한 신제품은 생산자 중심의 선형적인 가치 사슬을 통해 '원 사이즈 핏 올one-size-fit-all'과 같이 일방적으로 제품을 생산함으로써 소비자의 요구를 제대로 신속하게 반영하지 못했다. 그러나 플랫폼 가치 사슬에서는 생산자와 소비자가 정보를 상호공유할 뿐만 아니라 상호작용함으로써 소비자의 요구가 즉시적이고 연속적으로 생산자에게 전달되어 제품 혁신에 반영되고 있다. 플랫폼이 스스로 개발역량을 지속적으로 강화하고 성장한다는 점에서 전통적인 생산양식과는 크게 다르다. 플랫폼 비즈니스는 소위 공유경제sharing economy라는 새로운 경제의 틀을 가져왔다.

'무어의 법칙' 시대는 끝났다

무어의 법칙Moor's Law(1965년)은 마이크로 프로세서의 처리역량을 트랜지스터의 개수로 환산하면 2년마다 2배의 속도로 발전한다는 법칙이다. 디지털혁명을 가능케 했던 중요한 요인으로 비용혁명이 있었음을 주목할 필요가 있다. 무어의 법칙으로 대변되는 반도체 메모리의 혁신은 반도체 성능의 획기적인 향상과 가격의 하락으로 클라우딩 컴퓨팅 서비스를 통해 빅데이터 처리를 저비용으로 처리하는 것을 가능하게 했다. 또한 생산 시스템의 세계화로 글로벌 가치 사슬Global Value Chain을 통한 부품의 조달과 생산으로 생산원가를 혁신적으로 낮춤으로써 스마트폰의 보급 등 디지털 기기의 확산을 촉진했다. 그 예로 현재 애플의 아이폰X(64GB)의 소매가격은 999달러이며, 생산원가는 370.25[39]달러다. 만약 아이폰 X를 1995년에 만들었다면 생산원가는 700만 달러에 달했을 것이며, 아이폰7을 1991년에 만들었다면 1,266만 달러에 달해 대중화가 불가능하다. 나아가 퀀텀 컴퓨터의 개발은 무어의 법칙을 능가하는 속도로 컴퓨터의 처리역량을 높일 것으로 전망되고 있다.

무어의 법칙은 지난 40년간 반도체의 처리 속도를 1MHz에서 5GHz로 3,500배 증가시켰다. 그러나 이미 무어의 법칙의 시대는 끝날 것으로 예견되어 왔다.[40] 인텔은 14나노칩을 발표한 지 5년 후인 2019년 10나노칩을 발표함으로써 더 이상 무어의 법칙은 예측력을 잃었다. 2019년 CES 2019에서 엔비디아Nvidia의 CEO 젠슨 황Jensen Hung은 "무어의 법칙은 더 이상 불가능하다Moor's Law isn't possible anymore"라고 단언했다.[41] 칩의 성능을 높이기 위해 칩 속의 부품들을 더 촘촘하게 집적하는 데 더 이상 무어의 법칙을 따를 수 없는 물리적 한계에 직면한 것이다. 반도체 제조업체들은 반도체 제조 소프트웨어와 장비를 개선하고 칩 회로의 패킹 기술을 혁신함으로써 반도칩의 성능을 개선하고 있다. 그러나 문제는 7나노 반도체를 분수령으로 하여 반도체 생산설비 투자와 운영비용이 기하급수적으로 상승함에 따라 성능 대비 반도체 가격이 하락을 멈춘 것이다. 이는 디지털혁명에 새로운 충격을 주고 있다.

데이터+알고리즘+네트워크+클라우드+디지털 하드웨어

디지털혁명을 통해 디지털경제를 이끄는 디지털기술이 확산됨으로써 그야말로 유비쿼터스 시대Ubiquitous(주머니 속에서부터 집, 사무실, 거리, 공원 등 어디에서나 디지털 서비스를 이용하는 시대)가 올 것이다. 이러한 시대를 가능하게 하는 기술적 구조는 다음과 같이 요약될 수 있다.[42]

첫째, 사람과 사람(인터넷, 스마트폰, 소셜미디어 등), 사람과 사물(자동화

기기, 로보틱스 등), 사물과 사물IoT: Internet of Things로 연결되는 네트워크를 통해 데이터가 모아진다. 둘째, '클라우드 컴퓨팅 시스템Cloud Computing System'으로 모아진 데이터는 낮은 비용으로 저장되고 '알고리즘'에 의해 분석되어 가치 있는 정보로 전환된다[43]. 셋째, 정보는 다시 네트워크를 통해 생산 공정, 공급사슬Supply Chain, 유통, 소비자 등 경제전반에 재배급된다. 넷째, 정보로 투입된 데이터로 프로세스를 진행함으로써 '시스템 런System learn'을 진행하여 지속적·자동적으로 시스템을 개선한다.

디지털혁명의 새로운 도약, 융복합 전환시대

스마트폰·센서·내장 칩 등 사물인터넷에서 나오는 데이터, 각종 웹사이트·소셜미디어·전자상거래 등에서 쏟아지는 데이터는 알고리즘과 분석 소프트웨어를 통해 가치 있는 새로운 상품으로 전환되고 거래되어 '데이터 경제Data Economy'라는 새로운 경제 생태계와 산업을 만들어냈다.

데이터 분석은 유통과 생산 양면에 걸쳐 새로운 혁신을 이끌어가고 있다. 그 예로 아마존의 '원 클릭 원 데이One Click, One Day'가 가능한 이유는 소비자들의 구매 행태를 분석하여 각 상품에 대한 소비자의 선택을 예측하고 준비하기 때문이다. '인더스트리 4.0'의 생산공정에서 IoT는 부품의 투입·조립 과정에서 불량을 찾아내고 생산을 통제함으로써 상품의 다양화와 불량 극소화로 효율성을 극대화하는 것이 가능해졌다.

주목해야 할 사실은 디지털혁명은 디지털기술에 국한되는 것이 아니라 생산·유통·소비 전반을 재구성하고 있다는 점이다. 따라서 사람들이 생활하는 방식뿐만 아니라 소셜미디어SNS 이용을 통해 여론 형성, 정책 결정, 입법 전반에 걸쳐 정부의 행정과 정치 행태도 바뀌고 있다. 즉, 디지털혁명의 특징은 스마트폰이 보여주는 바와 같이 종래의 선형적 기술혁신을 넘어서 정보, 통신, 데이터, 인공지능 등 다양한 기술의 융합을 통한 기술혁신이라고 할 수 있다. 종래의 기술혁신이 산술급수적인 혁신이었다면, 디지털혁명에서의 기술혁신은 초연결성hyper-connectivity을 통한 기하급수적이고 융합적인 혁신이라고 할 수 있다.

그 결과로 디지털혁명은 20세기의 대량생산 시스템을 인공지능과 로봇과 사물인터넷과 연결함으로써 인더스트리 4.0으로 재구축되고 있으며, 개인 생활은 물론 경제·사회·정치 전반에 걸쳐 변화를 일으키고 있다. 특히 코로나19의 충격에 대응하는 과정에서 디지털혁명과 데이터 경제가 경제·사회·정치 전반에 미치는 영향은 가속화되고 있다.

미래학자 레이 커즈와일Ray Kurzwell은[44] 2006년 인공지능이 종합적 능력에 있어 인간을 능가하는 '싱귤래리티Singularity(특이성)'가 2045년경 가능할 것으로 예측한 바 있다. 컴퓨터의 계산 역량을 인간 두뇌의 뉴론 수에 비교한다면, 2020년대 초 싱귤래리티에 도달할 수 있다고 한다.[45] 스티브 호킹 교수는 2014년 한 인터뷰[46]에서 인공지능이 인류를 능가할 가능성을 경고한 바 있다. 특히 최근 한 논문은[47] 인공지능과 컴퓨터의 계산능력의 발전으로 가까운 장래에 싱귤래리티가 실현될

그림 1-4 세계 인터넷 사용자 추이

단위: 백만 명

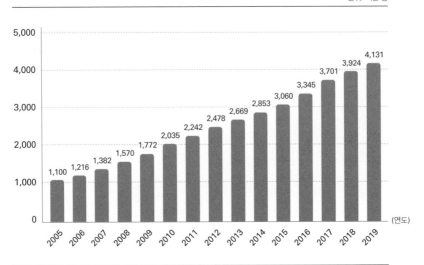

자료: statista.com

그림 1-5 세계 스마트폰 사용자 추이

단위: 십억 명

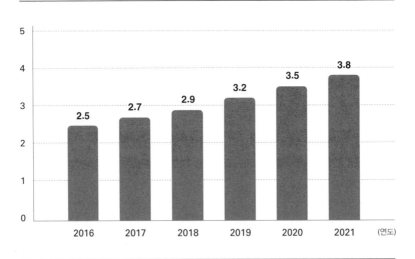

자료: statista.com

표 1-4 구글을 이용한 인터넷 통신 건수

	1초	1분	1시간
트위터	9,284	553,440	33,206,000
업로드된 인스타그램 사진	1,041	61,860	3,711,600
텀블러 포스트	1,814	107,520	6,451,200
스카이프 무료 화상 통화	5,251	307,920	18,475,200
구글 서치	88.475	5,243,100	314,586,000
유튜브 영상 뷰	87,501	5,210,520	312,631,200
보낸 이메일	2,982,778	178,149,660	10,688,979,600

자료: www.internetlivesstats.com(2021. 01. 01.)

수 있으며, 컴퓨터의 능력이 인간을 대체함으로써 지구에서 인간 존재 자체가 변화될 수 있다고 했다. 그러나 근본적으로 인간의 뇌는 컴퓨터와는 다르게 연결되어 있어 인간에게 아주 간단한 작업이 AI에게는 여전히 어려운 과제인 경우가 상당수 있기 때문에 인간의 역량을 뉴런 수로 평가하는 것은 타당하지 않다.[48]

한편 양자 컴퓨터quantum computing는 MIT 등에서 운영하고 있으며, 상업적 서비스도 시작했으나 현재 컴퓨터의 위치를 대체하는 데는 아직 상당한 시간이 필요하다. 하지만 분명한 것은 이미 다음 정보통신 기술혁명이 될 퀀텀 혁명이 진행되고 있다는 것이다.[49] 양자 컴퓨터 기술이 발전할수록 인공지능은 기계학습machine learning을 통해 가속적으로 인간의 종합능력에 근접할 것이다. 이에 따라 싱귤래리티는 현실로 다가오고 있으며, 인류가 그것이 가져올 변화와 위험에 직면할 시점은 더 가까워지고 있다. 2020년대는 디지털 전환이 가속

표 1-5 4차 산업혁명을 이끄는 25가지 트렌드

	기술 트랜드		기술 트랜드
1	AI와 머신러닝	14	자율주행차
2	사물인터넷과 스마트기기	15	5G, 더 빠르고 더 스마트한 네트워크
3	웨어러블부터 증강인간까지	16	유전체학 및 유전자 편집
4	빅데이터와 증강분석	17	기계공동 창의성 및 증강 디자인
5	스마트 공간	18	디지털 플랫폼
6	블록체인과 분산원장	19	드론과 무인항공기
7	클라우드와 엣지 컴퓨팅	20	사이버 보안과 사이버 복원력
8	디지털 확장 현실	21	양자 컴퓨팅
9	디지털 트윈	22	로봇 프로세스 자동화
10	자연언어처리	23	대량 개인화 및 마이크로 모먼츠
11	음성 인터페이스와 챗봇	24	3D 및 4D 프린팅 기술과 적층 가공
12	컴퓨터 비전과 안면인식	25	나노 기술과 재료과학
13	로봇과 코봇		

자료: 버나드 마. 《다가온 미래》. 2020.

화되고 산업에서는 '인더스트리 4.0'이 더 광범위하고 빠르게 진행될 것이 분명하다.

2020년대가 위기의 시대인 이유

"여러 예측을 종합해보면 2020년부터 향후 10년은 아마도 인류가 경험해보지 못한 질풍노도의 시대가 될 것이다."

《2030 카이스트 미래 경고》(2020) 중에서

어려움이 있는 시대라고 다 위기라고 할 수는 없다. 《대변동 위기, 선택, 변화》에서 재레드 다이아몬드는 위기를 "긴 간격으로 드물게 일어나는 극적인 변동"이라고 정의했다.[50] 만약 2020년대에 일어날 사건이 100년에 한 번 일어날 일이며 인류에게 극적인 변동을 주는 세기적인 일이라면, 2020년대를 위기의 시대라고 해도 지나치지 않을 것이다. 세계는 이미 WHO가 팬데믹(세계적 유행병)으로 선언한 코로나 사태로 위기를 겪고 있을 뿐만 아니라 전대미문의 기후변화로 인한 각국의 산불과 홍수 등 잦은 자연재해는 인류의 안전을 위협하고 있다.

대응력 상실의 위기

진정한 위기는 위기의 존재 자체가 아니라 위기에 대한 대응력을 상실한 상황이라고 할 것이다. 2020년대의 세계를 위기로 단정하는 이유는 다음과 같다. 첫째, 위기의 특성이 종전과 다르다. 팬데믹과 기후변화와 같이 특정 국가나 진영 차원의 위기를 넘어서 인류 또는 지구 차원의 위기이며, 잠재적인 미래의 위험이 아니라 이미 인류와 지구를 나날이 압박하는 현재 당면한 위기인 것이다.

둘째, 인류 또는 지구 차원의 위기에 대응하기 위해서는 전 세계적인 지도력과 협력이 필요하다. 그럼에도 불구하고 세계 차원의 지도력은 '팍스 아메리카나' 시대의 종식과 더불어 심각한 혼돈에 빠져 있다. 트럼프 전 미국 대통령은 미국의 국익을 앞세워 기존의 국체협력체제를 위협했다. 특히 미국과 충돌과 중국의 대립은 WHO(세계보건기구)와 WTO(세계무역기구)를 두고 일어나고 있다. 트럼프 전 미국 대통령은 오바마 전 미국 대통령이 2015년 체결한 파리기후변화협약이 미국의 국익에 반한다는 이유로 2019년 11월 탈퇴를 선언했으며, 코로나 사태에도 불구하고 WHO의 중국 편향을 이유로 7월 6일 탈퇴를 발표했다. WTO에 대해서도 중국 편향을 이유로 WTO의 지도력을 위협했다. 총체적으로 세계는 국제협력이 절박한 시점에서 지도력을 잃고 이에 따라 협력체제가 흔들리고 있다. 바이든 대통령이 "미국이 다시 돌아왔다"고 선언했으나, 그렇다고 해서 그것이 미국이 '팍스 아메리카나' 시대의 세계 경찰로 돌아왔다는 것을 의미하는 것은 아니다. 한마디로 세계는 대응력 위기에 직면해 있다.

셋째, 세계 차원의 협력체제를 강화하는 것이 구조적으로 어려워진 이유는 영국의 브렉시트와 미국의 대통령 선거가 보여주는 바와 같이 각국의 국내정치가 계층 간의 갈등의 심화로 균열되고 있기 때문이다. 유권자들 사이에서 포퓰리즘과 정치적 종족주의가 성행함에 따라 각국 정부는 세계 차원의 협력을 포기하고 자국 이기주의적인 정책으로 가는 경향을 보이고 있다.

영국의 EU 탈퇴가 2021년부터 실행됨에 따라 세계화의 구조는 더 복잡해지고 후퇴가 불가피해졌다. 이와 같이 G7과 중국을 포함한 중심국가들이 세계 질서 안정을 주도하는 것이 아니라 반대로 불확실성을 양산하고, 그 불확실성이 세계로 확산되어 세계의 안정을 위협하고 있다.[51]

넷째, 경제 측면에서 세계적 위기가 발생할 가능성이 높다. IMF 추정(2020년 10월, WEO)에 따르면 코로나19의 충격으로 2020년 세계 경제성장률은 -4.4%로 85% 국가가 마이너스 성장을 겪을 것으로 전망했다. 2020년 겨울 코로나19를 성공적으로 극복할 경우 세계 경제는 2021년 5.2% 성장할 것이나, 코로나19의 2차 파동second wave이 극심할 경우 세계 경제는 2024년에 가서야 2019년 경제활동수준을 회복할 것으로 전망한 것이다. 세계 금융위기로 2009년 세계 경제성장률이 -0.1%를 기록함에 따라 세계 경제는 2016년까지 장기침체를 겪었다.

코로나19로 인한 충격은 2008년 세계 금융위기 때보다 최소 3배 이상 크고, 경제와 사회 전반에 걸쳐 깊은 충격을 준 만큼 코로나19 자체만으로도 2020년대 세계 경제는 장기침체가 불가피해보인다. 문제는 여기서 그치지 않는다. 세계 경제의 장기침체는 당연히 금융안정

표 1-6 루비니 교수의 2020년대 10가지 위험

1	지속 가능성 없는 가계와 기업의 부채 급증과 도산 급증
2	고령화로 인한 재정지출 급증
3	디플레이션 악순환 위험, 생산설비의 유휴화 · 실업 ⇒ 소득 저하 ⇒ 수요 부족 ⇒ 물가 하락 ⇒ 투자 부진 ⇒ 경기 침체 장기화
4	통화공급 급증으로 인한 과잉 유동성과 공급 부족으로 스태그플레이션(불황 속의 물가 상승)
5	디지털 디스럽션(분열): 디지털화의 가속화로 인한 소득 양극화 심화, GVC의 재구성 ⇒ 리쇼어링 ⇒ 자동화 ⇒ 임금 ▼ ⇒ 포퓰리즘 압력 ▲
6	반세계화, 상품 · 서비스 · 기술 · 인력 이동 제한 증대
7	반민주주의: 보호주의, 포퓰리즘
8	미·중 대립 심화가 세계 경제 위축 촉진
9	신냉전 구도의 전쟁 위험
10	환경 파괴 ⇒ 자연 생태계 혼란 ⇒ 괴질 창궐

자료: 누리엘 루비니. 〈2020년대 더 큰 대공황이 올 것이다〉. 2020. 04. 28.

성을 위협한다. 코로나19의 충격에 대응하기 위한 각국 정부들의 적극적인 확대재정정책은 대규모 재정적자를 초래하고 유동성 급증을 가져옴으로써 주식과 채권 가격의 거품을 가져왔다.[52] 이러한 실물경제와 금융시장의 상반된 움직임은 장기적으로 금융위기의 가능성을 증대시킨다.[53] 대표적으로 경제학자인 누리엘 루비니Nouriel Rowbini 뉴욕대 교수는[54] 2020년대에 대불황이 올 것임을 예고하고 있다. 그는 "2030년대까지는 기술과 정치적 지도력이 보다 포용적이고 협력적이며 안정된 국제 질서를 제고함으로써 많은 문제들을 해결하고 축소하며 그 심각성을 저하시킬 수도 있다. 그러나 아무리 낙관적인 결과를 가정하더라도 다가오는 대공황으로부터 우리가 살아남을 길을 찾는 것은 쉽지 않을 것이다"라고 말한 바 있다. 루비니 교수의 10가지 위험에 대한 지적은 세계 경제가 당면하고 있는 위험을 망라하고 있다는 점에서 주목할 가치가 있다.

2020년대 시대 과제의 특징

2020년대가 직면하고 있는 시대적 과제는 20세기에 우리가 경험했던 어려운 시대들과는 다른 몇 가지 특징적 양상을 가지고 있다.

첫째, 세계적 유행병, 즉 팬데믹과 기후변화가 보여주는 바와 같이 충격의 범위가 국가의 경계나 선진국과 신흥국의 구분을 넘어서 전 세계에 걸쳐 있다는 점이다. 질병과 기후변화뿐만 아니라 경제적인 문제에 있어서도 이미 세계화가 진행되어 있기 때문에 각국의 산업이 국경을 넘어서 세계적인 공급 사슬로 연결되어 있다. 따라서 어느 나라 어느 지역에서라도 공급 사슬에 문제가 일어난다면 전 세계적으로 충격을 미칠 수 있는 구조를 가지고 있다. 자동차 반도체 부족 문제가 대표적인 사례다.

둘째, 팬데믹과 기후변화는 이미 예고된, 말하자면 '일어날 일이 일어난 것'이다. 문제는 이 가공할 충격의 발생 위험에도 불구하고 우리는 제대로 준비되어 있지 않다는 것이다. 따라서 더욱 심각한 충격에 직면해 있다. 세계적 유행병과 기후변화는 결코 충격은 물론 위험의 존재조차도 알 수 없었던 것이 아니다. 엄밀하게 말하자면, 기후변화

관련해서 이미 충분한 정보가 축적되어 있었고 위험을 예상할 수 있는 사건이었다. 세계적 유행병의 존재는 인식하고 있지만 언제 발생할지 모르는 'known unknowns'에 해당한다고 볼 수 있다. 그렇다면 위험이 예고되었음에도 불구하고 우리가 제대로 준비하지 못했던 본질적인 이유는 무엇인가? 이 문제를 해결하지 않는다면 인류는 앞으로도 동일한 양상의 실수를 반복할 것이며, 그 결과는 운 좋게도 그럭저럭 넘겼던 과거보다 훨씬 심각하고 위협적일 것이다.

셋째, 세계 경제를 주도하고 있는 시장 경제 시스템에서는 구조적으로 세계적 유행병과 기후변화 등과 같은 미래 위험의 가치를 과소평가하는 일종의 '시장의 실패' 문제를 안고 있는[55] 반면에 정부는 아직 이 잠재적 위험에 대한 대응 시스템을 공공재로 효과적으로 활용하지 못하고 있다. 코로나 백신과 치료제의 경우와 같이 사건이 터지기 전에는 발생 가능성이 매우 낮을 뿐만 아니라 위험의 실체를 예상하기도 어려운 잠재적 위험에 대해 막대한 재정을 투입하는 결정을 내리는 것은 정치적으로 국민들을 설득하기 어려운 결정이다. 또한 이와 관련된 재정 시스템을 만드는 것은 기술적으로도 매우 어려운 일이다. 따라서 이러한 문제의 경우 사건이 발생하고 난 다음에야 긴급 재난으로 정상적인 과정을 뛰어넘는 대응이 이루어질 수밖에 없다.

넷째, 인류 공동의 터전인 지구를 구해야 한다는 대의명분에도 불구하고 기후변화에 대응하기 위한 비용 부담 문제를 둘러싼 국제적 그리고 각국 내부의 정치적 문제가 자국이기주의와 포퓰리즘으로 이어지는 심각한 상황이다. 그 대표적인 사건이 바로 2018년 12월 파리에서 일어났던 '노란 조끼 시위' 다. 프랑스의 휘발유 가격은 국제 석유

가격의 상승에 따라 2016년 저점 대비 2018년 9월까지 약 38% 상승했으나 프랑스 국민들은 석유가격의 상승까지는 참았다. 그러나 프랑스 정부가 파리기후변화협약을 이행하기 위해 2020년까지 CO_2 배출량을 2005년 기준 17% 감축한다는 목표를 세우고 2017년 경유 23%, 휘발유 15%로 가격을 인상하자 상황은 달라진다. 생산비 또는 생활비 부담이 가중된 농민과 근로자 계층의 불만이 '노란 조끼 시위'로 발화된 것이다. 프랑스 '노란 조끼 시위'의 사례는 국민들이 시장의 가격 부담은 감내하면서도 조세 인상에 따른 가격 부담은 그 이유가 무엇이든 감내하기 어렵다는 것을 보여준다. 따라서 각국의 정부들은 탄소세를 부과하는 것을 주저할 수밖에 없다.

그 예로 탄소 1톤당 200달러(CO_2 톤당 54달러와 동일)의 탄소세를 부과할 경우, 미국 가솔린 가격으로 갤런당 50센트 인상을 가져온다. 2020년 5월 미국 가솔린 가격이 갤런당 1.80달러이므로 50센트의 탄소세가 부과되면 가솔린 가격은 2.30달러로 인상된다. 이 가격은 여전히 역사적으로 낮은 가격이다[56]. 그럼에도 불구하고 각국은 국민들의 정치적 반대를 우려하여 탄소세의 도입을 기피하고 있다.

탄소는 전력 생산과 생산 활동에 수반하여 발생한다. 따라서 탄소세 부과는 기업에게 원가 부담을 가중함으로써 생산 활동을 억제하고, 가계에 대해서는 생활비 부담을 가중시킨다. 특히 소득이 낮을수록 조세 부담이 가중되는 역진성을 작용시켜 국민들을 화나게 한다. 따라서 파리기후변화협약을 이행하는 것은 세계적으로는 타당하고 필요한 조치이지만 각국 내부적으로는 정치적인 불만과 경제적 손실을 감당해야 하는 어려운 과제다. 특히 경제성장이 절실한 개발도상국의 경우 생산 활동에 과세하는 것은 더욱 수용하기 어렵다. 트럼프 대통령이 '미국우선주의(아메리칸 퍼스트)'에 위배된다는 이유로 파리기후변화협약을 탈퇴한 것은 중국·인도·러시아가 파리기후변화협약에 소극적인 이유와 본질적으로 같다.

작년 12월 구성된 EU 집행부는 2050년 EU의 탄소 순배출량을 제로로 만들겠다는 목표를 세우고 온실가스 배출량이 많은 국가로부터 들어오는 수입품에 대하여 관세를 부과하겠다는 '탄소국경세' 도입 방침을 제시한 바 있다. 그러나 미국의 반대라는 문제 이전에 유럽 내부에서 들끓고 있는 포퓰리즘의 벽을 넘는 과제가 더욱 심각하다.

다섯째, 기후변화·유행병·AI 등 2020년대 세계가 직면한 과제는 국가 차원을 넘어서 인류 또는 전 지구 차원에서 대응이 필요한 시대적 과제임에도 불구하고 이에 대응하는 글로벌 거버넌스global governance가 없다. 2차 세계대전 이후 자유민주주의 세계의 지도력은 미국의 관용주의를 기반으로 유지되어 왔다. 미국은 낮은 관세로 개도국들의 대미국 수출을 촉진했으며, 개도국들은 대미 흑자를 통해 조달한 달러로 자국이 필요로 하는 다른 상품을 수입하는 구조였다. 브레튼우즈체제에서 달러를 세계 통화로 하고 IMF가 국제금융을, 세계은행World Bank이 경제개발을, WTO가 자유무역을 촉진하는 역할을 분담해왔다.

이러한 미국의 강력한 글로벌 지도력을 배경으로 1980년대 레이건 대통령은 핵 감축을 주도함으로써 세계와 인류 공동이익에 부합되도록 세계를 이끌어왔다. 그러나 1991년 소련연방이 붕괴된 이후 1990년대 미국 주도의 세계화는 세계와 인류의 공동 이익보다는 미국의 금융자본과 다국적 기업의 이익을 도모하는 것이었다. 한편 미국 내부적으로는 국내 경제가 장기침체를 겪으며 양극화가 심화됨에 따라 글로벌 지도력을 유지한다는 명목의 미국 관용주의에 대한 불만이 증대되었다. 그 결과 트럼프 대통령의 '아메리칸 퍼스트' 노선이 등장하기에 이르렀다.

글로벌 거버넌스의 실패가 세계에 어떤 고통을 가져오는지는 이미 100년 전 사례가 여실하게 보여준다. 1919년 파리강화회담은 전후 세계평화를 논의하기 위한 기구로 국제연맹League of Nations을 창설했지만 당시 세계 최대 강대국인 미국이 가입하지 않음으로써 사실상의 평화유지력을 확보할 수 없는 명목상의 기구로 전락했다. 그 결과는 1939년 2차 세계대전의 발발이었다. 그로부터 100년이 지난 현재 미국 트럼프 대통령은 세계 경찰의 역할을 포기하는 것은 물론 파리기후변화협약 탈퇴, WHO 탈퇴, WTO 탈퇴 선언 등으로 글로벌 거버넌스의 공백을 주도했다. 또한 영국은 2020년 EU를 완전히 탈퇴했고 미국에서 바이든 대통령 시대가 시작됨에 따라 미국과 영국, 영국과 EU, 미국과 EU의 전통적인 관계에도 변화가 불가피해졌다.[57]

미국과 독일 관계에 대한 하이코 마스Heiko Maas 독일 외부장관은 "미국에서 민주당이 재집권한다고 해서 미국과 독일관계가 예전처럼 회복할 것이라고 보는 사람은 양국 간의 구조적 관계를 과소평가하는 것이다"라고 했다.[58] 독일 외무장관의 이러한 언급은 유럽과 미국의 전통적인 우방관계의 근본적인 변화가 진행되고 있음을 시사한다. 미국과 EU 간에는 나토 방위비 분담금 부담, 독일과 러시아 간에 진행되고 있는 '노르트스트림 2 건설 프로젝트,[59] 유럽 자동차 수출에 대한 미국의 관세 부과 등 난제가 놓여 있다.

2020년 12월 30일 중국과 유럽은 EU와 투자협정을 체결했다. 같은 날 미국 무역대표부USTR는 EU가 11월 40억 달러 상당의 미국 수입품에 대하여 추과관세를 부과한 조치에 대응하여 프랑스의 코냑과 독일의 포도 증류주, 독일의 항공기 부품에 대하여 추과관세를 부과한다고 발표했다. 이미 2019년 10월 세계무역기구WTO가 EU의 에어버스에 대한 불법 보조금 지급을 인정하고 미국의 보복관세 부과를 승인한 바 있으며, 이에 근거하여 미국은 약 75억 달러 상당의 EU 제품에 관세를 부과한 바 있다. 세계무역시장은 그야말로 다자협력을 대신하여 영원한 적도 동지도 없는 자국이기주의의 격돌이 성행하는 다자경쟁의 시대로 진입하고 있다.

코로나19의 교훈

코로나 사태는 전염병이 초래할 수 있는 잠재적 위험의 가치를 방역과 의료체계에 제대로 반영하는 것이 국민들의 생명을 지키는 데 얼마나 중요한가를 확실하게 보여주고 있다. 코로나 사태의 교훈은 기후변화의 위험에도 그대로 적용할 필요가 있다. 현재 정부와 시장은 기후변화 위험의 잠재적 가치를 제대로 평가하지 못하고 있다. 그 결과로 기후변화에 대한 대응의 필요성이 과소평가되거나 포퓰리즘과 같은 다른 가치에 의해 무시됨으로써 위험은 갈수록 증폭하고 있다. 각국이 기후변화를 외면하는 동안 세계는 1.5°C의 절대 위험에 더 빨리 다가가고 있다.

코로나 팬데믹 사태가 보여주는 바와 같이 세계는 어느 때보다도 세계적 협력이 절실한 시대에 당면하고 있다. 그럼에도 불구하고 갈수록 글로벌 지도력은 기대하기 어려운 상황으로 전개된다. 세계경제포럼WEF의 찰스 슈왑 회장이 주장하는 것처럼 세계 차원의 '그레이트 리셋Great Reset'을 기대하기 어려운 만큼 2020년대는 비관적인 시대가 될 가능성이 높다. 미국뿐만 아니라 세계적으로 유행하고 있는 포퓰리즘과 코로나 팬데믹의 충격은 세계 경제 질서를 더욱 위협하고 있음이 분명하다.[60]

PART 2

체제 혼돈의 시대

2025년의 세계는 어떨까? 운이 좋다면 경제는 팬데믹으로부터 대폭 회복해 있을 것이다. 그러나 대부분 사람들은 팬데믹이 일어나지 않았을 경우보다 가난해져 있을 것이다. 아마도 가장 큰 문제는 글로벌 협력이 절실하게 요구됨에도 불구하고 그것을 기대하기 어려울 것이라는 점이다. 세계 경제의 역동성을 지속하고, 평화를 유지하며, 세계적 공통과제에 대응하는 것은 언제나 어려운 일이다. 포퓰리즘의 시대와 강대국 간의 충돌은 그것을 더욱 어렵게 할 것이다.

2020년 12월 16일 마틴 울프

미국, 세계의 경찰에서 포식자로

"많은 국민들이 이름도 들어 본 적이 없는 머나먼 땅의 오랜 갈등을 해결하는 것은 미국군의 의무가 아니다. 우리는 더 이상 세계의 경찰이 아니다."

2020년 6월 13일 **도널드 트럼프**

2차 세계대전 후 소련 주도의 사회주의 체제와의 경쟁에서 미국은 민주주의와 시장경제체제의 수호자로서 동맹국들에게 브레튼우즈 체제의 울타리를 제공했다. 즉, 동맹국들에게 기축통화인 달러를 공급하고 낮은 관세로 미국 시장을 개방하여 경제개발을 촉진했다. 미국은 세계 평화의 수호자 역할을 하면서도 관용적이었다.

그러나 안보적으로는 2001년 9·11테러 사태로, 경제적으로는 중국의 부상으로 경제가 위축되고 실업이 증가하면서 국내의 고통이 증대함에 따라 미국은 더 이상 세계 평화와 번영의 수호자로서 관용과 너그러움을 지키기 어려워졌다. 여기에 더해 세계 금융위기 이후 양극화의 상처가 심화되었으며, 그 결과 중산층이 와해되고 삶의 터전을 잃은 시장의 패자가 양산되었다. 미국 상위 10%의 소득비중은 1980년 10%에서 2016년 20%로 높아진 반면에 같은 기간 하위 50%의 소득비중은 20%에서 13%로 낮아졌다.

"왜 트럼프 대통령은 탈세계화 정책을 단행하고 있는가?"라는 조사_Pew Research Center에 따르면, 2016년 미국 대통령 선거에서 트럼프 후보 지지자들은 클린턴 후보 지지자들보다 "생활이 과거보다 어려워졌으며, 다음 세대의 미래도 비관적이라는" 응답이 현저하게 높았다. 즉, 트럼프 지지자들이 클린턴 지지자들보다 미국의 장래에 대해 훨씬 더 비관적이었다는 것이다. 따라서 정책 기조의 변화를 넘어선 특단의 정책이 필요했다. 트럼프 전 미국 대통령은 희생양으로 중국 제재와 탈세계화 노선을 선택했다. 그리고 미국 외교의 전통적인 다자주의와 글로벌리즘으로부터 이탈하여 '아메리칸 퍼스트' 노선으로 궤도수정을 선언했다. 구체적으로 2017년 유네스코를 탈퇴했으며, 2018년에는 세계기후변화협약과 유엔인권이사회_UNHRC로부터 탈퇴했으며, 2020년 7월에는 세계보건기구_WHO로부터 탈퇴를 통보하여 2021년 7월 탈퇴 예정 중에 있다. 한편 미국이 주도해왔던 환태평양경제동반자협정_TPP에서도 탈퇴했다.

당시 IMF 총재였던 라가르드_Christine Lagarde는 미국과 중국 간의 상호 관세 부과가 세계 경제성장률을 2019년 0.4%, 2020년 0.5% 감소시킬 수 있다고 경고한 바 있다. IMF뿐만 아니라 많은 연구기관들과 미국의 연준조차도 관세 인상이 미국 경제와 세계 경제에 부정적 영향을 미칠 것이라 지적했다. 그럼에도 불구하고 트럼프 대통령은 꿈적도

하지 않았다. 왜냐하면 트럼프 대통령에게 중요한 것은 경제가 아니라 정치이며, 특히 자신의 지지자들의 지지가 중요하기 때문이었다. 세계 경제가 어려워질수록 미국의 무역 협상력은 더욱 강해지고, 그 결과 미국은 더 '위대한 국가'가 될 것으로 기대했기 때문이다.

과연 트럼프 대통령은 보호주의 노선으로 미국을 다시 위대하게 만드는 데 성공할 것인가? 실패할 것이라는 것이 연구자들의 지배적인 전망이다. 우선 관세 부과는 미국 기업과 소비자들에게 상당한 부담을 초래한다. 또한 수입을 대신하여 생산시설을 미국으로 옮기는 것은 어려운 일이다. 결과적으로 수입선이 중국에서 베트남 등 다른 나라로 바뀌는 효과만 있을 뿐 미국의 이익은 크지 않다는 것이다. 그 예로 화웨이에 대한 제재는 화웨이에 심각한 위험을 끼칠 수 있으며 중국의 반도체 개발을 지연시킬 수 있지만, 미국 기업들조차 상당한 손실과 기술개발이 지연되는 부작용을 감수해야 하는 상황이다. 미국이 거둘 국익은 사실상 크지 않다.

아메리칸 퍼스트가 남긴 상처

아메리칸 퍼스트 외교노선은 세 가지 측면에서 세계 정세를 불안하게 하고 있다. 첫째, 분쟁지역에서 미군을 감축하거나 철수함으로써 분쟁지역의 위험에 대한 국제적인 통제장치가 크게 약화되었다. 대표적인 사례로 미 국방부는 2020년 11월 17일 아프가니스탄과 이라크 주둔 미군 수를 2021년 1월 15일까지 각각 2,500명으로 감축하기로 발표했으며, 2020년 12월 4일에는 지난 13년간 미군이 주둔해왔던 소말리아에서 잔류 병력 700명을 2021년 1월 15일까지 완전 철수하라고 명령했다. 이미 아프가니스탄에서는 정부군의 활동이 위축된 반면에 텔레반의 활동이 크게 강화되고 있다.

둘째, 미국이 세계의 경찰 역할을 포기했다는 것은 2차 세계대전 이후 냉전체제 이래 미국의 보호를 받아왔던 전통적인 우방국들의 국익에 심각한 변화를 가져온다는 것에 주목해야 한다. 미국이 세계 경찰로서 70여 국가의 안보를 보장하고 있을 뿐만 아니라 우방국들에게 해상 수송로의 보호· 글로벌 가치 사슬 보호 등의 편익을 제공해왔으나, 이러한 보호장치는 더 이상 국제적 '공공재'가 아니다. 미국은 '세계의 경찰'에서 자국 이익을 추구하는 '포식자'로 변신하고 있으며 그 희생자는 전통적 우방국이 되고 있다.

셋째, 2차 세계대전 이후 국가의 수는 46개국에서 거의 200개국으로 증가했으나 신생 국가 중 2/3는 경제적 자립 능력이 없다. 따라서 이들 국가들을 보호하고 지원해왔던 미국의 정책 변화는 이들 국가들의 유지 자체를 위협할 수 있다.[1] 중국은 바로 이 틈을 활용하여 '일대일로' 정책 추진으로 영향력을 확대하고 있다. 따라서 '아메리칸 퍼스트' 노선은 분쟁지역에 대한 미국의 통제장치를 제거할 뿐만 아니라 미국과 전통적인 우방국 간의 신뢰관계를 손상시키는 반면에 중국에게는 영향력 확대 기회를 제공함으로써 세계를 불안정하게 하고 있다.

그렇다면 이러한 노선은 바이든 행정부에도 계속될 것인가? 바이든 행정부가 등장했지만 미국의 대외정책은 트럼프 시대 이전으로 돌아갈 가능성은 낮아 보인다. 7,000만 명이 넘는 트럼프 지지자는 물론 다수의 미국 국민들은 세계 분쟁지역에 미군이 파병되는 것을 반대하며, 관세로 미국 국민들의 일자리를 지켜주기를 요구하고 있음이 분명한 이상, 바이든 대통령도 '아메리칸 퍼스트'를 벗어나기는 어려워 보인다. 즉, 미국은 세계 평화, 자유민주주의와 인권 보호 등 미국이 전통적으로 중시하는 가치를 공유하거나 세계 문제를 해결하는 데 미국의 지도력을 사용하기보다는 미국의 안전과 미국 국민의 일자리를 지키는 것을 우선으로 다른 나라를 대할 가능성이 높아졌다.

또한 외교 전문가들은 미국 정부가 미국 국민들의 일자리를 지키기 위해 관세·금융제재·비자 제한 등 위협적인 협상 수단을 사용하는 데 주저하지 않을 것으로 보고 있다.[2] 이미 미국은 전통적인 동맹국들에게 미국이 보호해주는 것에 대한 보다 많은 비용을 부담할 것을 요구하면서 갈등을 빚고 있다. 바이든 당선자는 영국에 미국과의 무역 협상이 쉽지 않을 것임을 경고한 바 있다.

트럼프는 가도, 트럼피즘은 남는다

트럼프 전 미국 대통령은 임기를 마치고 2021년 1월 20일 백악관을 떠났지만 그가 남긴 트럼프주의Trumpism(트럼피즘)는 공화당을 넘어서 미국 사회에 폭넓은 지지를 받으며 존속할 것이라는 해석이 지배적이다. 그 이유는 트럼프주의는 정치이념이 아니라 사회심리적인 현상이기 때문이다.[3] 자존심에 상처받은 백인들, 무너진 중산층, 라틴계 등 기존의 정당으로부터 희망을 찾지 못했던 소외계층에게 트럼프주의는 희망이었다. 2020년 대통령 선거에서 트럼프는 백인 투표자의 58%, 비백인 투표자의 26% 지지를 얻었으며, 2016년 선거와 대비하여 백인 투표자 득표율은 같았으나 비백인 투표자들로부터는 5%p를 더 얻은 결과 총득표율로는 46.8%를 얻었음에도 불구하고 51.3%를 획득한 바이든 후보에게 졌다. 트럼프는 2016년 대선보다 1,122만 표를 더 얻고도 패배했다. 그가 2016년 선거보다 1,000만 표가 넘는 표를 더 얻었음에도 불구하고 선거에서 패배한 이유는 백인 유권자의 비중이 낮아진 반면에 공화당 지지율이 낮은 비백인 유권자의 비중과 투표율은 높아졌기 때문이었다.[4] 트럼프주의는 미국 사회의 소외되고 낙오된 계층의 분노를 정치적으로 표출하는 정서와 기존의 미국 보수 우익에 내재된 경제적 민족주의, 백인 토착주의 등과 같은 불편한 이념들의 복합체라고 할 수 있다. 즉, 미국 사회의 구조적인 갈등이 트럼프의 출현을 계기로 트럼피즘으로 표출된 것이다. 따라서 트럼프 퇴임 이후에도 트럼피즘은 미국 사회에서 소외되고 분노한 계층의 소리를 대변하는 창구이자 극단적 보수주의들의 광장으로서 미국 사회와 정치에 지속적인 영향력을 행사할 것이다.

바이든 시대?

바이든 당선자는 2019년 11월 11일 당선 확정 직후 "미국이 돌아왔다 America is back"[5]고 선언했다. 바이든 대통령은 취임 직후 파리기후변화협약과 유엔 인권이사회에 대한 미국의 복귀를 단행했으며, 2021년 7월로 예정된 세계보건기구WHO 탈퇴도 철회했다. 하지만 세계는 이미 미국 국익 중심의 후안무치한 일방주의적인 트럼프 시대를 경험했기 때문에 바이든 대통령이 미국의 세계 지도력을 트럼프 시대 이전으로 복귀시키는 것은 기대하기 어려워 보인다. 바이든 대통령의 비전과는 달리 트럼프 시대 이전으로 회복하기 위한 정책을 추진하는 것이 미국 국내적으로도 어려울 뿐만 아니라 미국의 일방주의에 상처받은 세계의 신뢰를 회복하는 것은 더욱 어려워 보인다. 바이든 행정부는 미국이 세계의 경찰로 돌아갈 것임을 천명하고 있지만 이미 세계는 바야흐로 각자도생 시대에 진입했다. 중국과 EU는 2020년 12월 30일 지난 7년간 끌어왔던 투자협정을 체결하여 미국 바이든 행정부의 대중국 압박 전략에 흠집을 내면서 동시에 미국이 세계 리더십을 회복하는 것이 얼마나 어려운 과제인지를 보여주었다.

2020년대 혼돈의 세계

미·중 간의 갈등을 '투키디데스의 함정'으로 접근한 《예정된 전쟁》(2018)의 저자 그레이엄 엘리슨은 바이든 대통령은 미국의 세계 지도력을 회복하려 하면서도 세계의 경찰 역할로 복귀하지는 않을 것이며, 따라서 역할을 수반하지 않는 지도력 추구의 모순 때문에 세계는 더욱 불안정해질 수 있을 것으로 전망했다.[6]

한편 조지 프리드먼은[7] 미국의 체제는 건국 후 대체로 50년을 주기로 하는 사회경제적 변혁과 80년을 주기로 하는 제도적 변혁을 겪어

왔다고 말한다. 이 주기에 따르면 미국은 역사상 처음으로 제도적 주기와 사회경제적 주기가 2020년대에 처음으로 중첩되고, 2020년대의 새로운 사회경제적 변혁기를 앞두고 있다. 따라서 2020년대는 대단히 불안정한 시대가 되리라고 예상된다. 프리드먼은 2020년대는 산업화 이래 미국사회의 중심이 되어왔던 산업근로자 계층의 붕괴를 배경으로 하는 세 번째 제도적 주기의 끝 부분과 다섯 번째 사회경제적 주기의 끝 부분이 겹치는 혼란기에 해당하고, 산업근로자 계층의 붕괴가 계속되고 있지만 새로운 계층은 아직 중심 세력으로 충분히 자리하지 못한 전환기로서 현재의 상황이 양 세력의 갈등을 대변한다고 설명하고 있다. 따라서 2020년대 새로운 제도와 사회경제적 시대가 자리 잡기까지 현재의 갈등 구조가 훨씬 복잡해질 것이다.[8]

지금까지 살펴본 바와 같이 2020년대 미국은 정치·사회·경제 전반에 걸쳐 혼란이 계속될 것이다. 붕괴하고 있는 기존 중심세력이 자구책으로 요구하는 '아메리칸 퍼스트'와 새로운 세력이 원하는 '세계 지도력'이 계속 충돌하면서 2020년대 미국의 세계 전략이 심각한 혼란을 보일 것이라는 해석이다. 2020년대 미국의 혼란은 곧 세계 정치경제의 질서를 잡을 '세계의 경찰'이 없는 세계의 혼란을 의미한다.

신냉전시대? 미국과 중국 갈등

"최근 중국에 대한 미국 정부의 태도는 미국이 세계에서 가장 많은 인구와 두 번째로 큰 경제를 가진 국가의 지도자를 어떻게 이해하고 대응할 것인지에 대한 근본적인 재평가를 반영하고 있다. 미국은 두 시스템 간의 장기 전략적 경쟁관계에 주목하고 있다. … 미국 정부는 미국민의 이익을 보호하고 미국의 영향력을 확대하는 정책을 계속할 것이다. 동시에 우리는 우리의 이익이 함께 하는 사안에 대해서는 중국으로부터의 협력과 건설적이고 결과지향적인 개입을 받아드릴 용의가 있다."

2020년 5월 20일 **백악관 국가안전 보장위원회**

2017년 8월 14일 트럼프 대통령은 중국의 지적 재산권 보호 실태에 대한 미국 무역대표부USTR의 조사를 지시하는 행정명령에 서명하고, 2018년 3월 22일 중국의 무역 불공정에 대한 WTO 제소와 중국 기업의 투자 제한 및 500억 달러 관세 부과방침을 발표했다. 그 이후

2021년 1월 트럼프 대통령이 임기를 마칠 때까지 미·중 간의 무역마찰은 우여곡절을 겪었지만 대체로 악화되고 있다. 따라서 바이든 대통령 임기 중에도 개선될 가능성은 낮아 보인다는 것이 지배적인 전망이다.

미국과 중국 간의 무역마찰이 양국은 물론 세계 경제에도 상당한 부정적인 충격을 주고 있음에도 불구하고 장기간 악화되고 있으며, 해결의 기미를 찾지 못하는 이유는 무엇인가? 그 이유는 미·중 간의 무역마찰 이면에 시장 자본주의와 국가 자본주의 간의 체제 마찰을 넘어서 양국이 세계의 정치경제 운영의 주도권을 둘러싼 소위 '투키디데스의 함정(G1 다툼)'이 전개되고 있기 때문이며, 이 양상은 '신냉전The New Cold War'으로까지 해석되고 있다.

냉전과는 또 다른 양상의 신냉전

미국과 소련 간의 냉전 체제는 1945년 2차 세계대전 후부터 1991년 소련연방 해체까지 45년 가까이 계속되었다. 만약 미국과 중국 간의 무역 마찰이 신냉전의 일부라면, 이것은 2020년대에 세계 정치경제의 순조로운 흐름을 어렵게 하는 것은 물론 그것이 언제 끝날지조차 가늠하기 어렵다. 백악관이 2020년 5월 20일 발표한 '대중국 전략보고서'는[9] 신냉전 여부를 가늠할 만한 의미 있는 문건으로 평가되고 있다.[10] 이 보고서는 1979년 미·중 수교 이후 중국과의 관계를 정리하고, 대중국 정책의 근본적인 재평가는 양 체제 간의 '장기적 전략적 경쟁 관계'임을 분명히 밝히고 있다. 물론 2차 세계대전 이후 미국과 소련 간의 이념적·체제적·군사적 대립관계와 비교하여 현재의 미국과 중국 간의 대립은 세계를 양분하는 블록 간의 이념적·체제적·군사적 대립이 아니라 양국 간의 이해관계 충돌에 불과하다. 따라서 '신냉전'이라는 정의가 부적합하다는 견해도 있다.

미국과 중국의 대립은 소련 중심의 바르샤바 조약과 미국중심의 NATO의 대립이나 자유민주주의 블록과 사회주의체제 블록 간의 대립과는 성격과 구조 면에서 현저한 차이가 있다. 특히 중국은 이념적으로는 사회주의 국가이며, 정치적으로는 공산당 독재국가이면서도, 경제적으로는 국가자본주의라는 특이한 국가다. 따라서 냉전을 세계를 양분하는 체제 블록 간의 대립으로 정의한다면, 미국과 중국 간의 갈등을 신냉전이라고 하기는 어렵다. 특히 미국과 중국은 경제적으로 글로벌 가치 사슬GVC 속에 깊이 얽혀 있다는 점에서 냉전이 시사하는 전면적 대립 관계라고 할 수는 없으며, 같은 서방국가군에서도 EU와 중국의 관계는[11] 기본적으로 협력관계를 중심으로 하고 있어 대립 위주의 미·중 관계와는 크게 다르다.

그럼에도 불구하고 이미 미국과 중국 간의 대립 차원을 넘어서 아시아를 전쟁터로 하는 신냉전이 이미 시작되었다는 국제적 합의가 형성되어 있다는 주장도[12] 주목할 만하다. 즉, 세계 차원의 냉전은 아니더라도 아시아에 있어서는 이미 냉전이 시작되었다는 주장이다. 윤영관 교수는 만약 중국이 과거 소련이 했던 것과 같이 중국의 군사·경제·정치적 영향력을 적극적으로 주변 아시아 국가들에게 전파하고자 한다면, 냉전의 시작인 다원적 긴장이 급속하게 확대될 것이며 중국의 위협에 대응하여 자유민주국가들이 자신들의 이념과 시스템을 지키

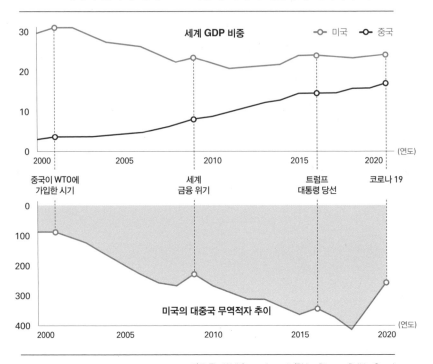

그림 2-1 **미국과 중국의 세계 GDP 비중과 미국의 대중국 무역적자 추이**

자료: The Wall Street Journal. 〈Biden Plans to Build a Grand Alliance to Counter China. It Won't Be Easy〉. 2021. 06. 06.

기 위해 뭉치면서 블록에 의한 냉전으로 악화되는 것이 불가피하다고 지적했다. 더구나 아시아의 신냉전은 의도하지 않은 전쟁을 초래할 위험을 안고 있다.

그 예로 중국은 대만을 '일국양제—國兩制'에 의한 중국의 영토라는 확고한 입장을 가지고 있으며, 그런 만큼 대만의 주권 독립이나 대만에 대한 미국의 군사적 보호를 용납하지 않는다. 그러나 이러한 중국의 주장을 미국이 용납하고 대만에 대한 영향력을 포기한다면, 베트남을 비롯한 아시아 국가들은 미국의 보호에 대한 신뢰를 유지하기 어려울 것이다. 따라서 미국은 대만을 양보하는 데 그치지 않고 동남아 전체를 중국에 내주는 결과를 초래할 위험이 크다.[13] 이 경우 태평양에서 미국이 확보해왔던 전통적인 안보 역량은 치명적인 손상을 입게 된다.

따라서 중국과 미국은 대만에 대한 영향력을 두고 서로 양보할 수 없는 갈등이 불가피하고, 군사적 긴장이 계속될 수밖에 없다. 한편 한국을 포함하여 대부분의 아시아 국가들은 중국과의 경제협력을 통해 이익을 얻고 있다. 이런 구조에서 미국과 중국의 외교와 군사적인 긴장이 높아지는 것은 아시아 국가들의 장래를 매우 불확실하고 위험하게 한다. 즉, 미국과 중국 간의 고조되는 갈등은 양국 간의 이익 상충 문제에 그치지 않고 아시아 국가들의 안전과 번영을 총체적으로 위협하는 치명적인 문제라는 점에서 미국과 소련 간의 냉전과는 다른 양상이라는 주장이 타당성을 갖는다.

대중국 강경론은 워싱턴 컨센서스

주목해야 할 사실은 대중국 강경론은 트럼프 대통령에서 시작된 정책기조가 아니라 이미 오바마 대통령 시절인 2013년경부터 자리 잡은 일종의 '워싱턴 컨센서스Washington Consensus'라는 점이다. 미국 정부와 국회, 학계 등이 공유해왔던 중국에 대한 인식은 중국이 개방되고 경제적으로 번영할수록 중국도 미국과 같은 자유민주주의 국가군의 일원이 되리라는 것이었다. 이러한 전제하에 미국은 2001년 중국의 WTO

가입을 지원하고 무역 특혜를 부여해왔다. WTO 가입 후 중국은 세계의 공장으로 급성장했다. 그러나 미국은 2008년 세계금융위기를 수습하면서 세계 경제의 판도 변화를 고민하는 과정에서 중국의 존재를 주목하기 시작했다. 그리고 2013년부터 미국 정부와 국회, 학계 등 전반적으로 대중국 개방정책이 실패했다는 공감대, 이른바 대중국 피로감Chinese Fatigue이 조성되면서 대중국 강경론이 퍼졌다. 오바마 대통령 시기의 부통령으로서 바이든은 이러한 반중국 합의의 중심에 있었기 때문에 대중국 강경론에 관한 한 트럼프 대통령과 크게 다르지 않을 것이라는 예측이 가능하다. 미국은 중국이 자유 민주주의 국가로 변화하기를 기대했지만, 중국은 2012년 시진핑 주석의 취임을 전환점으로 하여 이른바 중국몽을 과시함으로써 미국을 자극했다. 미국 경제는 2008년 세계 금융위기를 통해 치명적인 약점을 노출한 반면 세계 금융위기의 충격을 거의 받지 않은 중국은 체제에 대한 자신감을 갖게 된 것이다.

미국의 기대와는 다른 움직임, 중국몽

2012년 11월 중국 공산당 제18차 대회에서 당 총서기로 선출된 시진핑 주석은 중국몽을[14] 자신의 통치 비전으로 내세웠다. 한편 2017년 10월 25일 열린 중국 19차 전국대표회의에서 '시진핑 사상'은 당헌 개정안으로 확정되었다. 시진핑 사상은 "중국을 더 부유하고富起來, 강대한 국가로 도약하자强起來", "정치·경제·사회·문화·생태문명의 건설을 종합적으로 추구하자五位一體", "전면적 소강사회小康社會 건설, 전면적 개혁심화改革深化, 전면적 의법치국依法治國, 전면적 당의통치從嚴治黨라는 4개 전면四個全面"으로 집약된다. 공산당 창당 100주년이 되는 2021년 전면적 소강사회(국민들이 편하게 잘 사는 사회)를 실현하고, 건국 100주년이 되는 2049년 사회주의 현대화 국가를 건설하는 것을 목표로 하고 있다.

한마디로 중국몽은 사회주의 현대화와 중화민족의 위대한 부흥을 의미하는 것이다. 특히 중국 공산당은 2018년 3월 당주석의 임기를 폐지함으로써 시 주석의 중국몽은 중국의 단기적 국가목표가 아니라 장기적 국가목표라는 인식을 미국을 비롯한 여러 국가들에게 강하게 전달했다. 등소평의 '도광양회韜光養晦' 노선은 미국을 비롯한 서방국가들로 하여금 중국이 세계 경제에서 책임 있는 파트너의 역할을 할 것이라는 기대를 갖도록 했으나, 시진핑 주석의 중국몽에서는 그러한 서방의 기대가 잘못된 것임이 드러났다.

2020년 5월 발표된 백악관 국가안보위원회NSC 보고서는 중국의 도발을 다음 세 가지 측면에서 지적하고 있다. 첫째, 공정경쟁을 원칙으로 하는 시장경제 체제의 미국 기업들과는 달리 중국 기업들은 국가자본주의 체제에서 정부의 기업 지원에 의존함으로써 국제무역에서 불공정 경쟁이 발생하고, 그 결과로 미국민의 일자리를 빼앗아 가고 있는 문제, 둘째, 개인적 자유를 중시하는 미국적 가치와는 달리 공산당 이념을 우위로 하여 티베트와 위구르 지역에서 자행되고 있는 인권 탄압 문제, 셋째, 대만과 남중국해에서 전통적인 미국의 안보 패권을 중국이 심각하게 위협하는 문제가 그것이다. 이 세 가지 문제에 대한 태도와 관련해서 바이든 행정부라고 해서 달라질 것은 없어 보인다.

미·중 무역전쟁이 중국의 국가 자본주의 체제의 개혁을 가져올 것이라는 기대와는 달리, 시 주석은 무역전쟁 발생 이후 국영기업 체제를 강화함으로써 미국에 대한 대응력을 높이는 방향의 정책을 추진해 왔다. 특히 코로나 사태는 이런 중국 정부의 정책 방향을 강화하는 결과를 가져왔다. 미국 정부가 2019년 말부터 중국 정부Chinese Government에서 중국 공산당CCP: Chinese Communist Party으로, 시 주석을 대통령에서 당서기로 부르기 시작했다는 사실은 중국 정부에 대한 미국 정부의 태도를 함축적으로 보여준다. 더구나 코로나 팬데믹의 책임 논란과 그 경제적 충격을 겪는 과정에서 중국이 보여준 태도는 미국을 더 자극했다.

미국 트럼프 대통령은 중국의 화웨이에 대한 미국 기업의 부품 공급을 금지했다. 그리고 미국 다국적 기업의 주도하는 글로벌 공급사슬을 통해 중국에서 생산되어 미국으로 수출되는 스마트폰을 비롯한 1,560억 달러 상당의 소비재에 2019년 12월 15일부터 15%의 추가관세가 부과된 바 있다. 특히 미국과 중국은 2020년 1월 15일 1단계 합의에 서명했으나, 코로나 팬데믹의 발발 이후 코로나 팬데믹에 대한 책임 문제를 두고 양국 간의 관계는 더욱 악화되었다. 중국 전국인민대표대회 상무위원회는 2020년 6월 30일 홍콩 국가보안법을 통과시켰으며, 이에 대해 미국 백악관 국가안보회의는 "베이징이 이제 홍콩을 '한 국가, 한 체제'로 취급하고 있기 때문에 미국도 홍콩을 중국의 일부로 취급해야 한다"는 반응을 보였다.

한편 2020년 7월 21일 미국 정부는 휴스턴 중국 총영사관에 대해 폐쇄명령을 내렸으며, 이에 대한 보복조치로 중국 정부는 7월 24일 청

두 미국 총영사관에 대해 폐쇄명령을 내렸다. 8월 6일 트럼프 대통령은 위챗과 틱톡을 미국시장에서 퇴출시키는 행정명령을 내렸으며, 8월 17일 상무부는 9월 15일부터 미국산 기술과 장비 및 소프트웨어를 사용한 제품을 미국 정부의 허가 없이 화웨이에 공급하는 것을 금지하는 제재안을 발표했다.

2020년 9월 초 미국 정부는 안보상 이유로 미국 체류 중국 유학생 및 연구원 1,000명의 체류 비자를 축소했다. 9월 18일 상무부는 11월 12일부터 틱톡을 사용금지했으며, 9월 20일부터 틱톡과 위챗의 미국 내 다운로드와 업데이트를 금지했다. 특히 미국은 화웨이와 ZTE 등 이미 275개 중국 기업들을 무역거래금지 목록(블랙리스트)에 올리고, 이에 더하여 2020년 12월 18일 반도체업체인 SMIC, 드론 제조업체 DJI 등 60개 중국 기업을 제재 대상에 추가했다. 로스 상무부 장관은 언론에 SMIC에 대한 제재는 SMIC가 미국의 10나노 이하 반도체 생산기술에 접근하는 것을 차단하기 위한 목적임을 밝힌 바 있다. 또한 제재 이유의 상당 부분이 미국의 국가 안보 목적임을 내세우고 있어 양국 간의 무역협상은 악화될 것으로 보인다.

중국의 대미국 수입규모(상품과 서비스의 합계)는 2017년 대비 2019년 12%가 감소하여 오히려 같은 기간 중 미국의 대중국 수입규모 감소율 9.9%보다 크다. 한편 1단계 합의에도 불구하고 2020년 미국의 대중국 수출규모는 2019년 대비 0.8% 감소했으며, 미국의 대중국 수입규모는 같은 기간 4.5% 감소했다. 그러나 중국 무역통계로 2020년 중국의 대미국 상품 수입규모는 2019년 대비 불과 120억 달러 증가하는 데 그쳐 2020~2021년간 중국이 대미국 수입을 2,000억 달러 확대하겠다는 1차 합의 이행은 이미 공수표나 다름없다. 피터슨국제경제연구소PIIE 보고서는[15] 2020년 미국의 대중국 수출이 목표치의 57%에 그쳐 실패했다고 평가했다. 바이든 행정부는 1차 합의안에 대한 중국의 이행 실적이 극도로 저조하다는 점에서부터 중국 정부를 압박할 것으로 보인다.

바이든 시대의 대중 정책

트럼프 행정부의 대중 정책이 미국의 경제적 이익에 치중되어 있어 상대적으로 단순했던 반면에 바이든 행정부의 대중 정책은 트럼프 행정부보다 복잡하고 더 불확실할 가능성이 높다. 그 이유는 바이든 행정부의 대중 정책은 이른바 3C, 즉 협력Cooperation · 경쟁Competition · 대립 Confrontation으로 다원적이라는 특성을 가지고 있기 때문이다. 우선 바이든 행정부는 1차 합의에 대한 중간평가부터 시작할 것이며, 이후에 보조금과 국영기업에 대한 정부 지원 문제 등을 다룰 것으로 예상된다. 바이든 선거캠프는 "Made in All of American"을 슬로건으로 하여 미국의 핵심 공급망의 위치에 있는 기업들을 미국으로 돌아오게 함으로써 500만 개의 일자리를 만들겠다는 공약을 제시한 바 있다.[16]

이와 같은 경제적 이익과 대만 · 남태평양 안보 문제 등 미국의 국제정치적 영향력 문제 그리고 중국의 인권 문제를 비롯한 체제 문제에 있어서는 중국 정부와 대립할 것으로 예상된다. 한편 첨단기술 개발 등에서는 경쟁하고, 핵무기의 무정부 상태 · 글로벌 테러리즘 · 기후변화

· 팬데믹 등 미국의 세계 지도력을 강화하면서 중국과 이익을 공유하는 과제에 대해서는 협력 관계를 복원할 것으로 전망된다. 한편 트럼프 정부가 미국과 중국 간의 1대 1 협상을 추진해왔던 것과는 달리 바이든 정부는 2021년 '민주주의 국가정상회담Summit of Democracies'을 개최하여 다자협력체제를 구축하며 중국을 압박하는 전략을 추구할 것으로 알려졌다.[17]

그러나 2020년 11월 중국을 포함한 아시아 태평양지역 15개국이 '역내포괄적경제동반자협정RECP'을 체결했으므로 다자협력체제 경쟁에서 선수를 빼앗긴 바이든 행정부가 RECP 참여국들이 공유하려는 이익으로부터 중국을 어떻게 분리하여 새로운 대중국 다자협력체제를 구축할 수 있을지 우려된다.[18] 한편 EU와 중국이 투자협정 체결에 합의(2020년 12월 30일)함으로써 중국은 다자주의 무역체제 구축 경쟁에서 미국을 크게 앞서가고 있는 형국을 보이고 있다.

그레이엄 엘리슨은 바이든 대통령 시대에 미·중 간의 이념 대립은 더욱 심화되면서도 양국이 이해를 공유하는 핵무기 무정부 상태·테러리즘·기후변화·팬데믹 등에 대해서는 협력할 가능성이 크다고 전망했다. 그리고 이러한 미국의 이중적인 입장은 중국과의 대립과 협력 양면의 복합적이고 모순된 관계를 만들어낼 것으로 전망했다.[19]

탈세계화 시대, 혼돈의 글로벌 가치 사슬[20]

"코로나19가 세계화를 종식시키지는 못할 것이다. 오히려 코로나 사태는 세계화를 촉진하고 2020년의 대전환을 강화할 것이다. … 종래의 세계화 모델은 지속될 수 없으며, 세계 금융위기와 기후변화, 팬데믹, 소득불균등 등 체제적 위험을 가중시켜 왔다. 역세계화가 정치적 슬로건으로는 매력적일 수 있으나, 문제를 더 악화시킬 뿐이다. 세계는 백신의 교역과 청정 기술과 양질의 일자리를 창출하는 무역을 필요로 한다. 우리는 더 건강하고 깨끗하고, 양질의 규제로 보다 포용적인 세계화를 만드는 노력을 강화할 필요가 있다."

2020년 8월 26일 〈파이낸셜타임스〉 **이안 골딘**

메이드 인 월드

애플사가 발표한 〈2020년 공급자 책임 보고서〉에 따르면, 애플 제품을 만드는 공급 사슬에 2018년 45개국의 1,049개 기업이 참여했다.

이 중 상위 200개 공급기업의 국적은 대만 46개, 중국 41개, 일본 38개, 미국 37개, 한국 13개이며, 생산에 참여한 공장은 809개로 중국 380개, 일본 126개, 미국 65개, 대만 54개, 한국 35개다. 놀랍게도 미·중 간의 무역전쟁에 불구하고 애플의 공급 사슬에 있어 중국 의존도는 2018년 더 높아졌으며, 스마트폰 시장에서 경쟁기업인 삼성전자의 공장이 9개, 삼성SDI 공장이 5개에 참여하고 있다. 그러면 애플의 아이폰은 과연 어느 나라 제품이라고 할 수 있을까?

한 조사(IHS마킷)에 따르면, 아이폰X의 경우 소매가격 1,200달러 중 부품비용은 370달러이며, 부품 중 단일비용으로 가장 큰 부품은 액정화면이다. 이 액정화면 값 110달러가 삼성 디스플레이에 지불되며, 부품비용의 가장 큰 몫은 일본 기업들에 돌아간다. 아이폰은 최종적으로 중국의 폭스콘에서 완제품으로 조립되지만 폭스콘이 받는 조립비용은 제조비용의 6%, 제품가격의 2%에 불과하다.

애플사가 밝히고 있는 바와 같이 애플사의 제품들은 애플사가 설계하고 운영하는 글로벌 가치 사슬이 만든 제품이다. 애플의 사례와 같이 다국적 기업들이 운영하는 글로벌 가치 사슬을 통해 중간재의 형태로 여러 나라의 국경을 넘나들며 만들어진 상품들은 특정한 하나의 나라 제품이 아니라 'Made in the World'다.

GVC, 세계 무역의 2/3 차지

WTO의 보고서에 따르면, 세계 무역의 3분의 2는 글로벌 가치 사슬Global Value Chain 또는 글로벌 공급 사슬Global Supply Chain에 의해 제조된다고 한다. 즉, 세계 무역의 흐름은 글로벌 가치 사슬의 활성화 정도에 의해 결정된다고 할 수 있다. 특히 한 나라 경제가 글로벌 가치 사슬에 얼마나 참여하고 있는가는 그 나라 경제발전에 중요한 의미를 갖는다. 글로벌 가치 사슬은 선진국의 원천 기술과 상품 개발에서부터 부품 공급, 신흥국의 최종 완제품 조립에 이르기까지 각국의 부존자원과 생산 여건의 특성에 따라 각기 특화된 기업들이 생산과정에 참여하는 글로벌 수직 네트워크로 연결된 생산체제를 말한다. 우리나라 총수출(2015년)을 부가가치로 분해하면 수입 원자재 부분(후방참여효과) 32.6%, 국내 부가가치 67.4%로 구성되며, 이 가운데 19.1%p는 제3국의 수출용 원자재로 수출(전방참여효과)되어 우리나라의 GVC 참여율은 51.7%다.

글로벌 가치 사슬에 참여하는 것은 외국인 직접투자와 중간재 수출로 인한 일자리와 소득 창출뿐만 아니라 세계 첨단의 기술·지식·정보 및 혁신의 역동성을 공유할 수 있다는 점에서 성장잠재력을 높이는 데 매우 중요하다. 글로벌 가치 사슬은 참여 국가들의 요소배분의 효율성과 생산성을 제고함으로써 세계 경제성장을 주도해왔다. 한 나라 경제발전에 글로벌 공급 사슬 참여가 미치는 중요성을 보여주는 대표적인 국가가 바로 중국이다. 세계 상품수출시장에서 중국의 비중은 1993년 2.5%에 불과하였으나 2019년 18.0%로 높아졌다.

탈세계화의 역풍, 상품 교역의 침체

하지만 글로벌 가치 사슬은 세계 금융위기 이후 변화를 맞고 있다. WTO의 분석에 따르면[21] 2011~2016년간 세계 GDP에 대한 글로벌 가치 사슬에 의한 생산 비중은 하락하고, 대신 각국의 국내생산 비중이 상승했다. 2012~2016년간 평균 연율로 전통적 기준의 무역규모는 0.28% 감소하고, 복합 GVC에 의한 생산은 훨씬 큰 폭으로 1.65% 감소한 반면 각국의 국내생산은 1.49% 증가했다. 즉, 2012~2016년간의 세계 GDP 성장은 대부분 각국의 국내생산 증가에 의해 설명되며 국제무역은 거의 정체되어 있었다.

2017년 세계 GDP는 3.1% 증가했고 상품 무역규모는 3.7% 증가했으나, 2018년 상품 무역규모 증가율은 2.9%로 둔화되어 2019년에는 0.1% 감소했다. 2020년에는 코로나 팬데믹의 충격으로 현저한 감소세를 보이고 있다. 정리해보면 2008년 세계 금융위기 이후 2020년에 이르기까지 상품 교역은 전반적으로 침체된 가운데 각국의 국내생산 비중은 증가한 반면 글로벌 가치 사슬 비중은 낮아졌다.

그 이유는 신흥국들의 수입대체산업과 내수시장이 성장함에 따라 수입 중간재 의존도가 낮아짐으로써 글로벌 가치 사슬의 성장세가 무역 증가세보다 낮아지고 있기 때문이다. 또 서비스 무역의 성장속도가 상품 무역의 증가율을 크게 추월함으로써 글로벌 가치 사슬이 세계 무역에서 차지하는 중요성이 상대적으로 낮아지고 있다. 한편 디지털 혁명의 충격으로 글로벌 가치 사슬의 유인으로서의 노동비용의 중요성이 상대적으로 낮아지는 대신 지식과 정보 집약적인 투자가 증대하고 있다. 이러한 변화들은 신흥국들이 낮은 노동비용을 유인으로 수출산업을 육성하여 경제성장을 지속할 수 있는 가능성이 낮아지고 있음을 의미한다.

각자도생의 시대, 불확실성의 시대

세계화에 대한 가장 결정적인 역풍은 지난 20여 년 동안 국가 간 경제적 이익을 공유하는 시스템으로 작용해왔던 글로벌 가치 사슬이 이제는 국익이 충돌할 경우 각국의 핵심 응징수단으로 활용되고 있다는 점이다. 대표적인 사례로 2019년 7월 4일 한국 대법원의 일제 강제징용 배상 판결에 대한 보복조치로 일본은 반도체와 디스플레이 생산에 필수적인 소재인 불화수소·플루오린 폴리이미드·포토레지스트 품목의 대한국 수출방식을 포괄허가에서 개별허가로 변경했다. 또한 2019년 8월 일본 기업의 대한국 수출에 대한 승인방식을 화이트리스트(절차 간소화 대상)에서 제외하는 무역규제를 단행했다. 이러한 일본의 무역규제에 대응하여 우리나라도 일본을 화이트리스트(전략물자 수출입 고시 개정)에서 제외하고 일본의 무역규제를 WTO에 제소했다.

한국과 일본 간의 무역마찰 문제가 1년 반이 지나도록 진전이 없는 이유는 뭘까? 그 이면에 한국의 경우 '극일 국민감정'이, 일본의 경우 '극우 세력'이 작용하고 있어 정치적인 해결이 어렵기 때문이다. 앞에서 살펴본 바와 같이 미국의 대중국 무역규제도 그 이면에는 트럼프 대통령의 국내정치 노선인 '아메리칸 퍼스트'가 자리잡고 있다.

그림 2-2 세계화와 국익과 정치의 관계

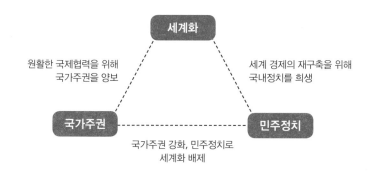

자료: Dani Rodrik. 《The Globalization Paradox》. 2012, p201

2019년 9월 25일 트럼프 대통령은 유엔 총회 연설에서 "미국은 미국 국민에 의해 통치된다. 우리는 세계주의 이념을 거절하고, 애국주의를 신봉한다"라고 언급함으로써 자신의 탈세계화 노선을 세계에 알렸다. 짧게는 지난 30년, 길게는 2차 세계대전 이후 미국이 주도해왔던 세계주의를 이제는 미국 스스로 파기함으로써 세계는 탈세계화 시대로 가고 있다. 과연 미국은 탈세계화 노선을 통해 미국의 국익을 확보하는 데 성공할 것인가? 탈세계화 노선은 세계 경제에 어떤 영향을 미칠 것인가? 이미 트럼프 대통령은 2017년 1월 전임 오바마 대통령이 공들여왔던 환태평양경제동반자협정TPP를 탈퇴한 데 이어, 6월 미국 근로자의 이익을 최우선으로 보호하겠다는 선거공약을 지킨다는 이유로 지구 온난화 방지를 위해 195개국이 가입한 파리기후변화협약을 탈퇴한 바 있다.

세계화·국가주권·민주주의 세 가지 중 두 가지를 선택할 수밖에 없다는 로드릭(Dani Rodrik, 2011)의 모델에 따르면, 세계주의 시대에는 각국이 경제적 이익을 얻기 위해 세계화를 상위가치로 하고 국가주권과 민주주의를 양보했다. 그러나 탈세계화 시대에는 국민이 요구하는 정치와 국가 이익을 확보하기 위해 세계화를 거부하는 구조로 바뀌고 있다. 탈세계화는 미국뿐만 아니라 유럽에도 확산되고 있다. 브렉시트가 대표적인 탈세계화 양상이며, 상당수 EU국가들에서 중도보수와 중도진보 정당들이 과반 의석을 상실하고 민족주의 정당, 극우 포퓰리즘 정당, 녹색당이 약진하여 향후 유럽에서 탈세계주의 열풍을 예고하고 있다.

세계화 시대에서 탈세계화 시대로의 이행은 다양한 방면에 걸쳐 변화를 수반하고 있다. 무역체제에 있어서는 다자간 협정 중심에서 지역 무역협정 또는 개별 무역협정 중심으로, 국정의 중심이 세계 이슈 중심에서 국내 이슈 중심으로 이동하고, 이러한 변화는 경제 우위에서 정치 우위로 바뀌었고, 국제적 문제 해결방식은 협정이 정한 규칙 중심에서 양자 간의 임의적 협상으로 바뀌었다. 한마디로 어떤 결과도 보장되지 않는 각자도생의 시대가 온 것이며, 보편적 예상의 실현을 장담하기 어려운 불확실성의 시대가 온 것이다.

보호무역주의와 저성장 시대

트럼프 대통령의 정보통신기술 유출 금지 조치와 이에 중국은 '신뢰할 수 없는 기업 블랙리스트'로 대응함으로써 글로벌 가치 사슬은 왜곡되고 있다. 미국은 지적 재산권을 무기로, 중국은 거대 시장을 무기로 세계 기술기업들을 편가르기하고 있다. 글로벌 가치 사슬을 압박하여 중국을 굴복시키겠다는 트럼프 대통령의 전략이 실체를 드러낸 것이다. 기업들은 무역정책과 세계 투자환경이 내포하고 있는 불확실성의 위험을 절감했기 때문에 상당 기간 무역과 글로벌 가치 사슬의 위축이 불가피하다. 따라서 탈세계화를 선택한 대가는 무역과 투자 환경의 불확실성 증대와 이로 인한 무역과 투자의 위축, 세계 경제 침체, 투자 부족으로 인한 생산성 저하 등이다.

결론적으로 세계적으로 확산되고 있는 포퓰리즘 정치와 국익을 추구하는 보호무역주의 경향은 2020년대 세계 경제를 저성장 시대로 만들 가능성이 높다. 문제는 세계가 포퓰리즘 정치의 환상에서 깨어나고, 미국이 보호주의를 포기하고 다시 세계의 수호자로 돌아오기까지 세계 경제는 큰 혼란과 저성장의 고통을 치러야 한다는 것이다.

글로벌 가치 사슬과 국익의 충돌

과연 미국의 트럼프 대통령과 일본의 아베 총리는 글로벌 가치 사슬을 훼손함으로써 자국의 국익을 확보했는가? 아이폰을 중국에서 생산함으로써 가장 큰 이익을 얻는 주체는 미국 소비자들이며 애플의 주주들이다. 아이폰을 미국에서 생산할 경우 생산비용이 대폭 상승하는 것이 불가피하므로 소비자들과 주주들에게 가장 큰 손해가 된다. 한편 대부분의 연구 결과는 미국이 중국 수입품에 부과한 관세는 고스란히 미국 소비자들이 부담해야 하는 것으로 전망하고 있다. 관세 부과가 미국 다국적 기업들이 생산 공장을 미국으로 옮기도록 촉진하는 효과가 있을 것인지도 의문이다.

그럼에도 불구하고 미국은 중국의 패권 도전에 대한 응징으로 무역 전쟁을 벌이고 있으며, 일본은 징용공 보상 문제를 포함한 과거사 문제를 이유로 우리나라에 대한 수출제한조치를 단행했다. 미·중과 한·일 간은 사실상 글로벌 가치 사슬을 무기로 전쟁을 하고 있는 것과 같다. 그 결과 글로벌 가치 사슬에 대한 지정학적 위험이 크게 높아졌다. IMF가 산출한 세계 무역의 불확실성 정도는 2018년 전년대비 10배가 높아졌으며 지난 20년간 최고수준으로 급등했다.

정리하면 글로벌 가치 사슬은 정치·경제적으로 역세계화의 거센 역풍을 맞고 있으며, 그 결과로 세계 무역은 위축되고 세계 경제는 다시 침체 국면으로 전환되고 있다. 그렇다면 글로벌 가치 사슬이 세계 무역과 경제 성장을 주도하는 시대는 끝났는가? 그렇지는 않아 보인다. 이미 구축된 글로벌 가치사슬을 재구축하는 것은 엄청난 비용과 위험을 수반하는 일인 만큼, 글로벌 가치 사슬은 다소 위축되더라도 여전히 세계 무역의 중심축으로 작동할 것으로 보인다. 현재는 세계화의 틀과 각국의 국내정치 간의 충돌이 진행되는 국면이다. 지정학적 위험이 높아질수록 외국인 직접투자는 각국의 정책에 민감하게 반응할 수밖에 없다. 주목해야 할 점은 글로벌 가치 사슬의 불확실성이 높은 시기는 각국 정부와 기업들이 위험뿐만 아니라 기회와 직면하는 시기라는 점이다. 국내 정치를 우위에 두고 글로벌 가치 사슬을 훼손하는 국가는 산업경쟁력의 저하를 초래함으로써 경제적 국익을 잃을 것이며, 반면에 정치가 글로벌 가치 사슬과 국내 문제 간의 충돌을 조정하는 데 성공한 국가는 글로벌 가치 사슬에 참여하며 이익을 극대화할 수 있을 것이다.

코로나 바이러스의 영향

코로나19의 충격은 후퇴하고 있는 세계화 경향을 가속화할 것으로 예상된다.[22] 특히 미국과 중국 간의 갈등으로 촉발된 글로벌 기업들의 중국 이탈은 코로나 충격으로 가속화될 전망이다. 따라서 아시아 지역 공급망에서 중국 집중도가 낮아지고 다양화될 것으로 전망되고 있다. 코로나 사태에서 글로벌 공급망이 분산되고 다변화된 기업들이 상대적으로 충격을 덜 받았다는 점은 글로벌 기업들의 글로벌 공급망 전략에 영향을 미칠 것으로 보인다.

미국과 중국 간의 대립이 심화됨에 따라 글로벌 기업들의 글로벌 공급 사슬 전략의 불확실성은 크게 높아졌다. 중국에 투자한 미국 기업들은 물론 미국에 투자한 중국 기업들 역시 장기적으로 안정적인 사업 추진을 자신하기 어렵다. 그 결과 공급 사슬을 해외에서 국내로 이동시키는 경향이 일어나는 것은 불가피해 보인다.

표 2-1 주요국의 GVC 참여율 구성(2015)

	GVC 참여율	후방연관효과	전방연관효과
선진국	41.4	20.6	20.8
신흥국	41.4	21.4	20
미국	31.7	9.5	22.2
독일	42.9	21	21.9
일본	37.6	13.2	24.4
한국	51.7	32.6	19.1
중국	34.9	17.3	17.5
대만	56.8	32.4	24.4
베트남	55.6	44.5	11.1

자료: WTO, Global Value Chain Data base

코로나19 팬데믹이 주요국 기업들의 글로벌 공급 사슬에 미친 충격에 대한 조사에[23] 따르면, 조사대상 미국, 영국, 프랑스, 독일, 이탈리아 5개국의 1,181개 회사 중 94%가 팬데믹으로 인해 공급 사슬에 충격을 받았으며, 특히 미국의 기업들은 26%가 심각한 타격을 받은 것으로 나타났다. 조사 대상 기업들의 55%는 12개월 이내에 공급처 변경을 고려하고 있으며, 62%는 장기적으로 공급처의 변경을 고려하고 있는 것으로 나타났다. 그럼에도 불구하고 국내로 공급처를 옮길 것을 고려하는 기업의 비중은 15% 미만에 불과하여 팬데믹이 글로벌 공급 사슬 자체를 쇠퇴시킬 것으로 보기는 어려운 것으로 나타났다.

글로벌 공급 사슬의 변경을 고려할 때 중국이 핵심 고려 대상이다. 이 기업들의 글로벌 공급 사슬 안에서 중국의 가장 큰 문제는 코로나19의 충격보다도 지속적으로 상승하고 있는 노동비용이다. 디지털 전

세계 상품수출시장에서 한국의 비중은 1993년 2.2%에서 2019년 3.7%로 높아질 만큼, 한국은 세계화 시대의 혜택을 중국 다음으로 크게 누렸다. 그러나 이제 세계화가 후퇴함에 따라 역으로 한국은 어려운 상황에 직면하고 있다. 세계화와 관련하여 우리나라는 세 가지 심각한 과제를 안고 있다.

첫째, 미국은 지적 재산권을 무기로, 중국은 시장을 무기로 한국의 선택을 압박하고 있다. 글로벌 공급 사슬로 중국을 압박하고자 하는 미국의 전략에서 중국 수입의 3위 국가(2020년 8.4%)인 한국을 그대로 방치할 리 없다. 단기적으로는 시장이 더 중요하고 장기적으로는 기술이 더 중요하다. 그러나 기술우위가 아니라면 중국은 한국 기업이 필요할 리 없다. 논리적 해답은 분명하다.

둘째, GDP의 42%를 수출에 의존하는 한국으로서 세계화의 후퇴와 세계 무역의 장기침체에 어떻게 대응할 것인가 하는 장기 전략을 고민해야 한다. 글로벌 공급 사슬에서 한국의 위치를 지속적으로 지키려는 노력은 더욱 절실해졌다.

셋째, 앞서 인용한 로드릭의 모델에 따르면, 문재인 정부는 국가주권과 민주주의를 최우선 가치로 하여 국정을 운영하고 있고 이와 동시에 세계화를 추구하기는 어렵다. 같은 맥락에서 소득주도성장을 살펴보면 대내지향적인 소득주도성장과 공정경제는 글로벌을 지향하는 혁신성장과 함께 가기 어렵다. 대외적으로는 미국과 중국이 한국에 선택을 요구하고 있지만, 대내적으로는 과연 이대로 탈세계화와 저성장 시대를 맞아도 될지 근본적인 물음이 제기된다.

환 정도가 높은 기업과 산업의 경우 중국에 대한 선호도가 높은 것으로 나타났다. 조사대상 기업의 21%가 여전히 중국을 세계의 3대 핵심 생산기지로 평가하고 있다. 코로나19 팬데믹의 충격에도 불구하고 중국의 방대한 시장과 잘 개발된 생산 하부구조는 여전히 투자 매력으로 작용하고 있는 것으로 나타났다.

양극화로 망가진 자본주의

○──○

"현대 자본주의는 우리 모두를 전에 없던 번영으로 끌어올릴 잠재력을 가지고 있지만, 윤리적으로 파산한 채 비극의 길을 향하고 있다."

《자본주의 미래(2020)》 중에서 **폴 콜리어**

2차 세계대전에서 미국과 영국은 승리했으나 전후 경제전쟁에서는 독일과 일본에 사실상 패배했다. 전후 40년간 대일 무역 적자를 누적해왔던 미국은 1985년 플라자 합의를 통해 환율을 조정하고 대내적으로는 구조조정을 착수했다. 특히 1991년 소련연방이 해체되자 미국은 팍스 아메리카나 시대의 세계 경제 패러다임으로 세계화를 주도했으며, 이에 따라 다국적 기업들은 전 세계를 상대로 비용효율적인 생산과 공급을 위한 글로벌 가치 사슬GVC을 구성함으로써 막대한 이익을 거두었다.

그러나 대형 미국기업들이 다국적 기업으로 변신하여 미국을 떠나 세계로 진출한 뒤 미국에 남긴 것은 제조업과 중산층의 붕괴 그리고 양극화였다. 다국적 기업들이 거둔 수익은 소수의 주주들이 부를 쌓는데 기여했으며, 일자리를 잃은 실직자들은 보상으로 실업수당 정도만 받았을 뿐이다. 1980년대 이래 미국의 빈부 격차가 확대된 배경에는 세계화 외에도 기술 혁신, 노동조합의 쇠퇴, 최저임금의 보장효과 저하 등 다양한 요인들이 있었다. 더구나 소득과 부의 격차 확대는 지역·세대·인종 등 다양한 측면에서 일어났다.

빈익빈 부익부의 원인

경제학자인 브랑코 밀라노비치Branko Milanovic(2020)에 따르면 1980년대 중반부터 30여 년간 미국을 비롯한 대부분의 선진국에서 빈부 격차가 커진 이유는 주로 다음 두 가지에 있다. 첫째, 부유층이 더 큰 비중을 보유하고 있는 금융자산의 수익률이 중산층의 주된 자산인 주택자산의 수익률을 크게 능가했다. 1983~2016년간 금융자산의 연평균 실질 수익률은 6.3%였던 반면에 주택자산의 평균 수익률은 0.6%에 불과했으며, 그 결과 상위 1%의 총자산 수익률은 2.9%였던 반면 인구의 3/5를 차지하는 중산층의 수익률은 1.3%에 그쳤다.[24] 둘째, 자본소득이 높은 계층 중 노동소득도 높은 계층의 비중이 크게 높아졌다는 점이다. 자본소득 상위 10%에 속하는 계층 중 노동소득 상위 10%에 속하는 계층의 비중은 1983년 15%에 불과했지만 2016년에는 30%로 높아졌다.[25]

미국의 경우 '빈익빈 부익부' 양극화를 결정적으로 만든 것은 2008년 세계 금융위기 이후 금융기관들의 신뢰를 회복하고 경기를 진작하기 위해 연방준비은행이 추진한 '금융완화Quantitative Easing' 정책이었다. 이 정책을 통해 공급된 유동성을 바탕으로 주식 가격이 장기 상승한 것이었다. 특히 이 시기에 정보통신산업이 급성장함에 따라 아마존을 비롯한 신흥 정보통신 기업들의 주가가 급등했다. 2008년 세계 금융위기 이후 미국 증권시장이 가장 저점에 있었던 2009년 3월에 대비하여 가계소득(중위)은 2019년까지 불과 16% 증가한 데 그친 반면에 20개 주요 도시의 주택가격지수S&P/Case Shiller 20-City Composite Home Price Index는 57% 상승하였으며, 다우지수는 4.7배, 나스닥지수는 9.8배, S&P 500 지수는 5.6배, 아마존 주가는 45배가 상승했다.[26]

2020년 코로나 팬데믹의 충격으로 실업률은 2019년 12월 3.6%에서 2020년 12월 6.7%으로 높아졌음에도 불구하고 연방준비은행의 대규모 유동성 공급에 힘입어 2020년 나스닥지수는 41.8% 급등하였다. 그렇다면 과연 얼마나 많은 미국 국민들이 이 주가 급등의 수혜를 받았는가? 미국의 전체 가계가 소유한 주식과 뮤츄얼 펀드의 합계 중에서 가계소득 상위 10%의 소유비중은 1983년 90.4%에서 2016년 93.2%로 높아졌으며, 특히 2016년 상위 1%는 가계 전체가 소유한 주식과 뮤츄얼 펀드 합계의 53%를 소유하고 있다. 간단히 말해 상위 1%의 가계가 주가 상승의 이익을 50% 차지하고 있다. 2008년 세계 금융위기와 2020년 코로나 팬데믹에 대응하기 위한 연방준비은행의 유동성 공급은 장기적으로 심각한 자산 인플레이션을 초래했으며, 주가 급등으로 미국의 빈부격차를 돌이킬 수 없는 상태로 악화시킨 것이다.

하나의 미국, 두 나라

미국의 연구기관 Pew의 조사에 의하면, 미국 국민의 61%, 민주당 지지층의 78%, 공화당 지지층의 41%가 미국의 소득 불균등 문제를 심각하다고 보았다. 그럼에도 불구하고 소득 불균등 문제는 미국 국민들이 요구하는 정부 정책의 우선순위에 있어서는 건강 지원, 테러 예방, 총기 사고, 기후변화보다 낮은 순위를 보였다. 그러나 소득 불균등 문제를 가장 중요한 정책과제로 생각하는 비중은 저소득층에서 52%인 반면에 중간 소득층은 39%, 고소득층에서는 36%로 나타났다.

정작 미국 국민들은 소득 불균등 문제를 심각한 국정 과제로 보지 않는다면 소득 불균등 문제가 왜 중요한가? Pew[27]는 소득불균등 문제

그림 2-3 미국의 소득계층별 중위소득 추이

단위: 달러

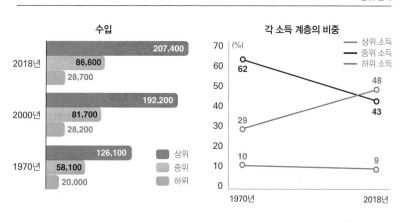

가구소득 합계, 중위소득, 2018년 달러로 환산

자료: Pew Research Center. 〈Trend in income and wealth inequality〉.

가 중요한 이유는 양극화에서 '패자'에 속하는 인종·지역·계층이 미국 정치에 미치는 부정적인 영향에 있다고 했다. 그 부정적인 정치적 영향이 경제성장을 저해함으로써 패자 계층에게 '회복의 사다리'를 기대할 수 없도록 좌절시키는 악순환 구조가 고착화된다는 것이다. 트럼피즘이 보여주는 바와 같이 양극화 구조의 고착화는 승자와 패자를 정치적·경제적·사회적으로 분리하는 '하나의 미국, 두 나라One America, Two Nations'로[28] 진행시킬 뿐만 아니라 양 계층 간의 대립과 갈등과 증오가 만성화함으로써 종국에는 통치구조의 대혼란을 가져올 위험을 안고 있다.

이 문제는 비단 미국만의 문제나 양상이 아니라 어느 나라든 정도의 차이가 있을 뿐 잠재적으로 안고 있는 공통된 위험이다. 그런 점에서 자본주의는 심각한 위기에 직면해 있으며, 이러한 양상이 2020년대를 통해 더욱 가속화되고 심화되고 구조화될 가능성이 높다는 점을 우려할 수밖에 없다.

코로나 팬데믹, 양극화의 가속화

코로나 팬데믹은 인종·연령·학력에 따라 차별적인 충격을 미침으로써 양극화를 심화시켰다. 전염병의 확산을 막기 위한 국민들의 이동과 영업 제한은 주로 서비스업에 종사하는 자영업자와 생산직 저임금 근로자들의 생계를 위협하면서 가난한 근로자들은 더욱 가난하게 만들었다. 2020년 코로나 팬데믹의 충격에도 불구하고 다우지수는 6%,

표 2-2 **2020년 허기|hungry를 느끼는 미국 가구의 비중 추이**

	5월	6월	7월	8월	9월	10월	11월	12월
자녀 있는 가구	13.6	13.6	14.4	14.1	14.1	14.4	16.1	17.5
전 가구	10.3	10.2	11	10.3	10.3	10.6	11.9	12.7

자료: Diane Whitmore Schanzenbach. Northwestern University.
WSJ, 〈Covid-19 Upended Americans' Finances Just Not in the
ways We expected〉. 2020. 12. 27.

그림 2-4 **미국 부의 비중 추이**

단위: %

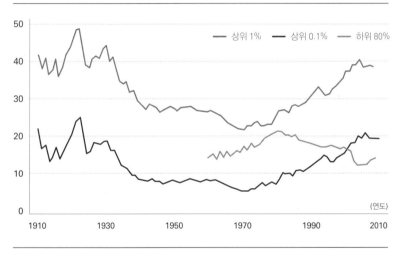

상위 0.1%가 하위 80%보다   자료: Gabriel Zucman. 〈World Inequality Database〉. Washington Post
더 많은 부를 소유

S&P500지수는 15.2%, 나스닥지수는 41.8% 상승하였으며, 주택가격(20
개 도시 평균)은 12월까지 10.1% 상승하였음에도 불구하고 음식 부족으
로 허기를 느끼는 가정의 비율은 자녀 있는 가구의 경우 5월 13.6%에
서 12월 17.5%로 치솟았다(표 2-2 참조).

한편 인적자본이 비싼 고급인력들은 재택근무로 편안하게 일하는

표 2-3 미국 2020년 인종별·연령별·학력별 실업률 추이

단위: %

		2월(I)	4월(II)	12월(III)	II - I (%p)	III - I (%p)
인종	흑인	6	16.7	9.9	10.7	3.9
	히스패닉	4.4	18.9	9.3	14.5	4.9
	백인	3	14.1	6	11.1	3
	전체	3.5	14.8	6.7	11.3	3.2
연령	16~19세	11.5	32.1	16	20.6	4.5
	20~24세	6.3	25.6	11.2	19.3	4.9
	25~34세	3.7	14.6	6.6	10.9	2.9
	35~44세	2.7	11.5	5.5	8.8	2.8
	45~54세	2.5	12.3	5.3	9.8	2.8
	55세 이상	2.6	13.6	6	11	3.4
	전 연령	3.5	14.8	6.7	11.3	3.2
학력	고졸 미만	5.8	21	9.8	15.2	4
	고졸	5.8	17.3	7.8	11.5	2
	대학 중퇴	3	15	6.3	12	3.3
	학사 이상	1.9	8.4	3.8	6.5	1.9
	전체	3.5	14.8	6.7	11.3	3.2

동시에 생산성을 높이면서 임금 인상에 유리한 상황에 놓인다. 미국 노동부의 실업률 통계를 이용하여 코로나 팬데믹 충격이 발생하기 직전인 2월과 충격이 가장 심각했던 4월과 12월 사이 인종별·연령별·학력별 실업률 추이를 살펴보면(표 2-3 참조)[29] 실업률 격차가 상당하다. 그중에서도 히스패닉, 16~19세, 고졸 미만 학력자는 1939년 이래 가장 심각한 피해를 본 것으로 나타났다.

　특히 팬데믹은 세대 간의 불균등을 초래할 위험이 높다는 점에 주목할 필요가 있다. 대부분의 국가에서 취업시장에 갓 진출한 청년세대들은 일자리를 구하기 어려운 반면에 이미 일자리를 가지고 있는 기성세대는 경제적 충격을 적게 받는다. OECD 국가의 경우 2020년 초와 대비하여 팬데믹 발생 후 25세 이상 연령층의 실업률은 3.2% 포인트 상승에 그친 반면에 15~24세 청년층의 실업률은 7.5% 포인트 상승한 것으로 나타났다. 특히 팬데믹으로 인한 국민들의 경제적 고통을 완화하기 위한 정부의 재정지출과 금융완화는 결국 금융시장으로 흘러들어가 주가를 상승시킴으로써 주식을 가진 계층과 그렇지 못한 계층 간 부의 격차를 현저하게 확대하는 결과를 가져왔다.

위기의 민주주의, 포퓰리즘과 부족주의 정치

"불안과 분노, 그리고 절망 속에서 사람들의 정치적 소속감은 물론 정부에 대한 신뢰와 심지어 그들 서로에 대한 신뢰마저 산산조각이 났다. 저학력자들은 최근 정치권을 강타한 반항의 핵심에 있었다."

《자본주의 미래(2020)》 중에서 **폴 콜리어**

2021년 1월 6일 바이든 대통령 후보의 승리를 확정하는 미국 국회의사당 상원 회의장에 트럼프 지지 시위대가 난입하는 사태가 전 세계로 생중계되었다. 미국의 민주주의와 공공질서가 종족주의 정치와 포퓰리즘에 의해 어떻게 파괴될 수 있는지를 보여주는 사건이 아닐 수 없다. 어떻게 자유 민주주의의 성지나 다름없는 미국 국회의사당에 트럼프 지지자들의 집단 난입이라는 상상할 수 없는 사태가 벌어질 수 있는가?

포퓰리즘만으로는 이 사태를 설명하기는 어렵다. 포퓰리즘에서 더 들어가 정치적 부족주의로 봐야 한다. 트럼프 부족의 족장인 트럼프 대통령의 퇴임을 용인할 수 없는 트럼프 부족의 집단난동이라고 한다면 어느 정도 이해가 간다. 그렇다면 트럼프 추종자들이 어떻게 정책 성향이나 정치 성향의 동질성을 가진 포퓰리즘 집단을 넘어서 극단적인 정치적 부족주의로 변화했는가?

냉전 종식 이후 30년

냉전 종식 이후 30년 동안 자본주의는 세계주의Globalism를 통해 양극화를 초래했다. 기존의 정치권이 시장경쟁의 실패자들의 고통을 방치한 결과 대중들은 포퓰리즘에 반응하게 되고 포퓰리즘은 자본주의와 민주주의의 복합 위기를 반영하는 시대적 과제로 유럽을 넘어 세계적인 양상으로 확산되고 있다.

1989년 베를린 장벽 붕괴로 촉발된 냉전 종식 이후 세계는 자본주의 독주 체제로 30년을 보냈다. 또한 세계 금융위기로 인한 대불황 이후 10년이 지났다. 그 결과 세계의 정치와 경제는 어떤 모습으로 변화했는가? 가장 주목할 만한 정치적인 변화는 포퓰리즘의 확산이라고 할 수 있다. 그 결과 2차 세계대전 후 유럽 각국의 정치를 이끌어왔던 중도보수 또는 중도진보 정당들이 주도권을 위협받고 있다. 더구나 미국에서는 2016년 포퓰리스트로서 의문의 여지가 없는 트럼프 후보가 대통령에 당선됨으로써 포퓰리즘은 미국과 유럽 정치의 지배적인 흐름으로 세계 정치를 주도하고 있다.

포퓰리즘의 등장 배경

포퓰리즘 정당들이 대중들의 지지를 얻게 된 이유로 다음 세 가지를 들 수 있다. 첫째, 1990년 소련의 붕괴 이후 새로운 세계 경제질서로 등장한 세계주의는 선진국과 신흥국을 막론하고 심각한 양극화를 가져왔다. 대부분의 OECD국가에서 일자리와 소득을 잃은 패자가 양산되었으며, 소득 불균등 정도는 지난 30년 이래 최고로 악화되었다. 더구나 2008년 세계 금융위기 이후 장기침체는 대중들의 생활을 결정적으로 어렵게 했다. 대표적으로 EU의 실업률은 2007년 7.5%에서 2013년 11.4%까지 상승했으며, 2017년 8.1%로 개선되었지만 여전히 2007년 수준을 회복하지 못했다. 둘째, 전통적으로 노동자들의 사회적 의지처 역할을 해왔던 노조와 교회가 크게 위축된 한편 기득 정치권의 무관심으로 노동자 계층들 간에는 정치와 사회로부터 '버려졌다'는 상실감과 불만이 팽배해졌다. 셋째, 기술적으로 사회미디어 플랫폼의 발달로 개인이 쉽고 빠르게 다수 대중들과 견해를 공유하고 함께 행동하는 것이 가능해졌다.

《포퓰리즘의 세계화The Populist Explosion》을 쓴 존 주디스는 미국에서 포퓰리즘이 확산하게 된 배경을 보여주는 사례를 소개하고 있다.[30] 2001년 〈뉴욕타임스〉는 "15~20년 전까지만 해도, 미국의 정육공장 직원은 시급 약 18달러(물가상승률을 감안해 2001년에 맞게 조정한 금액)의 고임금을 받고 노동조합에 가입한 이들이었다. 오늘날 가공·포장 공장에서 일하는 직원의 대부분은 멕시코와 과테말라에서 온 저임금·비조합원 노동자다. 이들 상당수는 시급 6달러부터 시작한다"라고 보도

했다. 한편 소설《힐빌리의 노래Hillbilly Elegy》(2017)는[31] 대표적인 러스트 벨트에 속하는 오하이오주의 철강도시에서 태어나 가난한 애팔레치아 지역인 켄터키주 잭슨에서 성장한 저자의 이야기를 통해 백인 사회가 쇠락해가는 과정을 생생하게 보여주고 있다.

대중의 인기에만 영합한다면?

포퓰리즘populism(대중주의)은 세계 각국에서 각 시대에 따라 다른 양상으로 전개되었기 때문에 통일된 정의가 성립하기 어렵다. 공통점이 있다면 기득권을 장악하고 있는 엘리트 세력이 비민주적일 때, 이들에 대항하고 타도하기 위해 대중을 결집시키는 정치운동이라고 한다.[32]

포퓰리즘은 흔히 '대중의 인기에 영합하여 표를 얻으려는 정치행태'로 이해됨으로써 저질 정치행태로 폄하되는 경향이 있다. 포퓰리즘의 사전식 정의는 "기득의 정치 엘리트들로부터 자신의 관심사가 외면되고 있다고 느끼는 대중들에게 어필하려는 정치적 접근·생각·행동"이다. 그러나 포퓰리즘은 표를 얻으려는 정당 또는 정치인의 행태보다 기득권을 가진 정치 엘리트들로부터 대중들이 외면받았다고 느낄 때 힘을 얻는다. 따라서 민심의 이반과 신뢰 상실을 배경으로 한 대중들의 자구적 선택이라는 점에 주목할 필요가 있다.

따라서 포퓰리즘의 주류는 반엘리트주의로 기득권 정치체제의 정당성을 거부한다. 또한 유럽통합과 세계화가 양극화를 초래함으로써 대중들의 삶을 피폐하게 했기 때문에 포퓰리즘은 반개방주의이며, 이민자들의 대량 유입이 그들의 문화적 정체성을 위협한다고 느끼기 때문에 반이민주의다. 한편 포퓰리즘은 다양한 배경을 가진 대중들의 집합체로 복잡한 논리를 거부하고 단순한 목표를 추구하는 특성을 가지고 있다.

한편 좌익 포퓰리즘이 권력을 가진 엘리트층과 소외된 국민의 대립 구도를 핵심으로 한다면 우익 포퓰리즘은 엘리트와 엘리트 계층의 비호를 받는 제3그룹(이민자, 이슬람교도 등)에 대한 소외 국민들의 분노와 증오를 동력으로 삼고 있고 있다는 점에서 다르다. 대표적으로 트럼프 부족의 핵심세력이 중산층에서 밀려난 저학력 백인과 히스패닉 이민자들이라는 점과 영국이 브렉시트를 선택한 데는 영국 사회의 세대·지역·계층 간의 불화가 결정적이었다. 이는 포퓰리즘의 본질에 대해 시사하는 바가 크다.

기득 중도주의 정당의 신뢰 상실

영국의 일간지 〈가디언〉의 조사에 따르면[33], 포퓰리즘 성향의 국가 지도자의 국가에 사는 국민들의 수는 2003년 2,300만 명에서 2019년 25억 명으로 크게 증가했다. 포퓰리즘 성향의 정치 지도자들은 2006년에서 2009년 사이 주로 남미에서 다수 등장했으나 2010년대 후반에 들어서는 선진국과 개도국을 막론하고 등장했다. 미국의 트럼프 대통령(2017), 인도의 모디Narendra Modi 수상, 멕시코의 로페스Andrés Manuel López Obrador 대통령, 브라질의 볼소나로Jair Bolsonaro 대통령, 터키의 에르도안

Recep Tayyip Erdogan 대통령이 등장했으며, 2016년 영국에서는 브렉시트를 내걸고 포퓰리즘 성향의 보수당, 2017년 독일 '대안당'의 약진, 오스트리아 '자유당'의 연정 참여, 2018년 프랑스에서는 극우 민족주의 성향의 국민전선, 이탈리아의 오성운동 등 포퓰리즘 성향의 정차 지도자와 정당들이 등장했다.

포퓰리스트가 내각에 참여한 유럽 국가의 수는 1998년 스위스와 슬로바키아, 두 나라에 불과했지만 2018년 그 수는 11개국으로 늘어났다. 포퓰리즘을 표방하는 정당의 득표율은 7%에서 25%로 증가했다. 그 결과 2차 세계대전 이후 유럽 각국의 정치를 이끌어왔던 중도보수 또는 중도진보 정당들은 대중의 신뢰를 잃고 흔들리고 있다.

포퓰리즘, 무엇이 문제인가?

그렇다면 포퓰리즘은 무엇이 문제인가? 기존의 엘리트층을 공격한다는 이유로 포퓰리즘을 비난하는 것은 타당하지 않다. 포퓰리즘의 확산에 대해 가장 우려되는 문제는 포퓰리즘 성향의 정치운동은 극도로 배타적인 '정치적 부족주의'로 악화될 위험이 높다는 점이다. 《정치적 부족주의Political Tribe》(2020)에서 에이미 추아Amy Chua 교수는 포퓰리즘 집단이 위기감을 느낄 경우 정치적 부족주의로 변화한다고 설명하고 있다. "위기감을 느끼는 집단은 부족주의로 후퇴하기 마련이다. 자기들끼리 똘똘 뭉치고, 더 패쇄적 방어적 징벌적이 되며, 더욱 더 '우리 대 저들US and Them'의 관점으로 생각하게 된다"[34]는 것이다.

같은 부족에게 가장 중요한 것은 같은 규범과 같은 정서를 공유함으로써 다른 부족과 차별화하는 것이다. 따라서 부족사회 간의 갈등은 옳고 그름의 문제가 아니라 부족의 문제다. 종족 간 대결하는 사회에서 가장 중요한 기준은 같은 부족이냐 다른 부족이냐의 여부다. 다른 부족에 대해서는 존재의 정당성 자체를 부정하기 때문에 경쟁자 또는 다른 이익집단이나 다른 의견을 가진 상대의 존재를 인정하고 토론과 협상을 통해 사회적 합의를 도출하는 민주적 규범은 설 자리가 없다. 정치적 부족주의는 극단적인 양극화를 초래하고 극단적인 대립과 비타협으로 민주주의의 근간을 흔들 수 있다.

한편 정치적으로 가장 심각한 위험은 대중의 분노를 자극하거나 공허한 공약을 해도 잃을 게 없는 극단주의자와 대중선동가의 등장을 초래할 수 있다는[35] 점이다. 2016년 미국 대통령 선거에서 공직 경험이 전혀 없는 부동산 재벌이 일약 대통령으로 등장했던 트럼프 대통령의 사례가 대표적이다.

정책 측면에서 포퓰리즘 정당의 공약이나 경제정책은 대중의 요구를 즉각 수용한 결과에 불과하다. 따라서 정책의 타당성과 적합성이 부족하여 지속가능성이 낮은 특성을 가지고 있다. 대표적으로 대중은 낮은 조세 부담과 높은 임금과 복지수준을 원한다. 그러나 재정적자를 누적하지 않고 이런 요구를 충족할 수 있는 정부는 없다. 따라서 정책의 일관성을 확보하기 어려우며 이에 따라 정책의 불확실성은 높아지고 시장의 신뢰가 저하되기 쉽다. 그 결과 기업의 투자 의욕이 손상됨으로써 성장잠재력은 낮아진다. 또한 포퓰리즘 정부는 자국이기주의를 우선하기 때문에 국제적 정책공조가 어렵고, 글로벌 가치 사슬과 세계 무역을 위축시킨다. 정치가 대중영합주의에 빠지면 시장은 성장을 위한 효율적인 엔진을 움직이는 동력을 유지하기 어렵다.

트럼프 대통령은 분명 포퓰리스트 아웃사이더이며, 미국의 민주주의를 손상한 대통령임에 분명하다. 그러나 트럼프의 시대가 끝나고 바이든 대통령의 시대가 왔다고 해서 곧 건강한 민주주의 정치가 복원되는 것은 아니다.[36] 그 이유는 트럼프 대통령이 등장하기 이전부터 이미 민주주의 규범은 오래 전부터 공격받아 왔으며, 그 결과로 극단적인 정치 양극화가 진행되어 왔기 때문이다. 더구나 바이든 대통령은 고령으로 인하여 재선이 어려운 레임덕 장권이 될 우려가 있다. 트럼프 시대의 흔적을 지워내기에도 시간이 부족할 뿐만 아니라 트럼프 시대 이전부터 고착화된 왜곡된 제도와 관행을 정상화하는 것은 더욱 기대하기 어려워 보인다.

코로나19는 포퓰리즘을 촉진한다

실업 증가, 소득과 부의 격차 확대, 산업 간 양극화, 소상공인과 자영업자의 몰락, 국민보건 위협, 국가채무 급증 등 코로나19가 가져온 경제적 결과들을 또 다른 포퓰리즘의 물결을 초래하는 데 기름을 부은 것과 같다. 2001~2018년간 2003년 사스, 2009년 신종플루, 2012년 메르스, 2014년 에볼라, 2016년 지카 바이러스 등 팬데믹이 133개국의 사회불안정에 미친 영향을 분석한 IMF 보고서에 따르면,[37] 팬데믹 발생 다음 해부터 사회불안정이 지속적으로 증대하고 있는데 그 원인은

그림 2-5 팬데믹과 사회불안(사회불안 위험의 % 변화)

단위: %, 년

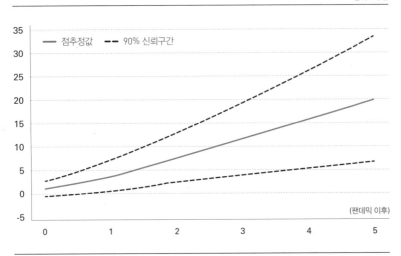

자료: Tahsin Saadi and Rui Xu. 〈A Vicious Cycle: How Pandemics Lead to Economic Despair and Social Unrest〉. IMF Working Paper. 2020. 10.

팬데믹으로 인한 경제활동 감소와 소득불균등 심화에 있는 것으로 분석되었다. 2020년 코로나19 팬데믹은 2001~2018년간 발생했던 팬데믹과는 비교할 수 없는 규모의 경제적 충격을 가져온 만큼 제대로 정책 대응을 하지 않는다면, 소득 불균등을 심화시키고 그 결과로 사회불안정을 초래할 것이다. 이로써 향후 상당기간 경제 위축이 우려된다. 사회불안정이 증대할 경우 국민들의 요구는 증대하고 이에 따라 정치적으로 국민들의 불만을 이용하여 불합리하거나 실현이 불가능한 정책을 국민들에게 약속하고 자신의 정치적 목표를 이루려는 포퓰리즘 정당과 정치인들이 출현하기 쉽다. 이는 정치적 불안을 초래할 뿐만 아니라 팬데믹의 충격에 대한 타당하고 필요한 정책 추진을 어렵게 하는 악순환 구조로 빠지게 한다.

코로나 펜데믹이 포퓰리즘의 확산을 촉진할 수 있다는 점에서 가장 우려되는 점은 2020년대를 통해 예상되는 기후변화를 비롯한 다양한 충격들에 대하여 각국의 정치가들은 결국 포퓰리즘을 통해 돌파구를 찾으려 할 가능성이 크다는 것이다. 마치 1차 세계대전 이후 유럽 각국의 상황과 마찬가지다. 그렇다면 그 다음 예상되는 결과는 무엇인가? 각국의 포퓰리즘 정치를 충족하기 위한 자국 이익 위주 정책은 결국 국제적 불안정성을 높일 것이다. 우리는 이미 지난 100년의 역사를 통해 충분히 포퓰리즘이 가져올 결과를 예단할 수 있음에도 불구하고 포퓰리즘 정치로 흘려가는 것을 지켜보는 것 외에 할 수 있는 것이 없다. 다른 합리적이고 이성적인 해답을 예상하기 어려운 시대가 열리고 있는 것이다.

길을 잃은 세계, 혼란의 시대로

역사는 독일의 나치와 이탈리아의 파시즘이 포퓰리즘의 산물이었음을 일깨워 준다. 한편 포퓰리즘의 득세로 유럽의 장래를 우려하는 시각이 증대하고 있다. 세계주의의 후퇴는 관용성과 다양성 등 인류의 보편적인 가치의 퇴조를 의미한다. 특히 반이민과 인종차별 경향은 더욱 부정적인 결과를 낳을 것이고, 세계 무역과 개방을 기피하는 포퓰리즘 정책은 세계 경제의 장래를 어둡게 한다.

지난 30년간의 글로벌리즘 시대는 대중들의 고통과 분노로 끝나가고 있으며, 그 반작용으로 대중들은 포퓰리즘에서 위안을 찾고 자본주의를 공격하고 있다. 상실감에 빠진 대중들에 대한 사회경제적 압박은 앞으로 더욱더 가중될 것이며, 그럴수록 포퓰리즘은 더 득세하고, 정부가 합리적인 정책으로 문제를 해결할 가능성은 낮아진다. 이제 세계주의와 다문화주의를 지향하는 우아한 정책은 유럽은 물론 세계 어디에서도 설 자리를 잃었다. 그렇다면 세계의 다음 패러다임은 무엇인가? 그 해답을 찾기까지 우리는 2020년대 혼란의 시대를 인내하며 견뎌야 할 것으로 보인다.

문재인 정부는 포퓰리즘 정부인가? 2,300여 개의 시민·노동단체와 연인원 1,700만 명이 참가한 촛불혁명의 결과로 탄생했다는 점에서 문재인 정부는 포퓰리즘 정부임에 분명하다. 문재인 정부는 평화적인 시민운동을 배경으로 탄생한 정부라는 특별한 명예를 가지고 있지만 포퓰리즘 정부가 태생적으로 내포하고 있는 '포퓰리즘 정책의 함정'에서 벗어나지 못하고 있다.

문재인 정부의 탈원전정책 · 최저임금 인상 · 부동산시장 안정 정책의 의도는 국민들의 바람을 반영한 '착한 정책', '바른 정책'이었을 것이다. 문제는 국민들에게 약속한 목표만 저격하는 포퓰리즘 정책 추진이 시장 메커니즘을 왜곡하고 시장의 신뢰를 상실함으로써 의도가 무엇이든 '나쁜 결과'를 가져온다는 데 있다. 최저임금은 인상됐으나 일자리의 감소로 근로자의 소득은 오히려 감소하여 오히려 소득분배 구조를 악화시켰다는 것이 대표인 결과다.

특히 한국 경제의 가장 절실한 과제는 식어가는 성장동력을 회복하는 것이다. 그러기 위해서는 구조개혁과 시장친화적인 투자촉진정책이 필요하다. 그러나 이 구조개혁은 고통을 수반한다는 점에서 투자촉진정책은 재벌개혁과 상충한다는 점에서 포퓰리즘 정부가 추진하기 어렵다. 이 난제를 어떻게 해결할 것인가? 유럽의 포퓰리즘 확산이 유럽 경제의 미래를 어둡게 한다는 경고에 문재인 정부는 귀 기울일 필요가 있다.

한국갤럽이 2021년 1월 5~7일간 전국 18세 이상 1001명에게 두 전직 대통령 사면에 대한 의견을 물어본 결과, 더불어민주당 지지층의 75%, 진보층의 78%는 반대의견을 보인 반면 국민의힘 지지층은 70%, 보수층은 63%가 찬성했다. 한국의 정치적 부족주의가 얼마나 심각한 수준인가를 보여주는 사례다.

PART 3

긴 겨울이 온다

혁명은 어떠한 진전의 가능성도 주지 못한다. 따라서 우리 앞에 굶주림과 더불어 삶의 수준과 안락함의 정도가 점차 지속적으로 저하되는 길고 답답한 과정이 놓여 있을 수 있다. 만약 우리가 이 시대를 이대로 둔다면, 유럽의 파산과 쇠퇴는 아마도 즉각적이거나 충격적이기보다 모든 사람에게 서서히 장기적으로 영향을 줄 것이다.

존 메이너드 케인스의 《평화의 경제적 결과(1919)》 중에서

헬리콥터 머니, 축복인가, 재앙인가?

"시장은 경제 펀더멘털에 뭐가 발생하든 신경 쓰지 않는다. 기업 이익도 그렇고 경제 성장도 마찬가지로 신경 쓰지 않겠다는 생각 같다. 왜냐하면 미 중앙은행Fed이 다 사줄 것이기 때문이다. 그게 현재 시장의 사고방식이다."

2020년 6월 20일 채권펀드 핌코 CEO 모하메드 엘 에리언

국제금융연구소IIF는 세계 부채 총액이 2020년 중 15조 달러 증가하여 연말 기준 277조 달러를 초과할 것이며, 세계의 GDP 대비 부채규모는 365%로 2019년 말 320%에서 크게 높아졌다고 발표했다.[1] 세계 부채 총액이 2012~2016년 6조 달러 증가했던 반면에 2017~2020년 9월 사이 무려 52조 달러가 증가한 만큼 현재 세계 경제에 '부채 쓰나미'가 진행되고 있다고 해도 과언이 아닐 것이다.[2]

특히 신흥국들의 GDP 대비 부채비율은 2020년 전년 대비 26%p 높아져 250%로 급증했다. IMF의 과다부채 기준(정부부채의 대GDP 비율

은 선진국 70%, 신흥국 60%)으로는 선진국 20개국 중 15개국, 신흥국 27개 국 중 17개국이 위험수준을 초과했으며, 특히 선진국 중 일본, 미국, 프 랑스, 영국 등 절반이 100%를 초과했다.[3] IMF에 따르면[4] 2020년 코로 나 팬데믹에 대응하는 과정에서 세계 정부들은 14조 달러를 지출했으 며, 그 결과로 세계의 GDP 대비 정부부채 비율은 2020년 말 98%에 달했다. GDP 대비 정부부채 비율은 선진국의 경우 20%p, 신흥국은 15%p 상승했다(그림 3-1 참조). 그럼에 불구하고 '부채 쓰나미'는 여전히 계속될 가능성이 높다.

코로나 팬데믹이 끝난 후에도 경기회복이 부진할 경우 경기진작 을 위한 공공투자 확대가 필요하다. 특히 재정수지 적자를 줄이기 위 해 긴축재정으로 전환하는 것은 국민들의 반발을 초래하여 정국을 불 안하게 할 위험이 높다. 따라서 코로나 사태가 끝난다고 해서 정부 지 출을 빠르게 줄이는 것은 바람직하지 않다. 코로나 팬데믹의 충격으로 규모가 대폭 확대된 사회안전망을 지속하기 위해서도 재정적자 확대 가 계속될 가능성이 크다.

부채 쓰나미의 지속 가능성

현재 진행되고 있는 세계 차원의 부채 쓰나미에 대하여 크게 두 가 지 의문이 제기된다. 첫째, 부채 쓰나미의 지속 가능성이다. 둘째, 부채 쓰나미를 지속한다면, 그 결과로 어떤 문제가 발생할 것인가 하는 점 이다. 정부 부채와 기업 부채와 가계 부채의 위험 요소는 저마다 차이

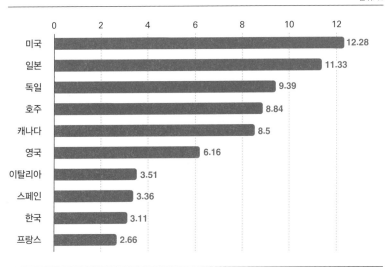

그림 3-1　**코로나19 충격에 대응한 각국 재정 방출의 대GDP 비율**

단위: %

미국	12.28
일본	11.33
독일	9.39
호주	8.84
캐나다	8.5
영국	6.16
이탈리아	3.51
스페인	3.36
한국	3.11
프랑스	2.66

자료: WSJ. 〈Do Americans Need a Second Stimulus Check?〉. 2020. 07. 23.

가 있고, 특히 국가별로 각 부채의 비중은 상당히 다르다. 따라서 부채의 지속 가능성에 대한 평가는 복잡하지만, 대체로 세계적인 부채 급증에 대해 낙관론과 비관론이 양립해 있다. 정부 부채의 경우 낙관론자들은 국채 금리가 1% 이하로 낮은 수준에 있을 뿐만 아니라 최근에는 마이너스 금리로 발행되고 있어 금리부담이 낮기 때문에 지속 가능성에 문제가 없다는 주장이다. 지난 코로나 팬데믹 이전 20년간 IMF 자료로 보면, GDP 대비 정부부채 비율이 20%p 상승했음에도 불구하고 이자부담율은 3%대에서 2%대로 낮아졌다. 즉, 부채규모는 증가하더라도 이자부담율이 낮은 수준을 지속하는 한, 부채 부담을 지속하는 데 문제가 없다는 것이다.[5] 이러한 낙관론의 근거는 금리가 경제의 명목 성장률보다 낮은 수준을 지속하는 한, 명목 GDP 대비 국채의 이자부담률은 지속적으로 안정될 수 있다는 점에 있다. 복잡하게 따질 것도 없이 중앙은행의 화폐 발행으로 재정적자를 충당하면 된다는 '현대통화이론MMT, Modern Monetary Theory'을 보면 알 수 있다.

한편 로렌스 서머스Lawrence Summers와 제이슨 퍼먼Jason Furman[6]은 정부 부채가 과다해도 초저금리로 인해 순이자 지급액의 대GDP비율이 1% 수준 이하에 있는 한 지속 가능한 수준이기 때문에 저금리가 지속되는 한 심각한 문제는 없으며, 정부 부채의 과다 여부는 인플레이션에 달려 있다고 주장한 바 있다. 서머스와 퍼먼의 주장은 문제는 정부의 재정이 적절한 곳에 제대로 투입되는지의 여부이지, 부채 증가 자체가 문제는 아니라는 말이다. 반면에 재정건전론자들은 적자 재정의 지속과 이에 따른 국가채무의 누적으로 인한 원리금 상환 부담 증가는 '구축효과crowding out effect'를 통해 시장금리를 상승시켜 기업의 투자를 위축시키며, 경제의 재정 의존도를 만성적으로 높임으로써 민간부문의 역동성을 저하시킨다고 했다. 그 결과로 성장 잠재력을 저하시키는 악순환 구조를 초래한다는 경고를 해왔다.

좀비기업의 위협

미국의 신용등급 BB 이하의 고위험등급 회사채의 시장수익률은 코로나 팬데믹의 충격 직전인 2020년 2월 20일 3.51%에서 3월 23일 최고 8.92%로 치솟았으나 이후 하락하여 2021년 2월 22일 현재 3.30%

로 1년 전(2020년 2월 20일) 3.51%보다도 낮은 수준에 있다. 아직 코로나 팬데믹이 진행 중임에도 불구하고 고위험 채권 수익률이 팬데믹 이전보다 낮은 수준이라는 사실은 상식적으로 납득하기 어렵다. 이런 일이 어떻게 일어났을까? 그 해답은 연방준비은행의 통화 완화 정책에 있다. 연방준비은행의 총자산은 코로나 팬데믹이 일어나기 직전인 2020년 2월 24일 현재 41,590억 달러에서 2020년 6월 1일 현재 71,650억 달러로 72.3% 증가했으며, 2021년 4월 7일 현재 77,089억 달러다(그림 3-2 참조).

즉, 연준의 자산매입 프로그램은 자산담보부증권 대출기구TALF, Term Asset-backed Securities Loan Facility와 AAA채권Static CLO과 폴링 엔젤falling Angel(코로나 사태 이전에 투자등급채권이었으나 코로나 사태 이후 위험등급으로 추락한 회사채)까지를 매입 대상으로 한정한 것으로 부실기업 지원을 목적으로 하지 않는다. 그럼에도 불구하고 금융기관들은 연준의 자산 매입으로 유동성 사정이 호전됨에 따라 수익률이 높은 고위험 채권을 적극 매입함으로써 고위험 채권의 수익률이 대폭 하락하였다.

미국 채권시장에서 2020년에서 2024년간 만기도래 회사채 중 고위험 회사채의 비중은 약 40%를 차지하고 있기 때문에 고위험 회사채시장의 안정 문제는 매우 중요하다. 문제는 서두에 인용한 모하메드 엘 에리언의 지적과 같이 고위험 회사채시장의 위험성을 담보로 하여 금융시장에서는 중앙은행이 "모든 것을 얼마든지 다 사준다"는 심각한 도덕적 해이에 빠져 있다는 점이다. 즉, 연준이 금융시장에 자금을 지속적으로 공급하지 않으면 부실기업들의 도산 위험이 증대하고, 주식시장이 급락하여 경제상황을 급속히 악화시킬 위험이 상존한다. 따

그림 3-2 미국 연방준비은행의 총자산 추이

단위: 조 달러

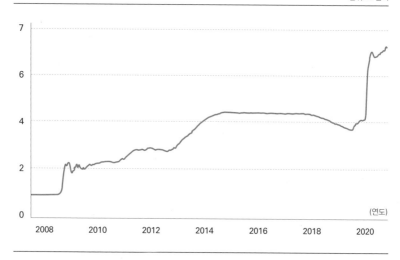

자료: Board of GoverNers of the Federal Reserve System. 〈Recent balance sheet trends〉. 2021. 01. 11.

라서 금융시장의 붕괴 위험을 예방하기 위해 연방준비은행은 금융시장에 지속적으로 자금을 공급할 수밖에 없는 입장에 있다.

저금리로 인해 수익률을 높이기 어려운 사모펀드와 헤지펀드 등은 도산위험이 낮아지고 상대적으로 수익률이 높은 '좀비기업'의 회사채와 대출채권담보부 증권CLO: Collaterized Loan Obligation을 적극 매입함으로써 금융시장은 만성적으로 왜곡양상이 심화된다. 좀비기업이 연명할수록 중앙은행의 금융시장 지원효과는 좀비기업의 기존 채권자들에게 귀속되고 신규 투자는 이루어지지 않는다.[7] 따라서 좀비기업이 방치될수록 투자 부족과 생산성 저하를 초래하여 경제 전반의 성장을 저해한다.

2020년 12월 연준의 연방공개시장위원회FOMC 의사록은 2020년 12월 말로 끝날 예정이었던 자산매입 프로그램을 견고한 경기회복이 나타나기 전까지는 현재 규모를 지속한다고 밝혔으며, 2021년 3월 의사록에서도 같은 정책기조를 확인했다. 인플레이션 기대로 인하여 미국 10년 만기 국채 수익률이 2021년 들어 급등했음에도 불구하고 고위험 채권의 위험 프리미엄은 2021년 3월 말 3.36%로 2020년 2월 팬데믹 직전의 3.61%보다 더 낮은 수준을 보이고 있다. 이것은 연준이 금융시장에 계속 자금을 공급함으로써 투기등급 기업도 현재와 같은 상태로 자금을 원활하게 계속 조달할 수 있음을 시장이 믿고 있다는 것을 보여준다.

막대한 부채의 대가

이상에서 이렇게 급증한 막대한 부채증가를 지속할 수 있는가 하는 문제를 살펴보았다. 부채 쓰나미의 지속 가능성을 논외로 하더라도 문제는 이것으로 끝나지 않는다. 그다음 부채 쓰나미가 초래하는 거시경제적 부작용이 세계를 기다리고 있다는 점을 주목할 필요가 있다. 그동안의 막대한 유동성 공급과 코로나 팬데믹으로 눌렸던 소비 증가의 복합작용으로 인플레이션이 서서히 다가올 가능성이 높다. 한편 2008년 세계 금융위기 이후 겪었던 '이력현상hysteresis'으로 인한 실물경제의 장기침체가 기다리고 있으며, 그럼에도 불구하고 갈수록 정부의 대응 정책수단은 한계에 직면할 수밖에 없다.

특히 통화정책은 갈수록 높아가는 인플레이션 위험과 실물경제 지원 및 금융시장 안정 간의 선택 문제가 심각해질 것으로 예상된다. 즉, 부채 쓰나미는 세계 경제를 인플레이션 내지 또는 장기침체secular stagnation, 그로 인한 기업 도산 등 또 다른 금융위기의 위험으로 이끄는 역할을 하고 있다.[8] 2010년 9월에 발생했던 유럽 국가부채 위기와 같이 과다한 국가 채무의 누적이 2020년대에 직접적으로 금융위기를 발발시키거나 국가 채무가 직접 금융위기의 원인이 되지 않는다고 하더라도 문제는 남는다. 2020년대를 통해 국가 부채의 누적은 인플레이션 압력으로 작용하고 민간경제의 역동성을 손상하여 경제성장을 구조적으로 저해하는 무거운 짐으로 작용할 것은 분명해 보인다.

헬리콥터에서 돈 뿌리기, 현대통화이론

'헬리콥터에서 돈을 뿌린다'는 미국 할리우드 영화에서 나올 법한 장면은 정부가 국민들에게 직접 화폐를 주는 재정정책을 직설적으로 표현한 것이다. 학계에서 통용되는 엄밀한 정의의 '헬리콥터 머니'는 정부가 중앙은행이 화폐를 발행하여 조달한 재원으로 가계와 기업에 직접 화폐를 주는 재정정책을 말한다. 일반적으로 정부의 경기진작을 위한 확대재정정책은 공공사업의 집행을 통해 총수요를 확대하는 경로로 집행된다. 이 전통적인 경로를 통한 재정정책은 가계의 소득과 소비를 증대시키기까지 상당한 시간이 걸릴 뿐 아니라 가계의 소득과 소비를 증대시키는 효과가 불확실하다는 문제가 있다. 따라서 코로나 사태와 같이 국민들의 생존이 위협받는 긴급하고 충격이 심각한 상황에서 재정지원의 시차를 단축하고 효과를 극대화하는 방안은 정부가 가계와 개인에게 화폐나 신용을 통해 구매력을 직접 손에 쥐어주는 것이다.

이와 같이 코로나 위기로 국민들의 건강 보전과 민생 안정을 위한 정부의 역할 극대화가 절박한 상황에서 각국 정부와 정치인들에게 천금 같이 반가운 소리가 등장했다. 바로 전통적 거시경제이론이 금기시했던 중앙은행의 발권력을 통한 재정지출의 재원 충당을 주저할 필요가 없다는 소위 '현대통화이론MMT'이 세상의 이목을 끌기 시작한 것이다. 미국의 버니 샌더스Bernie Sanders를 비롯한 각국 정치인들과 정부들이 환영하는 것은 물론 세계적 경제석학들이 MMT의 타당성을 놓고 뜨거운 논쟁을 벌이고 있다. 1960년대 불황을 극복하기 위해 "우리 모두가 확대재정정책을 지지하는 케인지언We are all Keynesian"이 되었듯이, 작금에는 코로나 위기에 대응하기 위해 이론적 타당성의 여부를 떠나서 많은 정부가 사실상 MMT가 권고하는 정책을 추진하고 있다.

MMT의 핵심 주장은 다음과 같다. 정부는 고용보장 프로그램을 통해 완전고용을 유지할 수 있으며, 그 재원은 중앙은행의 화폐발행으로 충당하면 된다. 정부가 화폐발행의 독립성을 가지고 있다면, 인플레이션이 일어나지 않는 한 재정적자와 무역적자를 화폐발행으로 충당하는 것을 기피할 이유가 없다. 중앙은행의 독립성은 고민할 필요도 없다. 요약하면 MMT는 정부가 발권력을 통해 재정 문제와 완전고용에 달성할 수 있으며, 다만 인플레이션만 제약조건이 된다는 것이다. MMT라는 지칭은 '헬리콥터 머니' 이야기를 처음 사용한 밀튼 프리드먼Milton Friedman의 '최적화폐수량The Optimum Quantity of Money'(1969)과 구분하기 위해서다.

MMT의 정책제안에 대해 주류 거시경제학자들은 1980년대 미국 레이건 대통령 시대에 조세율을 낮추면 경제활동이 활성화되어 재정수입이 증대한다는 주장으로 유행했던 '공급중시경제학Supply-Side Economics'의 사례와 같이 듣기에 달콤하지만 타당성이 약하고 더구나 심각하게 나쁜 결과를 초래할 수 있는 위험한 발상이라고 비판하고 있다. 대표적으로 제롬 파월Jerome Powell 미국 연준 의장은 "화폐 발행으로 재정적자를 충당하는 것이 문제가 없다는 생각은 틀렸다"고 언급한 바 있다.

우선 화폐발행은 실질잔고 수요에 의해 제약되기 때문에 만약 투자자들이 정부의 국채를 보유하는 데 주저한다면, 그들이 화폐를 보유하는 것도 두려운 일이 될 것이다. 이 경우 정부가 시장에 돈을 쏟아 붓는다면, 인플레이션은 불가피하고 환율은 급락할 것이다. 따라서 미국 정부도 화폐발행의 완전한 독립성을 가지고 있다고 할 수 없다. 또한 통화팽창과 저금리의 장기화가 초래하는 금융시장의 초과공급 상태는 불안정성 문제와 인플레이션의 잠재적 위험을 안고 있다. MMT는 통화팽창이 자산시장의 거품을 조성하고, 그 결과 부의 분배에 있어 상황을 악화시킨다는 점을 간과하고 있는 것이다.

그럼에도 불구하고 MMT의 주장이 설득력을 갖는 이유는 뭘까? 각국 정부가 직면하고 있는 정책 대응의 현실적 절박성 외에도 현재 전 세계적으로 달러 수요가 무한 탄력적인 유동성 함정 상태에 있어 금리가 거의 0 내지 마이너스에 가깝고 경기침체가 깊어 인플레이션 위험이 거의 없기 때문이다. 주목해야 할 사실은 진보 내지는 포퓰리스트 정권일수록 MMT 정책에 매력을 느낀다는 점이다. 그 이유는 MMT는 정부가 완전고용을 보장하고, 화폐발행을 통해 재원 문제를 해결할 수 있기 때문이다. 그러나 이미 칠레(1970-1973년), 아르헨티나(2003-2015년), 페루(1985-1990년), 베네수엘라(1999-) 등 남미 포퓰리스트 정부들이 화폐발행으로 재정지출을 충당하는 정책을 추진한 바 있으며, 그 결과 인플레이션, 평가절하, 실질임금의 추락 등 경제적 재앙을 초래했다.

헬리콥터 머니는 1929년 대공황 이래 최대의 충격이라는 코로나 위기로부터 세계 경제를 구하는 복음이 될 것인가? 아니면 남미의 전례와 같은 경제적 재앙의 시작인 것인가? 분명한 점은 헬리콥터 머니는 단기적으로는 복음과 같은 정책이지만, 반복해서 사용할 경우 장기적으로 위험한 결과를 초래할 수 있다는 것이다. 코로나 충격에 더하여 세계 경제는 MMT 정책의 불확실성이 초래하는 또 다른 먹구름 속으로 들어가고 있다.

한국의 헬리콥터 머니는 미국과 다르다

정부는 코로나 사태에 대응하여 총 4차에 걸쳐 국민들에게 51조 4,000억 원의 긴급재난지원금을 지급했다. 정부가 국민 개개인에게 직접 현금을 지급했다는 점에서는 '헬리콥터 머니'에 해당한다. 그러나 한국은행의 발권력으로 조달한 것은 아니기 때문에 엄밀한 의미에서는 '헬리콥터 머니'가 아니다.

현대통화이론MMT의 핵심 전제는 화폐발행의 주권이다. 과연 정부는 화폐발행의 독립성을 가지고 있는가? 외국 투자자들은 2021년 3월 말 현재 주식시장 시가 총액의 32%인 809조 원, 채권 잔액의 8.1%인 171조 원를 보유하고 있다. 만약 인플레이션으로 원화 자산의 가치가 계속 하락할 것이 예상된다면, 외국인들은 보유 주식과 채권을 매각할 것이며 이에 따라 환율은 상승할 것이다. 따라서 우리나라는 화폐발행의 독립성이 상대적으로 낮은 나라다. 한편 정부는 2025년까지 총 160조 원을 투자하여 일자리 190만 개를 창출한다는 '한국판 뉴딜' 정책을 발표했다. 문제는 뉴딜 추진이 재정 건전성을 얼마나 해칠 것인가 하는 데 있다. 한편 서울 아파트 가격의 상승은 물론 주식시장 활황이 보여주는 바와 같이 우리나라는 이미 심각한 자산 인플레이션을 겪고 있다. 더구나 시중 유동성이 급증세 (M1-MMF(평잔), 전년동월대비 2019년 12월 9.6%에서 2020년 12월 25.6% 증가)로 기대 인플레이션 압력이 높아지고 있다. 따라서 정부가 헬리콥터 머니로 코로나 위기를 대응하고자 한다면 그것은 매우 위험한 정책발상이다. 분명한 것은 한국의 헬리콥터 머니는 미국의 헬리콥터 머니와 다르다.

더 혹독한 세계 금융위기

"나는 2019년부터 지난 2008년에 일어난 글로벌 금융위기를 훌쩍 뛰어넘을 만큼 큰 위기가 닥칠 것이라고 경고해왔다. 그 위기가 지금 시작되려 한다. 강조하고 싶은 것은 코로나 바이러스는 어디까지나 시작에 불과하다는 점이다."

《돈의 미래(2020)》 중에서 **짐 로저스**

거품 과잉 위기론

미국 증권시장은 2008년 9월 세계 금융위기를 치르고 2009년 3월 9일을 최저점으로 하여 2021년 3월 말 현재까지 12년간 장기상승 국면을 지속하고 있다. 이 기간 동안 다우지수는 5.04배 상승했으며, 나스닥지수는 10.03배, S&P 500지수는 5.88배, 특히 아마존의 주가는 42배 상승했다. 그런 만큼 금융위기론의 1차적인 근거는 장기상승으로 인한 거품 과잉론이다. 증권시장의 거품 여부를 판단할 수 있는 객관적인 지표는 없다. 거품은 증권에 대한 시장의 가치평가valuation가 과잉하다는 것을 의미하는 만큼, 과잉 여부를 판단하기 위한 필요조건으로 가치평가의 객관적인 기준이 설정되어 있어야 한다. 하지만 증권의 가치평가에는 다양한 요인들이 복합적으로 작용하기 때문에 시장 참여자들이 일반적으로 수용할 수 있는 가치평가의 객관적인 기준은 없다. 따라서 거품의 과잉 여부를 판단할 수 있는 객관적인 기준도 없다.

그럼에도 불구하고 시장의 거품 과잉 여부를 거론하는 데 흔히 실러 경기조정주가수익비율Shiller PE Ratio와 버핏지수Buffett indicator가 사용된다. 2008년 9월 장기금리 3.69%에 Shiller PE Ratio 20.36과 비교해보면, 2021년 2월 장기금리 1.09%에 Shiller PE Ratio는 34.77로 현저하게 과열상태에 있는 것으로 보인다. 그러나 2020년 12월의 PE Ratio 33은 1999~2000년에 있었던 닷컴 버블dot-com bubble 당시의 PE Ratio보다는 현저하게 낮은 수준에 있다. 닷컴 버블 기간이었던 1999년 1월에서 2000년 9월 동안 PE Ratio는 장기간 40을 초과했으며, 1999년 12월에 최고 44에 이르렀다. 현재 상황을 닷컴 버블과 비교하면 시장가치평가는 그때보다 낮지만, 현재는 금리가 1% 내외의 초저금리 시대다. 따라서 금리수준을 고려할 때 거품의 상대적인 정도를 판단하기 어렵다.

한편 버핏지수는 GDP대비 증권시장의 시가총액으로 산출된다. 2021년 3월 11일 버핏 지수는 226%로 역사적 평균 수준보다 82% 높으며, 2000년 닷컴 버블 기간의 버핏지수가 역사적 평균보다 71% 높았던 것과 비교해보면 현재의 거품 정도가 그때보다도 심각하다고 할 수 있다. 2008년 세계 금융위기는 채권시장에 발발했기 때문에 당시 주식시장은 과열상태가 아니었다. 따라서 버핏지수로 비교하는 것은 의미가 없다. 한편 버핏지수는 GDP 규모에 대한 주식 시가총액의 비율로 다른 수익률과 주식 가치의 관계를 반영하지 못한다는 약점이 있다. 1950~2020년 미국 재무부 10년 만기 국채의 평균 수익률은 6%였던 반면 현재는 1.6% 내외로 역사적으로 이자율이 가장 낮고 주식 가격은 가장 높은 상태에 있다. 따라서 버핏지수로 볼 때 현재 증권시장의 거품은 역사적으로도 매우 심각한 상태다.

그러나 거품의 정도가 심각하다고 하더라도 그것만으로 금융시장의 정상적인 작동이 멈추는 상태를 의미하는 금융위기가 발생한다고 할 수는 없다. 2008년 세계 금융위기의 경우 주택저당채권시장에서 거품이 발생하면서 주택저당채권을 기초자산으로 하는 파생상품인 '부채담보부 증권CDO, Collateralized Debt Obligation'의 시가평가 문제가 생겼고 이것이 세계 금융위기의 단초가 되었다. 물론 역사상 최저금리로 중앙은행이 유동성을 풍부하게 공급하는 현재 상황에서 단지 거품이 있다는 것만으로 금융위기가 발발할 것이라고 단정하기는 어렵다.

금융위기 위험 요소

증권시장의 장기상승에도 불구하고 초저금리와 풍부한 유동성이 뒷받침되는 상황이라면 증시 활황이 멈출 이유는 없다. 금융시장 내부적으로는 그 이유를 찾기 어렵다. 그렇다면 금융위기를 발발시킬 수 있는 가장 큰 위험 요소는 바로 저금리와 넘치도록 유동성을 공급

그림 3-3 다우산업지수와 만기 10년 국채시장수익률 변동 추이 비교

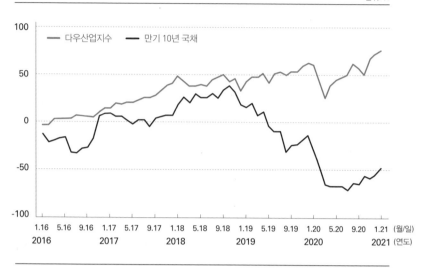

해왔던 통화정책의 기조변화에 있다고 할 수 있다. 2016년 1월 초와 2021년 1월 초를 비교해보면, 다우산업지수는 78% 상승했으며 통화지표 M2는 53.3%, 국채(10년 만기) 수익률은 52% 하락했다(그림 3-3 참조). 다우산업지수가 큰 폭으로 상승한 이면에는 기술주 중심의 시장구조 개편과 기업 실적 개선도 작용했으나 유동성과 금리 하락에 따른 자산 인플레이션 효과도 크게 기여했다. 따라서 증권시장의 위기를 초래할 만큼의 하락 원인은 다음 세 가지로 볼 수 있다. 첫째, 실물경제 회복이 크게 부진할 경우다. 둘째, 인플레이션 압력이 상승할 경우다. 셋째, 긴축으로 통화정책이 전환될 경우다.

2021년 들어 미국 증권시장을 불안하게 하는 일들이 발생하고 있

다. 10년 만기 국채수익률은 2020년 말 0.919%에서 2021년 1월 6일 1.04%로 2020년 3월 13일 1.08% 이후 처음으로 1%대를 회복하여 3월 31일 현재 1.745%로 급등했다. 문제는 2020년 12월 실업급여 신청자 수가 2020년 8월 이후 최고 수준인 96만 5,000명에 달하는 등 경제가 여전히 어려움을 겪고 있음에도 불구하고 시장금리가 코로나 팬데믹 이전 수준을 회복했다는 점에 있다. 시장금리 수준도 문제이지만 금리 의 상승 속도가 너무 빠르다는 점에 주목할 수 있다. 그렇다면 왜 이런 일이 일어났으며 이는 무엇을 의미하는가?

연준은 코로나 팬데믹 충격에 대응하여 2020년 6월부터 매달 국채 8,000억 달러와 주택저당채권MBS 4,000억 달러를 시장에서 매입함 으로써 유동성을 공급하고 있다. 여기에 더하여 의회는 2020년 12월 9,000억 달러의 재정지원안을 통과시켰으며, 바이든 대통령은 1조 9,000 억 달러 달러의 추가 지원안을 의회에 제안했다. 이에 대하여 시장은 소비자물가 상승률이 2020년 2분기 1.0%에서 12월 1.5%로 상승하여 연준이 가이드라인으로 설정하고 있는 2%에 미치지 못한 수치지만 인플레이션 압력이 예상보다 조기에 발생했다. 따라서 연준이 정책금 리를 인상하거나 채권매입프로그램을 중단할 가능성을 우려하고 반 응하는 것으로 해석된다.

캔서스 시티의 연방은행 총재 에스터 조지Esther George도 "경제가 팬 데믹으로부터 회복함에 따라 인플레이션은 누구나 예상할 수 있는 정 도보다 더 빠르게 상승할 수 있다"고 언급했다.[9] 시장의 반응은 일종의 긴축발작taper tantrum으로 볼 수 있다. 연준이 통화정책 기조를 완화에서 긴축으로 전환하는 데 대해 시장의 과민반응을 의미하는 긴축발작은

2013년 5월 당시 버냉키 의장과 2019년 12월 파월 의장에 의해 언급된 바 있다. 경제가 상당 수준 회복되기 이전에 연준이 채권매입 프로그램을 중단하거나 정책금리를 인상할 가능성은 낮아 보인다. 그럼에도 불구하고 시장의 불안감은 증대하고 있다는 것이 문제다.

파월 의장은 2021년 1월 14일 현재의 금융완화 기조를 지속할 것임을 재확인했던 바와 같이 긴축발작에 의한 금융위기는 발생하지 않겠지만 문제는 여기서 끝나지 않는다. 그 대신 〈월스트리트 저널〉에서 [10] "2021년 증권시장은 바이러스 백신과 정부의 지원정책으로 주식부터 비트코인까지 모든 것이 다 오르는 상승장이 계속된다"고 예고한 바와 같이 자산 인플레이션은 계속되고, 좀비기업들의 생존은 연장되어 경제가 멍들어 가는 대가를 치러야 한다. 더구나 아직은 아니지만 바이든 행정부가 확대재정정책을 추진할수록 인플레이션 압력은 증대할 수밖에 없고, 인플레이션율이 2%에 접근할수록 연준도 더 이상 금융완화 정책을 지속하기 어려울 것이다. 결국 금리 인상과 자산매입 프로그램도 중단되는 그날이 올 수밖에 없다.

바로 '그날'이 오면 지난 12년을 넘게 지속해왔던 상승 흐름은 끝나고 하락 국면으로의 대전환이 올 것인가? 그 하락 국면이 금융위기를 초래할 만큼 얼마나 심각한 양상으로 전개될지는 누구도 예단할 수 없다. 그런 만큼 기존의 금융완화 정책을 얼마나 더 지속할 것인가에 대한 연준의 고민도 깊어지고, 시장의 불안감도 갈수록 높아질 것으로 예상된다.

이번에는 다르다

코로나 팬데믹에도 불구하고 세계 증권시장이 과열 양상을 보이고 있는 데 대하여 "이번에는 다르다This time is different syndrome"는 주장도 있다. 전통적인 거품이 과잉 유동성에 의해 주도되어 왔던 반면에 2020년의 주가 상승은 과잉 유동성의 작용도 있으나 코로나 팬데믹으로 촉진된 디지털화에 의한 정보통신 기술기업들의 혁신과 실적 제고가 주도했다는 점에서 현재의 주가 상승은 유동성 버블과는 다르다는 해석이다.[11] 코로나 팬데믹에도 불구하고 세계 상장기업 1만 277개사의 2020년 4분기 순이익 규모가 2019년 4분기 대비 14%가 증가하여 기업 실적 호전이 주가 상승을 뒷받침한다는 것이다. 특히 정보통신 등 기술산업의 경우에는 거품이 아니라는 것이다.

미국 증권시장의 시가총액과 상장기업들의 총수익에 있어 기술산업의 비중 추이에 주목할 필요가 있다. 즉, 기술산업의 주가 상승은 기술산업의 이익 증가가 뒷받침하고 있다는 것이며, 따라서 단순한 '유동성 거품' 또는 2000년대 초에 있었던 '닷컴 버블'과는 다르다는 것이다. 더구나 기술기업들의 기술혁신이 아직 2020년대에 전기자동차, 자율주행자동차, 인공지능, 신경망 반도체, 5G, 친환경 에너지, 퀀텀 컴퓨팅Quantum Computing 등의 분야에서 확산과 융합의 대도약기 초기 단계에 있다는 실상을 고려해본다면, 과거의 재무적 기준에 의한 거품론은 타당하지 않다는 주장이다. 증권시장의 붕괴는 증권의 수요와 공급의 불균형이 심리적으로 단기에 급속하게 악화될 때 발생한다. 그러나 현재 저금리 기조의 통화정책이 지속되고, 테슬라의 사례가 보여주는 바와 같이 투자자들이 기술주도혁신을 지지하는 분위기에서는 시장 내부에서 과열로 인한 수요와 공급의 심각한 불균형이 발생할 가능성은 낮아 보인다.

하지만 "이번에는 다르다"는 주장의 근거를 모두 긍정한다고 하더라도 2020년의 급격한 상승에 대한 부담은 무시할 수 없다. 다우지수의 PER는 2020년 1월 21.2배에서 2021년 1월 29.5배로, S&P 500지수의 PER는 같은 기간 중 25.9에서 41.7배로, 나스닥지수의 PER는 29.0에서 41.1로 상승하였다. 따라서 거품 붕괴의 가능성보다는 현재의 상승 추세를 과연 얼마나 더 지속할 수 있을 것인지에 주목할 필요가 있다.

좀비기업과 채권시장의 위험

연준의 발목을 잡고 있는 것은 증권시장만이 아니라 좀비기업과 좀비기업들에게 자금을 공급하고 고수익을 얻고 있는 금융회사라는 점을 주목할 필요가 있다. 그 이유는 연준의 정책기조 변화는 좀비기업들의 금융 여건에 치명적인 영향을 미칠 것이며, 이에 따른 좀비기업들의 도산은 이 기업들이 발행한 채권시장을 붕괴시킬 것이기 때문이다. IMF 자료에 의하면[12] 미국 회사채 발행시장에서 BB 이하의 고위험 등급 회사채의 비중은 2010년 32.9%에서 2020년 58.6%로 높아졌다. 〈파이낸셜타임스〉의 보도에 따르면(그림 3-4 참조) 2020년에서 2024년간 만기가 도래하는 미국 회사채의 40%는 투자등급 미만의

그림 3-4 레버리지 론 연체율

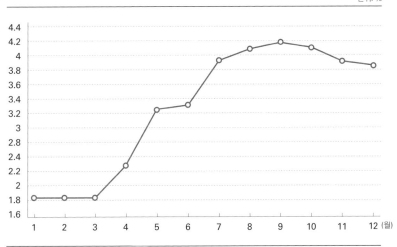

단위: %

*2020년 기준

자료: S&P Global Market intelligence

고위험 회사채다. 만약 코로나 팬데믹의 충격으로부터 세계 경제 회복의 속도가 느리다면 기업들의 상환능력은 악화될 것이며, 이에 따라 고위험 기업들이 차입한 대출을 기초로 발행된 CLO(대출채권담보부 증권)와 회사채의 상환불능 사태가 발생할 위험이 높다. 특히 고위험 등급의 CLO와 회사채는 시장 유동성이 낮기 때문에 시장위험이 상승하는 경우 가격이 급락할 가능성이 높다. 다수의 펀드들이 투자자들이 환매를 요청할 수 있는 개방형이기 때문에 투자자들의 환매가 집중할 경우, 펀드들이 환매자금을 조달하기 위한 '파이어 세일fire sale'이 발생할 것이다. 그 결과로 고위험 등급 CLO와 회사채들의 가격이 폭락하고, 펀드들은 유동성 부족이 심화되어 도산할 위험이 높아진다. 그림 3-4와 표 3-1을 연결해보면, 코로나 팬데믹으로 인해 고위험 CLO

표 3-1 **미국 CLO 신용등급별 가중 평균조달비용**

단위: bp

		AAA(I)	AA	A	BBB	BB(II)	II/ I (배)
2019년	2분기	135	193	268	378	672	4.98
	3분기	135	190	278	398	704	5.21
	4분기	134	196	277	406	734	5.48
2020년	1분기	124	174	234	349	675	5.44
	2분기	193	266	338	463	690	3.58
	3분기	160	213	279	417	757	4.73
	4분기	138	184	254	396	738	5.35

자료: S&P Global Market intelligence

의 위험 프리미엄이 높아졌다. 연준의 자산매입프로그램에도 불구하고 채무상환 불이행율이 2020년 3월 1.6%에서 9월 4.2%로 급등했다.

2008년 세계 금융위기를 촉발시킨 뇌관은 CDO 시장의 붕괴였다면, 2020년대 발생할 수 있는 다음 금융위기의 뇌관은 CLO가 될 가능성이 높다고 한다. 기본적으로 CLO는 CDO와 구조가 같으며, 기초자산에서 보여주는 바와 같이 투기등급의 CLO는 최고 등급 CLO 대비 위험 프리미엄이 5배 넘게 높다. 그만큼 고위험 등급의 CLO와 회사채는 높은 위험에 상응하는 높은 수익률이라는 매력을 가지고 있다. 2008년 세계 금융위기 이후 금융완화 정책으로 시장금리가 낮은 수준을 장기간 지속함에 따라 투자기관들은 고수익 투자대상을 찾는 데 목말라 있었으며, 그 대안으로 떠오른 투자대상이 신용등급이 낮고 부채비율이 높은 기업들에게 제공한 대출증서leveraged Loans와 이 기업들이 발행한 회사채다. 대출증서의 부도율은 2020년 7월 금액기준 3.9%, 건수기준 4.14%로 2015년 2월 이래 가장 높은 수준을 보였다.[13] 미국의

표 3-2 대출채권담보부증권CLO의 부분별 투자자 구성

AAA Notes	Mezzanine Notes	Equity
보험회사	헤지펀드	사모펀드
외국은행	자산운용가	Credit Opportunity Funds
연기금Pension Funds	보험회사	CLO Managers
미국 지역은행		
미국 투자은행		

고위험 CLO 발행잔액은 2019년 초 약 8,000억 달러였다.

2008년 세계 금융위기 이후 은행에 대한 건전성 규제가 강화된 결과 은행산업의 성장은 정체된 반면에 비은행산업, 특히 자산운용산업이 급성장했다. 미국의 비은행 금융기관의 자산규모는 2008년 98조 달러에서 2019년 180조 달러로 성장했다. 국제신용평가사인 피치 레이팅Fitch Rating의 CLO 투자자 구성에 대한 조사 결과(표 3-2 참조) 가장 위험도가 높은 부분의 핵심 투자자는 사모펀드이며, 다음으로 위험이 높은 부분은 헤지펀드로 가장 큰 비중을 차지하고 있다. 신용등급이 가장 높은 채권 부분은 보험회사와 연기금이 큰 비중을 차지하고 있는 것으로 나타났다.

따라서 연준의 금융완화 정책이 종료하거나 경기회복 지연으로 좀비기업들의 자금사정이 계속 어려워져 기업 도산이 급증할 경우, 그 위험은 곧 CLO 투자자들에게 돌아간다. 그중에서도 사모펀드와 헤지펀드가 타격을 받게 되며, 그 다음으로는 사모펀드와 헤지펀드에 투자하고 있는 연기금과 보험회사들이 심각한 손실을 입게 된다. 이렇게 연기금과 보험회사들이 손실을 입게 될 경우, 2008년 세계 금융위기 발발 시 은행들의 건전성이 심각하게 손상되었던 문제와는 달리 민간 부문 사회안전망의 붕괴로 악화될 수 있다. 이는 금융위기의 차원을 넘어서 사회적 위기Social Crisis가 될 수 있다. 만약 이번에 금융위기가 발생한다면 2008년 세계 금융위기보다 더 두려워해야 하는 이유는 바로 이 때문이다.

장기침체 시대

코로나 팬데믹의 충격에도 불구하고 운 좋게 2020년대에 모습을 드러낸 금융위기의 뇌관을 건드리지 않고 무사히 넘어가는 경우에도 그 다음에 우리를 기다리는 것은 세계 경제의 장기침체일 가능성이 높다는 점에 주목할 필요가 있다.

'구조적 장기침체Secular Stagnation'의 개념은 1938년 앨빈 한센Alvin Hansen 교수가 대공황 이후 부진한 경기 회복과 낮은 인구 증가율 및 저조한 기술혁신으로 장기에 걸쳐 미국 경제의 성장률은 낮아지고, 고용 부진이 계속될 것을 전망한 데서 비롯되었다. 한편 서머스(2018)[14]의 '구조적 장기침체' 개념은 선진국 경제가 숙명적으로 장기 저성장과 높은 실업에 빠질 것을 의미하는 것이 아니다. 정부의 적극적인 재정정책과 금융완화 정책이 추진되지 않았거나 가계와 기업이 차입을 지속적으로 증가시키기 어렵다면, 민간부문의 총수요가 충분하지 않아 성장이 장기적으로 침체될 수 있음을 지적한 것이다. 구조적 장기침체는 단순히 '장기'라는 의미를 넘어서 '경제가 성장과 침체를 반복하는' 자율조정적인 경기순환의 역동성이 크게 약화된 상태를 의미한다.

세계와 선진국들의 실질 이자율과 명목 이자율은 장기 지속적으로 하락해왔다. 그 원인으로는 성장률의 저하 추세, 고령화, 저축율의 상승, 투자 감소, 기술혁신 등 다양한 요인들이 작용했다.[15] 특히 기술혁신은 자본의 상대가격을 하락시킴으로써 산출 단위당 소요 투자 자본을 저하시켰다. 레이첼&서머스Rachel&Summers(2019)[16]에 의하면 이자율의 역사적인 장기하락 추세는 같은 기간에 일어났던 정부 부채와 사회복지지출의 급증이 금리를 상승시키는 압력을 상쇄한 이자율에서 나타난 것인 만큼, 정부 부채와 사회복지지출의 금리인상 압력이 없었더라면 세계 경제는 이미 장기적으로 구조적 장기침체 상태를 지속했을 것임을 보여주었다.[17]

블랙홀에 빠진 금융정책

구조적 장기침체를 둘러싼 논쟁의 핵심은 장기 저금리의 여부에 있는 것이 아니라 당면한 저성장과 고용으로 침체된 상황을 타개하기 위해 어떤 정책이 필요한가에 있다. 서머스(2019, 2018)가 지속적으로 주장하는 바는 통화정책으로 인플레이션을 통제할 수 있다는 거시경제학의 정통적인 프레임은 현실에 맞지 않으며, 저축은 과잉상태인 반면 투자는 부족한 구조에서 인플레이션 통제에 얽매인 통화정책은 당면한 저성장과 고용부진을 해결하는 데 기여할 수 없다는 것이다.[18] 특히 디지털혁명은 자본재의 상대가격을 크게 낮춤으로써 자본재 확충에 소요되는 투자비용을 대폭 감소시켰다. 그 예로 최근의 스마트폰의 계산능력은 20년 전 슈퍼컴퓨터의 연산능력을 초과하고, 클라우드 시스템은 대규모 사무실 비용을 크게 줄일 수 있게 해주었으며, 이커머스E-commers의 발전은 물류비용을 낮추었다. 만성적인 저금리는 고금리 만큼이나 금융안정을 위협하기 때문에 중앙은행은 인플레이션을 낮출 목적으로 가뜩이나 위축된 투자 수요를 위축시키는 긴축정책을 추진할 것이 아니라 저축을 흡수하는 정책을 실시해야 한다는 것이다.

재정정책의 역할에 주목

서머스 교수는 블랙홀에 빠진 통화정책을 대신하여 재정정책의 역할을 다시 설정할 것을 주장하고 있다.[19] 민간투자율이 민간저축을 흡수하지 못하는 결과로, 실질 이자율이 0 내지는 마이너스인 상태에서 이자부담율은 매우 낮으며, 이러한 저금리 상태가 수십 년 갈 수도 있다. 이런 상태를 방치해서는 안 되며 정부가 마셜플랜Marshall Plan과 같은 민간의 부채를 지원하거나 사회간접자본 투자 등 정부의 적극적인 역할을 통해 민간의 초과저축을 흡수함으로써 구조적 장기침체에서 탈출해야 한다고 주장하고 있다. 같은 방향의 공약을 건 바이든 행정부가 적극적인 정부 역할을 통해 '구조적 장기침체'를 극복할 수 있는지 시험대가 될 전망이다.

서머스 교수는 기업과 민간의 차입을 지원하는 확대 통화정책과 확대 재정정책을 주장하고 있다. 그러나 경제 현실은 서머스 교수 주장의 타당성에도 의문을 제기하기 충분하다. 정책 목표와 경로에 차이가 있지만 이미 너무 많은 유동성이 공급되어 좀비기업의 생존을 지원하고 있는 상황에서 가계와 기업의 부채 증가를 지원하는 확대재정정책이 과연 타당한지 의문이 생긴다. 한편 바이든 행정부의 확대재정정책을 반영하지 않은 미국 의회예산처의 전망에 따르면, 미국의 장기국채 금리가 1% 미만을 유지할 수 있는 기간은 길지 않다. 따라서 미국의 경제가 상승국면에 진입하고, GDP 성장률은 낮아지는 반면에 재정적자 규모는 계속 누적되어 재정적자의 대GDP 비율이 급상승할 것으로 보인다.

이미 금융시장은 그동안 코로나 팬데믹에 대응하여 공급한 유동성과 정부의 재정지원으로 인해 인플레이션이 일어날 것을 경계하고 있다. 따라서 연준은 2008년 세계 금융위기 이후 추진해왔던 금융완화정책Quantitative easing을 2014년 9월 중단했던 것처럼 코로나 팬데믹으로 인해 왜곡된 통화정책을 정상화하는 정책전환이 선결과제로 보인다. 또한 역사적인 평균보다 낮은 수준이라고 하더라도 장기금리가 다시 상승하는 경우에도 민간부문 지원과 사회간접자본 확충 등을 목적으로 대규모 재정적자를 계속하는 것이 타당한지도 의문이 아닐수 없다.

미국은 물론 세계 경제의 상황이 투자 부족과 과잉 저축으로 인한 저성장과 고용침체의 구조적 장기침체에 있음은 의문의 여지가 없어 보이지만, 서머스 교수가 주장하는 바와 같이 확대통화정책과 확대재정정책이 해결방안인지는 쉽게 동의하기 어렵다. 2010년대 세계 경제

그림 3-5　미국의 잠재 GDP 평균 연 성장률 장기전망

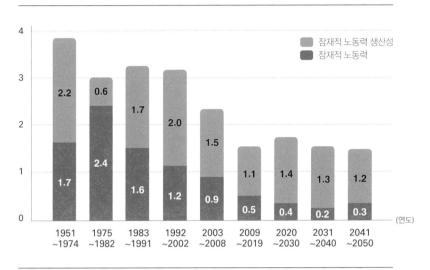

단위: %

자료: statista.com

가 2008년 세계 금융위기의 후유증을 치유하는 데 상당 부분을 낭비했듯이, 2020년 세계 경제는 코로나 팬데믹의 후유증을 감당해야 하는 어려운 과제를 안고 있다. 더구나 코로나 팬데믹이 세계 경제에 미친 충격은 2008년 세계 금융위기의 최소 3배를 넘는 엄청난 규모인만큼 그 후유증을 처리하는 데도 막대한 부담이 불가피하며, 그만큼 2020년대 세계 경제를 드리운 그림자는 크고 답답할 수밖에 없다.

　기존의 거시정책 프레임으로 어떤 정책도 효과적인 대안이 되기 어렵다면, 2020년대 세계 경제는 어떻게 흘러갈 것인가? 비행체가 동력을 잃고 그저 바람을 따라 흘러가는 것은 무동력 속도stalling speed라고 한다. '스톨 이코노미stall economy'는 아무 대책이 없이 그저 흘러가는 경

제상태를 말한다. 단기주의에 빠져 '바주카포' 식으로 대응하고, 그 결과 장기적으로 해결하기 어려운 후유증을 남기는 현재의 정책대응 행태보다는 차라리 '스톨 이코노미'가 나을지도 모른다. 그만큼 2020년대 세계 경제는 타당한 대안을 찾기 어려운 상황을 앞두고 있다.

자산 인플레이션 시대

2020년 우리나라 소비자물가지수는 0.5% 상승에 그친 반면에 코스피 지수는 30.7%, 코스닥 지수는 44.6%, 서울 아파트 가격은 13%, 금은 17%, 비트코인은 279% 상승했다. 한편 1년 만기 정기예금의 세후 수령액은 1년 전과 비교해 45%가 줄어들었다(표 3-3 참조). 각종 자산에 대한 현금의 가치는 더운 여름에 아이스크림처럼 빨리 녹아 없어지고 있다. 증시 예탁금은 2019년 말 27조 원에서 2020년 말 65조 원으로, 삼성전자의 개인 주주 수는 2019년 말 56만 7,000명에서 2020년 말 296만 명으로 증가했다. 바야흐로 자산 인플레이션 시대가 왔다.

이와 같이 상품과 서비스 가격은 안정을 유지하고 있음에도 불구하고 주식이나 부동산 등 자산 가격이 지속적으로 상승하는 현상은 자산 인플레이션으로 정의할 수 있다. 일반적으로 자산 인플레이션 현상은 전반적인 물가수준이 지속적으로 상승하는 인플레이션을 진행한 다음 단계에 나타난다. 즉, 인플레이션 압력이 자산시장에 집중되

표 3-3 **우리나라 자산 가격 동향**

	2018년 12월	2019년 12월	2020년 12월
M1-MMF(평잔, 조 원, 증감률 %)	846(1.9%)	927(9.6%)	1,164.7(25.6%)
소비자물가지수 상승률(%)	1.3	0.7	0.5
은행 1년 만기정기예금 금리 (%,1억 원 세후, 월)	2.13(14만 8,000원)	1.63(11만 3,000원)	0.9(6만 2,000원)
코스피 지수 코스닥 지수	2041(▲17.4%) 798.4(▲15.4%)	2198(+7.9%) 669.8(▲0.9%)	2873(+30.7%) 968.4(44.6%)
서울 아파트 매매지수(KB국민은행)	100.0(13.6%)	102.9(2.9%)	116.3(13.1%)
금(천 원)	188(4.7%)	227(21%)	267(17.4%)
비트코인(천 원)	4,265(▲339%)	8,343(95.6%)	31,596(279%)

어 자산의 상대가격 체계가 균형을 이탈하여 상승하면서 경쟁할 때 발생한다. 현금과 예금은 대표적인 안전자산이다. 그러나 자산 인플레이션 시대에는 다른 자산들의 가격 급등으로 인해 다른 자산에 대한 현금과 예금의 상대가치는 현저하게 하락한다. 2021년 1월 현재 은행에 1억 원 정기예금을 하면 1년 후 세후 749,250원을 받는다. 한 달에 62,437원이다. 그야말로 '돈값이 헐값'이다. 그렇기 때문에 세칭 '영끌'을 해서라도 주식을 사고, 아파트를 사는 작금의 세태는 자산 인플레이션 시대임을 보여주는 시대적 증거이자 이에 대한 적극적인 대응 행태라고 할 수 있다.

돈값이 헐값인 시대

표 3-3에서 보여주는 바와 같이 현재 우리나라에서 진행되고 있는 자산 인플레이션은 통화당국의 유동성 공급에 의해 주도되고 있다. M1-MMF(평잔)의 증가율은 전년동월대비 2018년 1.9%에서 2019년 9.6%, 2020년 26.8%(11월)로 크게 높아졌다. 2020년 12월 현재 M1-MMF 평균 잔액은 1,165조 원으로 전년동월대비 238조 원의 유동성이 증가하였다.

이러한 유동성 급증에도 불구하고 요구불예금 월간 회전율은 2019년 11월 20.3회에서 2020년 12월 18.4회로 낮아져 증가한 유동성이 기업의 투자와 가계 소비의 침체로 실물경제 활동에 쓰이지 못했다. 그리고 저금리로 인해 제대로 대접을 받지 못하자 자산시장으로 흘러들어 온갖 자산들의 가격을 급등시켰다. 특히 비트코인 가격의 급등은 전통적인 자산의 가치 저장에 대한 신뢰 저하를 반영하고 있는 것으로 보여 주목된다.

쉽게 말하면, '갈 곳을 찾지 못한 돈이 넘치는' 결과로 부동산, 주식, 금, 비트코인, 자원과 주가 파생상품 등에 이르기까지 현금에 대한 자산의 상대가격은 상승하는 반면에 자산에 대한 화폐의 상대가격은 하락하는 현상이 발생한 것이다. 그렇다면 이 뜨거운 불꽃놀이는 얼마나 또 언제까지 계속될 것인가? 그렇다면 돈값이 헐값인 현상은 얼마나 지속될 것인가? 코로나 충격으로 인한 일시적인 현상인가? 아니면 자산 인플레이션이 뉴노멀New Normal이 되는 새로운 시대의 시작인가?

자산 인플레이션은 구조적 현상

자산 인플레이션이 발생한 이유는 과잉 유동성 공급과 저금리 기조에 있다. 우리나라는 '내 집 마련 지원'을 위한 주택금융의 주도로 이미 유동성이 크게 증가한 상황에서 2020년 코로나 팬데믹 충격에 대응하기 위해 유동성 공급이 급증했다. 그렇다면 코로나 팬데믹 사태가 끝나면 유동성 공급이 진정되고 자산 인플레이션이 없어질 것인가? 물론 코로나 팬데믹이 끝나면 유동성 공급도 안정을 찾을 것이다. 그렇다고 해서 자산시장이 곧 안정을 회복할 것으로 기대하기는 어렵다. 왜냐하면 코로나 팬데믹의 충격이 없었다고 하더라도 한국 경제는 이미 투자 부진으로 저축을 충분히 소화하지 못하는 과잉저축 상태에 있어 저금리 기조가 불가피하다.

인구의 고령화로 노후를 대비한 저축과 미래에 대한 불안감으로 청년층의 저축은 증가하는 반면에 기업의 투자는 부진함으로써 과잉저축 현상이 구조화하고 있다. 한국은행의 보고서(이용대·이채현, 2020)는[20] 우리 경제가 가계저축률의 지속적인 상승으로 인한 과잉저축으로 저성장·저물가·저금리 현상이 심화될 가능성을 우려하고 있다. 따라서 유동성의 과잉공급이 진정된다면, 자산 인플레이션 압력도 낮아지기는 할 것이다. 하지만 어느 정도 만성적으로 상존하는 구조가 고착될 가능성이 크다.

미국을 보면 한국의 10년 후가 보인다

우리나라 자산 인플레이션이 장기화할 가능성이 크다고 한다면, 과연 어떤 양상으로 자산 인플레이션이 진행될 것인가? 주택시장은 수급 사정과 정부 정책이 가격 흐름에 결정적인 영향을 미치는 반면에 증권시장은 기술혁신과 이에 따른 산업구조의 변화로 상당한 시장의 역동성을 가지고 있다. 특히 주식시장에서 외국인 투자비중이 32%(2021년 3월 31일 기준)에 이르기 때문에 미국의 통화정책과 증시의 영향을 크게 받는 구조를 가지고 있어 장기적으로 '자산 인플레이션' 양상이 진행될 가능성이 높다. 한편 미국 증권시장의 거품 붕괴의 위험을 함께 가지고 있다. 미국의 지난 12년간의 자산 인플레이션 양상을 참고한다면, 앞으로 우리나라에서 진행될 자산 인플레이션의 양상을 짐작할 수 있다.

자산 인플레이션에 있어 미국과 한국의 차이점을 주목할 필요가 있다. 미국은 이미 지난 12년간 장기상승 국면을 지속해왔으며, 앞서 살펴본 바와 같이 심각한 부작용이 쌓이고 있다. 따라서 코로나 팬데믹에 대응하여 실시해온 긴급 통화정책을 정상화해야 할 필요성에 직면해 있으며, 그렇기 때문에 증권시장은 '긴축발작'을 비롯한 통화정책의 기조 변화에 민감하게 반응하고 있다. 즉, 미국 연준은 자산시장에 기름 공급을 끊어야 할 상황에 있으며, 따라서 자산시장은 이제 파티를 끝내야 할 시점에 다가가고 있다.

반면에 우리나라 증권시장은 돌이켜보면 2011년 4월부터 2017년 4월까지 무려 6년간의 장기침체를 겪었으며, 2017년 4월부터 11월까

표 3-4 **미국의 자산 인플레이션**

	2009(I)	2020(II)	II / I (배)
연준 총자산($bn)	905.2 (2008. 09.)	7,363 (2020. 12.)	8.16
재무부 10년 만기국채 수익률(%)	3.92 (2009. 06. 10.)	0.919 (2020. 12. 31.)	0.234
주택가격지수 (S&P/Case Shiller 20-City Composite Home Price Index)	140.8 (2009. 05.)	221.6 (2020. 09.)	1.57
소비자물가 상승률	211 (2009. 01.)	257 (2020. 11.)	1.22
다우지수	6,547 (2009. 03. 09.)	30,606 (2020. 12. 31.)	4.67
나스닥지수	1,321 (2009. 03. 03.)	12,888 (2020. 12. 31.)	9.76
S&P 500	676 (2009. 03. 09.)	3,756 (2020. 12. 31.)	5.56
아마존($)	73 (2009. 03. 03.)	3,257 (2020. 12. 31.)	44.6

지 단기 상승국면을 거친 다음 다시 2019년 8월까지 22개월간 23% 하락을 겪은 후에 2019년 8월부터 2020년 12월까지 35% 상승했다. 즉, 2011년 4월 대비 2020년 12월까지 코스피 지수는 불과 33% 상승했다. 즉, 최근 단기과열은 있으나 장기적으로 누적된 거품은 없다. 따라서 우리 증시는 자산 인플레이션의 초입을 지나고 있다고 보는 것이 타당하다. 그러나 자산 중에서도 부동산 시장의 경우는 정부의 규제와 중과세로 인해 상대적으로 침체되고, 개인 자산의 중심에서 점차 밀려날 것으로 예상된다.

부의 중심 이동

정리해보면 미국의 경우는 단기적으로는 금융위기의 위험이 크고, 장기적으로는 자산 인플레이션이 크다고 할 수 있다. 반면에 우리나라는 단기적으로는 자산 인플레이션 압력이 강하지만 장기적으로는 자산 인플레이션의 초반에 있다고 할 수 있으며, 우리나라의 자산 인플레이션은 뉴노멀이자 장기 추세에 있다. 주목해야 할 점은 2020년대에 전개되는 우리나라의 자산 인플레이션이 단순한 과잉 유동성의 작용 결과에 그치는 것이 아니라 '디지털 전환' 시대의 산업재편이라는 실물경제의 동력을 내포하고 있다는 것이다. 다음 4부에서 다루는 바와 같이 2020년대 우리나라의 경우 산업 재편의 전개 양상에 따라서는 엄청난 새로운 국부가 창출되어 자산 인플레이션 시대의 전개를 뒷받침하게 될 것이며, 이 과정을 통해 개인의 부의 중심이 부동산에서 주식으로 전환하게 될 것으로 전망된다.

각자가 처한 상황과 목표가 다르기 때문에 선택의 불확실성이 높은 환경에 대응해 일반적으로 적용될 수 있는 대안은 없다. 하지만 누구에게든 타당한 최선의 대안을 찾아내는 지침은 있다. 각자 갈 길은 달라도 나침반은 누구에게나 유용하다.

현금의 속성은 유동성이므로 위험을 회피하는 최선의 안전자산이지만 자산 인플레이션 시대에서는 마치 녹아 없어지는 얼음덩이처럼 보유의 기회비용이 높은 위험자산이기도 하다. 즉, 양날의 칼이 시간에 따라 성질이 달라진다. 주의해야할 사실은 과잉 유동성이 자산 인플레이션의 공통적 요소지만 각 자산마다 가격 결정요인이 다르고, 자산시장 내부적으로 집중화와 양극화 양상이 강해지고 있다는 점이다.

불확실성이 높을수록 무엇보다 중요한 것은 대응의 신축성이다. 상황 전개에 대응하는 선택 여지가 없다면, 그야말로 이판사판 게임이 되어 합리적 판단은 더 이상 의미가 없다. 따라서 불확실한 미래의 전개에 대응하는 신축성을 확보하는 것이 중요하다. 신축성은 정서와 재무 양면에서 모두 필요하다. 신축성을 확보하기 위해서는 자신의 성향과 위험감당 능력에 대한 이해가 전제되어야 한다. 자신의 상황을 제대로 인식하지 못한 경우 최선의 해답이 있을 수 없다. 그 다음으로 상황이 예상과 다르게 전개될 경우를 대비한 플랜B를 고려해야 한다. 현재의 자산 선택이 향후 10년의 부를 좌우할 것이다.

PART 4

융합혁명 시대의
세계 경제 재편

2030년은 예측할 수 없을 정도로 먼 마래가 아니다. 우리는 코앞에 있는 미래의 기회와 도전 모두에 대해 준비해둘 필요가 있다. 오늘날 우리가 아는 세상은 2030년이 되면 사라지고 사람들은 지난날을 돌아보며, "세상이 그렇게 급하게 돌아갈 때 나는 뭘하고 있었지?"라고 자문할 것이다.

마우로 기엔의 《2030 축의 전환(2020)》 중에서

2020년대 뉴 패러다임

"사람들은 우리가 일하고, 쇼핑하고, 여행하고 함께 하는 방식을 보다 근본적으로 깊이 있게 다시 생각하고 있다. 코로나 위기를 벗어나면 세상은 달라져 있을 것이다. 투자자들의 심리도 변화할 것이며 사업도 변화할 것이며 소비도 변화할 것이다."

2020년 3월 29일 블랙록 회장 **래리 핑크**

포스트 코로나 시대의 새로운 패러다임 또는 뉴노멀에 대한 조사의 대부분은 '비접촉'과 '디지털 전환의 가속화'를 언급하고 있다. 유럽중앙은행ECB이 유럽지역의 선두기업 72개를 대상으로 실시한 조사에 따르면(그림 4-1 참조), 코로나 팬데믹이 가져올 가장 중요한 장기적인 영향으로, '재택근무 등 원거리 근무형태'를 40% 이상의 기업들이 선택했으며, 그 다음으로 '디지털 기술 적용의 가속화'를 선택했다. 한편 이 조사에서 30% 가까운 기업들이 장기적으로 수요 감소를 예상하고 있다는 점이 주목된다. 또한 ECB조사에서 3/4의 기업들은 코로나 팬데믹이 무엇보다 선두 기업들의 사업을 더 효율적이고 탄력성을 강화하는 방향으로 영향을 미친 것으로 보았다. 이에 따라 생산성의 향상을 가져오는 한편 고용에는 부정적인 영향을 미칠 것으로 예상했다. 또 장기적으로 소비자들의 상품과 서비스 수요 행태에 변화를 가져올 것으로 예상했다.

Zuna의 시대

'주나Zuna'는 코로나 시대의 생활양식을 줄인 신조어로 줌 콜을 끄고, 우버 이츠에 저녁 식사를 주문하고, 넷플릭스에서 영화를 시청하고, 아마존에서 쇼핑을 하는 것으로[1], 바로 재택근무자의 일상을 압축한 단어다. 맥킨지글로벌연구소McKinsey Global Institute의 조사에 따르면[2] 원격근무는 코로나 팬데믹이 끝난 후에도 주로 인적 자본에 의존하는 고학력 또는 전문직 근무자들 중심으로 정착할 것으로 예상된다. 20% 이상의 노동력이 일주일 5일 근무 중 3일은 원격근무를 할 것이며, 이 경우 재택근무자의 수는 코로나 팬데믹 이전과 비교하여 3배 내지 4배 증가할 것으로 예상된다. 원격근무자 또는 재택근무자 증가는 교통·도시 경제·소비자 지출 등에 상당한 변화를 초래할 것이다. 특히 도심의 대형 사무실 수요가 감소하여 대형 사무용 빌딩의 가격 하락을 가져올 것이며, 통근용 자동차 수요가 대폭 감소할 것이다. 또한 패션에도 큰 변화를 가져와 정장을 대신한 간편복 시장이 확대될 것이라고 한다.

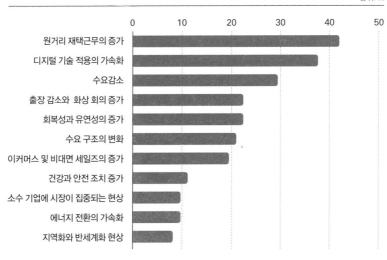

그림 4-1 **코로나 팬데믹이 선두기업에 미치는 장기적인 영향**

단위: %

자료: ECB. 〈The long-term effects of the pandemic: insights from a survey of leading companies〉. Economic Bulletin, Issue 8/2020.

한편 재택근무의 확대는 조직에 따라서는 치명적인 문제를 야기할 수 있다는 점을 주목할 필요가 있다. 비대면 근무와 화상회의가 일반화되는 경우, 대면하거나 여러 사람이 한 장소에 모여 교감하는 기회가 드물어질 것이다. 이에 따라 조직의 획일성과 통제력이 약화되고 대신 개별적이고 개인주의적인 조직문화가 확산될 가능성이 크다. 이에 따라 재택근무 또는 분산형 사무실의 확대는 전략적 일체성이 분명하지 않거나 기업 문화가 명확하지 않은 기업의 경우에는 조직의 구심력 약화로 상당한 위험을 수반할 수 있다.

문화적으로도 상당한 변화가 예상된다. 2020년대에 비접촉 환경에서 물적 자본보다 인적 자본이 중시되는 시대로 이행하면서 지금까지의 남성중심 사회에서 여성중심으로 상당한 중심이동이 일어날 것이다. 마우르 기엔Mauro F. Guillén은[3] 2020년대에 '더 강하고 부유한 여성들'의 등장을 예고했다.

디지털화의 가속화

코로나19 팬데믹을 계기로 등장한 무접촉 경제the contact-free economy는 디지털 전환을 가속화할 것이라는 것이 지배적인 예상이다.[4] 2020년 PC와 노트북의 수요가 급증했으며, 원거리 근무의 보편화는 클라우딩 서비스에 대한 수요를 크게 확대했다. 한편 재택근무의 확산은 대형 TV를 비롯하여 다양한 가전제품에 대한 수요를 확대시켰으며, 이에 따라 가전제품용 반도체 수요가 증가했다. 한편 비대면 상거래와 배달의 보편화로 이커머스 산업이 획기적으로 성장하고 있으며, 생산 라인의 감염 위험으로 인한 공급 사슬의 단절 위험을 원천적으로 제거하기 위해 공장 자동화와 지능화가 가속화될 것이다. 이에 따라 로봇과 사물인터넷 및 인공지능에 대한 수요가 증대할 것으로 예상된다.

한편 코로나 팬데믹 이후 강해지고 있는 친환경에 대한 정치 및 사회적 분위기는 전기자동화 수요를 증대시킬 것으로 보인다. 이러한 전반적인 디지털 기기 수요 증가는 반도체의 수요 증가와 처리역량 향상을 요구하고 있다. 이러한 디지털화의 가속화는 총체적으로 반도체에 대한 수요 압력을 증대시키고 있으며, 이미 상대적으로 가격이 낮은 자동차용 반도체의 세계적인 공급 부족 사태가 나타나고 있다. 이

외에 원격의료, 재택근무와 원거리 화상회의의 보편화를 지원하는 정보통신장비 산업의 성장이 예상된다.

'디지털화'의 가속화와 관련하여 주목해야 할 사실은 현재 진행되고 있는 디지털화가 수평적인 디지털 확대나 디지털 기기 사용의 증대를 의미하는 것이 아니라는 것이다. 즉, 반도체, 인공지능, 엣지 컴퓨터, 5G, 클라우딩 컴퓨터 서비스, 데이터 경제, 생명공학 등이 총체적으로 융합하여 상호작용함으로써 각 분야의 기술연구 혁신과 그 성과물로서 혁신적인 상품과 서비스가 다발적으로 창출되는 그야말로 '디지털혁명'의 시대가 시작되었다는 점이다. 코로나 팬데믹은 바로 이러한 디지털 기술혁신의 흐름을 가속화하는 결정적인 계기로 작용했다. 따라서 포스트 코로나 팬데믹의 뉴노멀로서 디지털화를 새로운 관점에서 주목할 필요가 있다.

친환경과 기후변화에 대한 관심

코로나 팬데믹이 발생한 이후 주목되는 경향은 세계적으로 친환경과 기후변화에 대한 관심이 커졌다는 점이다. 코로나 팬데믹이 발생하게 된 원인과 과정이 무엇이든 간에 분명한 사실은 바이러스 팬데믹 사태가 반복적으로 발생하는 근본적인 이유는 바로 인류와 자연 간 균형의 상실에 있다. 바이러스 팬데믹의 위험 정도가 갈수록 치명적인 양상을 보이는 이유는 자연 파괴가 그만큼 심각해졌기 때문이다. 도시화와 산업화, 이에 수반된 환경 파괴는 인류 생존의 절대조건인 생태계의 지속 자체를 위협하는 상태에 이르렀다. 코로나 팬데믹이 생태계의 회복력 상실을 드러낸 결과라는 점에서 이에 대한 전 인류의 반성과 인식이 확산되고 있다. 그 결과로 기후변화 대응과 친환경 정책을 강화하는 경향이 미국의 바이든 행정부와 EU집행부에서 나타나고 있다.

이러한 반성으로 가장 주목되는 대표적인 사례는 블랙록을[5] 비롯한 금융기관들이 'ESG(환경Environment·사회Social·지배구조Governance)' 기준을 기업에 대한 대출과 투자의 중요한 조건으로 운영하기 시작했으며, ESG는 기업 지배구조의 정점에 있는 이사회의 가장 중요한 책무로 부각되고 있다.

시장가치 평가의 '뉴노멀'

코로나 팬데믹으로 가속화된 '디지털 전환'으로 인해 디지털 기술의 대도약 시대가 시작하고 있는 만큼 미래가치 중심의 가치평가는 포스트 코로나 시대의 뉴노멀로 자리 잡아 가고 있다. 앞서 언급한 바와 같이 현재 진행되고 있는 디지털화가 반도체, 인공지능, 엣지 컴퓨터, 5G, 클라우딩 컴퓨터 서비스, 데이터 경제, 생명공학 등 전 과학 분야에 걸쳐 융합과 복합을 통해 새로운 산업혁명의 단계로 진입하고 있다는 점에서 현재의 미래 중심 가치평가 경향은 2000년대 초 '닷컴 버블' 시대의 가치평가와는 차원이 다르다.

즉, 주식 투자의 위험 프리미엄이 사상 최저수준으로 내려감에 따라 유동성은 미래 수익의 기대치가 높은 첨단 기술주로 쏠리는 현상이 나타나고 있다. 사상 최저금리로 인하여 증권투자의 위험 프리미엄이 극도로 낮아지는 양상은 기업의 가치를 평가하는 시장에 의미 있는 충격을 미치고 있는 것으로 보인다. 노동력의 이동이 제한되자 사업장의 막대한 설비는 가동을 중단했지만 무형자산 즉 주로 인적 자본과 지적 자본에 의존하는 기업은 '비접촉untact'의 수혜자가 되었다. 이에 따라 기업에 대한 시장의 평가도 무형자산의 가치를 중시하는 방향으로 변화를 보이고 있다.[6] 코로나19 충격이 발생하기 전인 2020년 2월 고점에 대비하여 2021년 2월 고점까지 1년간 다우지수는 10.5%, S&P 500지수는 16.3% 상승한 반면에 기술주 중심의 나스닥은 43.7% 상승했다.

특히 S&P500 중에서도 정보통신산업 지수는 35.2% 상승한 반면에 산업주 지수는 7% 상승에 그쳐 대조를 보이고 있다. 특히 같은 기술주 중에서도 아마존은 51.1%, 애플은 70.6% 상승했으며, 가장 주목할 수 있는 기업은 테슬라로 고점은 390% 상승했다. 팬데믹에 대응할 수 있는 기술과 자본 역량을 갖추고 있는 대기업과 대응역량이 부족한 중소기업 사이 주가 움직임의 차이가 크고 같은 기술주 중에서도 무형자산에 대한 시장의 평가에 따라 기업의 가치가 크게 엇갈리고 있다. 기술의 파괴적 혁신에 상응하여 기업에 대한 시장의 평가기준도 과거의 재무적 성과보다 미래가치를 중시하는 쪽으로 변화하고 있다. 이러한 변화는 2020년대에 걸쳐 더 강하게 뉴노멀로 자리 잡을 것으로 보인다.

활발한 변화, 산업구조의 혁신

피치북PitchBook과 미국 벤처자본협회NVCA의 발표에 따르면, 2020년
미국 벤처업계는 사상 최고로 활발한 움직임을 보인 것으로 나타났다.
투자자들은 스타트업에 역대 최대 규모인 1,562억 달러를 쏟아부었
으며, 2,901억 달러 가치의 벤처기업들이 매각되어 퇴출되었고, 736억
달러의 벤처 펀드가 정리되었다(그림 4-2 참조).

2008년 세계 금융위기와 2010년 유럽 재정위기로 장기침체에 빠
졌던 세계 경제는 2016년 하반기 들어 무역주도의 회복세로 반전하
여 2018년에 이르러서 2008년 세계 금융위기 이전의 성장궤도를 회

그림 4-2 미국 벤처 기업 거래 추이

단위: 십억 달러

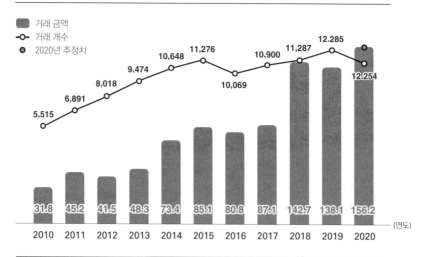

자료: Q4 2020 PitchBook-NVCA Venture Monitor, p5.

복했다. 2018~2019년에는 기업 투자가 증가하여 기술 변화를 촉진하는 모멘텀을 맞았다. 이 시점에서 2020년 코로나 팬데믹의 충격이 디지털화의 속도를 가속화함으로써 자동차와 반도체 산업은 물론 거의 모든 산업에 걸쳐 혁신주도의 산업구조 개편이 일어나고 있으며, 2020년대를 통해 본격적으로 진행될 것으로 보인다. 2030년 이전에 우리는 현재의 스마트폰을 다루듯이 생활 전반에서 지금보다 훨씬 많은 로봇과 인공지능을 익숙하게 이용할 것이다. 또한 얼마 지나지 않아 전기자동차를 타고 행선지를 말하면 자율주행자동차가 알아서 가는 시대를 맞을 것이다.

불확실성의 세계, 소비·투자·고용의 변화

불확실성의 경험으로 인한 반작용으로 개인은 위험에 대비해 더 많이 저축하고 기업의 투자는 위축되는 것으로 나타났다. 기업 투자는 두 가지 측면에서 위축되고 있다. 첫째는 팬데믹의 경험에 따라 위험에 민감해짐으로써 투자에 소극적인 행태가 나타나기 쉽고, 둘째 자본스톡에 비해 상대적으로 노동력이 감소함으로써 유휴 자본스톡이 발생하여 투자 유인이 낮아지고 자산 수익률은 하락한다.[7]

우리나라의 1998년 외환위기가 경제는 물론 많은 국민들에게 잊을 수 없는 상처를 남겼던 것과 같이 코로나19로 2020년의 대량 실업과 소득 감소 등 경제적 고통과 감염 위험이 가져오는 상흔효과scarring effect 가 작용할 경우 소비와 투자가 팬데믹 이전으로 돌아가는 데 상당한

표 4-1 **일자리 수요 변화에 따른 예상 상위 20개 직업**

	일자리 수요 증가		일자리 수요 감소
1	데이터 분석가·과학자	1	데이터 입력직
2	AI·머신 러닝 전문가	2	행정 및 임원 비서직
3	빅데이터 전문가	3	회계·기장·급료 관리직
4	디지털 마케팅·전략 전문가	4	회계사·감사
5	프로세스 자동화 전문가	5	일관공정·공장 근로자
6	사업개발 전문가	6	사업·행정 관리직
7	디지털 전환 전문가	7	고객 정보·고객 응대 근로자
8	정보보안 분석가	8	운영 매니저
9	소프트웨어·응용 프로그램 개발자	9	장치·기계 수리 기술자
10	사물인터넷 전문가	10	재고 관리직
11	프로젝트 매니저	11	재무 분석가
12	사업지원·사무행정 매니저	12	포탈 서비스 관리직
13	데이터베이스·네트워크 전문가	13	공산품·기술제품 영업직
14	로봇 기술자	14	대외 응대 매니저
15	전략 자문 서비스	15	은행 텔러·창구 응대직
16	경영·조직 분석가	16	방문 판매직·거리 행상
17	핀테크 기술자	17	전자통신기기 가동·수리직
18	장치·기계 수리 기술자	18	인력관리 전문가
19	조직개발 전문가	19	인력개발 전문가
20	위험관리 전문가	20	건설 근로자

자료: WEF. 《The Future of Jobs Report 2020》. 2020, p30

시간이 걸릴 것이다. 뿐만 아니라 팬데믹의 경험이 경제에 장기적으로 미치는 부정적인 영향이 심각할 것으로 분석된다.[8] 종합하면 팬데믹은 장기간에 걸쳐 가계 소비와 기업의 투자에 부정적인 영향을 미치며, 그 결과 장기에 걸쳐 생산성과 잠재성장률을 저하시키는 작용을 할 것으로 전망되고 있다.[9]

앞서 언급한 ECB조사에서 나타난 바와 같이 코로나 팬데믹은 고용에 부정적인 영향을 미칠 가능성이 크다. 세계경제포럼가 발간한 보고서에[10] 따르면, 디지털 전환에 의한 로봇과 자동화로 2021~2025년 사이 8,500만 개의 일자리가 없어지고, 대신 9,700만 개의 새로운 일자리가 생길 것으로 전망하고 있다(표 4-1 참조).

효과적인 대응을 위한 정부 역할 증대

코로나19 팬데믹의 최고 수혜자는 정부라고 할 만큼 코로나19 팬데믹에 대응하기 위해 각국 정부의 역할이 강화되는 것은 불가피했다. 공중보건학적 감염병 통제전략은 치료제 또는 백신을 사용하는 약물적 중재조치Pharmaceutical Intervention와 사회적 거리두기를 비롯한 비약물적 중재조치Non-Pharmaceutical Intervention로 나눌 수 있다. 비약물적 중재조치의 경우 실효성을 확보하기 위해 정부는 마스크 사용, 다수 인원의 집합 금지, 이동 규제, 영업 규제 등 다양한 형태의 행정조치와 강제력을 동원하고 있다. 이러한 정부의 통제조치는 경제활동을 위축시키는 부작용을 수반하는 만큼, 국민들의 고용과 소득 손실을 보상하기 위한 적극적 재정지출이 필요하다. 문제는 코로나19 사태로 급조된 긴급구호조치 프로그램이 효율성과 적합성을 갖추지 못할 경우, 재정은 낭비하면서 구호 효과를 제대로 거두지 못하는 부작용을 초래하기 쉽다.

대표적인 사례로 미국의 경우 실직 근로자에 대한 지원금이 실직 전 임금보다 많은 경우가 상당수 발생하여 정부 지원조치가 근로자들의 근로 의욕을 손상시키는 부작용을 가져왔다. 근로자 고용 유지를 명분으로 좀비기업들이 정부지원금에 만성적으로 의존하는 문제도 있다. 코로나19 팬데믹이 끝나더라도 공중보건체계를 강화하고, 경기 회복을 위해 상당 기간 정부의 역할 증대가 불가피할 것으로 보인다. 하지만 그 대가로 가계와 기업의 정부 의존을 만성화함으로써 시장경제의 복원력과 역동성을 훼손하는 문제가 발생할 수 있다. 따라서 정부의 역할 증대는 장기적으로 보면 경제성장을 저해할 수 있다는 점에 주목할 필요가 있다.

비대면 수업, 위기의 교육산업

교육기관들은 팬데믹 기간 중 '비접촉' 규제로 인해 가장 충격을 받은 분야라고 할 수 있다.[11] 불가피하게 실시된 전면적인 온라인 교육은 같은 시간에 같은 장소에 많은 학생들이 모여야 하는 불편함을 없앴다. 뿐만 아니라 저장영상을 통해 가능해진 반복학습, 비대면 학습상담 등 새로운 장점들이 발견되고 실험되었으며, 특히 캠퍼스를 유지하는 막대한 비용이 절감될 수 있다는 것이 큰 장점이었다. 물론 팬데믹이 종료되면 교육기관들은 대부분 이전의 대면집합 교육방식으로 돌아가겠지만, 어떠한 형태로든 교육방식의 변화와 더불어 이를 계기로 대학 간의 새로운 교육서비스 경쟁이 불가피할 것이다. 나아가 대학 판도의 변화가 일어날 가능성도 있다. 전통적으로 일정 장소와 일정 시간에 대중들이 집합하는 양식을 가지고 있다는 점에서 교육기관과 비슷한 종교기관에도 비슷한 충격이 올 것으로 예상된다.

글로벌 가치 사슬의 변화

코로나19는 세계 190여 국가에 걸친 공중보건 재앙인 만큼 각국의 이동 차단조치로 인해 글로벌 가치 사슬GVC은 상당한 혼란과 불확실성을 겪었다. 즉, 지금까지 글로벌 기업들은 원활한 물류를 전제로 각국의 생산역량과 노동비용 등을 고려하여 '적시공급 생산방식Just-in-time'을 위주로 공급 사슬 전략을 추진했다. 세계의 물류와 생산 시스템에 공중보건 위험이라는 새롭고도 심각한 충격을 받은 만큼 공급망의 안정성을 중시하는 글로벌 공급 사슬의 변화가 불가피할 것으로 보인다. 다국적 글로벌 기업들은 공급 사슬의 불확실성을 최소화하는 방향으로 공급 사슬 전략을 개편할 것으로 예상되며, 이 과정에서 자국중심으로 공급 사슬을 개편하는 소위 리쇼어링re-shoring이 증대할 가능성이 있다.

코로나19 팬데믹이 주요국 기업들의 글로벌 공급 사슬에 미친 충격에 대한 조사에[12] 따르면, 조사대상 미국·영국·프랑스·독일·이탈리아 5개국의 1,181개 회사 중 94%가 팬데믹으로 인하여 공급 사슬에 충격을 받았다. 특히 미국의 기업들은 26%가 심각한 타격을 받은 것으로 나타났다. 조사 대상 기업들의 55%는 12개월 이내에 공급처의 변경을 고려하고 있으며, 62%는 장기적으로 공급처의 변경을 고려하고 있는 것으로 나타났다. 그럼에도 불구하고 국내로 공급처를 옮길 것을 고려하는 기업의 비중은 15% 미만에 불과하여 팬데믹이 글로벌 공급 사슬 자체를 쇠퇴시킬 것으로 보기는 어려운 것으로 나타났다.

그레이트 리셋

세계경제포럼을 주관하는 클라우스 슈밥 회장은 "만약 코로나 위기가 우리에게 무언가 보여준 것이 있다면, 그것은 정부나 기업 또는 시민사회 그룹 등 어떤 조직이든 단독으로는 시스템적인 세계적 도전에 대응할 수 없다는 것"이라고[13] 언급했다. 그렇기 때문에 "이러한 위기에 대한 납득할 만한 유일한 대안은 우리의 경제·정치·사회를 망라하는 그레이트 리셋Great Reset을 추진하는 것"이라고 역설했다. 슈밥 회장은 그중에서도 기업의 역할을 사회복지와 보편적 선善의 증진에 두는 새로운 종류의 자본주의를 만들 것을 대안으로 제시했다.

이러한 주장은 팬데믹이 부의 불균등 심화 등 더 이상 기존의 자본주의를 지속하기 어려울 정도로 갈수록 심각해지는 양극화 경향의 위험성을 드러낸 것이다. 뿐만 아니라 팬데믹은 기존의 정치가 직면하고 있는 계층 간 대립의 정치를 더욱 강화할 것이다. 이는 이미 감당할 수 없는 부채를 안고 있는 정부로 하여금 해답 없는 사회안전망 지출 압력을 가중하는 악순환 구조에 빠지게 할 수 있다. 즉, 총체적인 우려를 안고 있는 것이다. 따라서 코로나19를 계기로 정치·경제·사회 전반에 걸쳐 가치와 목표와 역할의 재설정을 통해 자본주의의 해결책을 모색해야 한다는 주장이 제기된다. 이러한 주장 자체만으로도 팬데믹 이후 전개될 세계의 난맥상을 예견한다고 할 것이다.

세계 산업 재편

"코로나 사태로 기업들은 미래를 엿볼 수 있는 드문 기회를 얻었다. 하지만 많은 기업들은 그들이 본 것을 반기지 않을 것이다. 디지털화의 가속화와 사업전환이 최우선 과제가 되었으며, 고도의 경쟁력으로 지평을 여는 가장 빠른 길은 제대로 된 딜로 M&A를 단행하는 것이다."

PwC의 파트너 **브라이언 레비**

코로나 팬데믹의 충격은 기존의 디지털 전환을 가속화하고 확산시키며 세계 산업 재편을 촉발하는 계기로 작용했다(그림 4-3 참조). 특히 코로나 팬데믹은 세계적으로 바이러스 감염 위험을 줄이기 위해 정부가 장기간에 걸쳐 강제로 광범위하게 사람 간의 접촉을 금지하거나 제한함으로써 상상할 수 없는 속도로 빠르게 언택트 시대를 열었다. 전통적인 대면 양식을 기본으로 하고 있는 직장의 근무행태, 교육, 종교활동, 사교, 여가활동 등에도 변화를 가져왔다.

그림 4-3 **코로나19 팬데믹이 디지털 전환에 미친 영향**

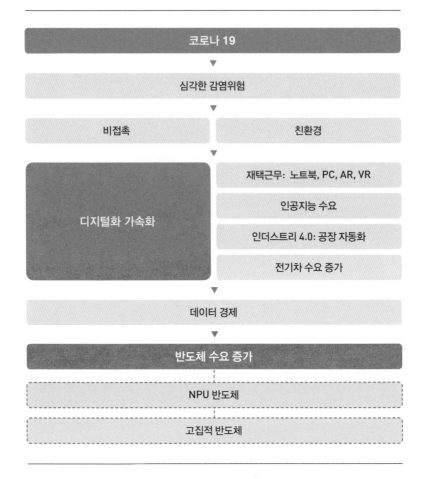

특히 재택근무와 비대면 위주의 교육방식 전환은 직접적으로 개인용 컴퓨터와 노트북 그리고 클라우드 서비스의 폭발적인 수요를 가져왔다. 파생적으로 인공지능AI · 가상현실VR · 증강현실AR의 수요도 증대시켰다. 한편 친환경 트렌드는 전기무인자동차 개발을 가속화했다. 특

히 자율주행자동차는 AI, 5G, 신경지능 반도체, 엣지 컴퓨터의 발전을 융합하여 성큼 현실로 다가서고 있다. 전기무인자동차 개발은 공기오염을 막아 기후변화를 예방하는 최고의 친환경 프로젝트이기 때문이다. 한편 공장 자동화와 로봇의 사용이 증가함으로써 소위 '인더스트리 4.0'을 가속화하는 결과를 가져왔다. 인공지능의 사용이 가전제품과 자율주행자동차 등으로 광범위하게 확산됨에 따라 생산되는 데이터의 양과 종류가 급속하게 증대했으며, 증가한 데이터를 처리하기 위해 또 클라우딩 수요가 늘어났다. 최종적으로 반도체 수요 증가를 초래했다.[14]

세계적으로 2019년 대비 2020년 노트북 판매량은 22.5% 증가했으며, 수요가 정체되었던 개인용 컴퓨터 판매량은 지난 10년간 최고 성장률인 4.8%, 반도체 매출은 2019년 0% 증가율에서 2020년 4.4% 증가하고 2021년 6.6% 증가할 것으로 전망되고 있다. 특히 파운드리 업체의 매출은 23.7% 증가했다. 한편 코로나 팬데믹의 충격으로 친환경에 대한 의식이 커지면서 전기자동차 수요가 폭발적으로 증가했다. 2020년 세계 전기자동차 판매는 43% 증가했다.

장기 저금리가 혁신의 동력

앞에서 코로나 팬데믹의 충격으로 인해 과잉 유동성이 공급되고, 그 결과 저금리가 장기화할 것이 예상된다는 점을 살펴본 바 있다. 저금리가 장기화되면서 주식 투자의 위험 프리미엄equity risk premium은 낮아지고,[15] 그 결과 잉여 유동성이 증권시장으로 유입되었다. 이에 따라 주가가 상승하여 기업들로 하여금 자금조달을 용이하게 하는 동시에 자금조달 비용을 낮추는 작용을 함으로써 기업의 투자를 촉진한다.

주목해야 할 사실은 저금리 환경에 대한 반응에 있어 산업을 이끌어가는 혁신기업과 선두기업의 전략을 추종하는 일반기업들의 행태에는 상당한 차이가 있다는 점이다.[16] 선두기업들의 대규모 투자는 산업구조의 집중화와 이익 확대로 산업을 재편한다. 뿐만 아니라 산업구조의 재편은 전반적인 물가수준을 낮추는 결과를 가져와 디플레이션을 장기화시키고, 다시 디플레이션은 저금리를 장기화시키는 결과를 가져온다.

즉, 저금리는 선두기업들로 하여금 기술주도 성장을 촉진하고, 선두기업들은 보다 낮은 비용으로 더 많이 생산함으로써 저물가를 가져온다는 것이다.[17] 이보다 더 주목해야 할 양상은 선두 기술기업들에 의한 '기술혁신'의 파도는 아직 2020년대에 전기자동차, 자율주행자동차, 인공지능, 신경망 반도체, 5G, 친환경 에너지, 퀀텀 컴퓨팅 등의 분야에서 전례 없는 확산과 융합을 통해 진정한 의미의 '4차 산업혁명'을 향한 대도약의 초기 단계에 있다는 것이다.

테슬라의 'Price Dream Ratio'

2021년 2월 12일 현재 테슬라의 주가수익배수PER는 1,298배로 GM의 12.4배보다 105배 높고 시가총액은 10배 많다. 반면에 테슬라의 주당순이익EPS은 0.63 달러로 GM 4.32달러의 1/7에 불과하고 테슬라의 연간 판매액은 GM의 18%에 불과하다. 테슬라의 시가총액은 네덜란드 GDP의 80%, 한국 GDP의 48%, 이탈리아 GDP의 38%에 맞먹는 규모가 되었다.[18] 이 정도면 GM은 PER을 산출한 것이지만, 테슬라는 PER이 아니라 PDRPrice Dream Ratio(테슬라의 꿈에 대비한 주가비율)을 산출한 것이라는 비유가 설득력 있게 들린다.

테슬라의 사례는 물론 예외적인 경우이지만, 미래의 기술을 지배할 가능성이 있는 첨단 기술기업에 대한 미국 증권시장의 열풍을 반영한다는 점에서 흥미로운 뿐만 아니라 주목할 가치가 있다. 일론 머스크는 2003년 테슬라를 세우고 2010년 6월 주당 17달러로 나스닥에 공모 상장했다. 테슬라는 설립 이래 2019년 2분기까지 적자를 계속 누적해왔다. 2019년 사업보고서에는 "테슬라는 주주들에게 현금 배당을 약속한 바 없으며, 가까운 장래에 현금 배당을 할 가능성도 없다"고 공시하고 있다.

이러한 테슬라의 신화는 2018년 최대의 위기를 맞았다. 2017년 테슬라는 22억 달러의 최대 적자를 기록했으며, 무디스로부터 정크본드 등급인 CCC등급, 발행금리 5.3%에 2022년 만기 선순위 채권으로 7억 5,000만 달러를 조달하고, 보통주 발행으로 2억 5,000만 달러를 발행하여 유동성 위기를 넘겼다. 2018년에도 심각한 유동성 위기가 계속되어 1년간 임원이 59명 퇴사하고, 2017년 말 대비 직원의 9%(37,543명 중 3,400명)를 해고했다. 테슬라 이사회는 2018년 8월 8일 상장 폐지안을 수차례 논의했다는 성명을 발표했으며, 일론 머스크는 2018년 8월 9일 자신의 트위터 계정에 '상장 폐지를 검토 중'이라고 올

렸다. 이후 번복했으나 이 일로 인하여 미국 증권거래위원회SEC로부터 주가 조작혐의로 조사를 받았으며, 공매도 투자자들로부터 집단소송을 당하기도 했다.

2019년 보통주 발행으로 8억 4,800만 달러, 전환사채로 106억 6,900만 달러를 조달했으며, 창사 이래 16년 만에 처음으로 2019년 3분기부터 중국시장에서 전기자동차의 매출 급신장에 힘입어 흑자로 전환했다. 테슬라는 2019년 말까지 무배당으로 127억 3,700만 달러를 조달하여 누적 적자로 불입자본의 48%에 해당하는 60억 8,300만 달러를 상각하고 66억 1,800만 달러의 자기자본과 그 4배에 달하는 부채를 가지고 있다. 2019년 중국시장에서 테슬라 자동차 판매가 급증한데 이어 2020년 코로나 팬데믹으로 친환경이 시대의 트렌드로 부각되자 2020년 테슬라는 사상 처음으로 연간 자동차 50만 대를 생산한 것으로 알려졌다.

일론 머스크는 테슬라의 약 20% 지분을 가지고 있으므로 차입을 통해 자기지분액의 약 26배의 자산을 운영하고 있다. 어떻게 그것이 가능한가? 그 이유는 바로 투자자들이 일론 머스크의 꿈을 성원하고 있기 때문이며, 투자자들이 배당을 받지도 못하는 주식에 투자하는 데 열광하는 이유는 저금리 여건으로 인해 주식의 위험 프리미엄이 매우 낮은 수준이기 때문이다. 즉, 현금을 갖는 것보다는 주식을 갖는 것이 유리하고, 더구나 미래가치로 따지면 테슬라가 최선의 선택이라고 생각하는 것으로 해석된다.

격동하는 세계 자동차산업

2021년 새해 벽두에 자동차 생산량으로 세계 4위에 있던 현대자동차 그룹은 하루아침에 세계 5위 업체로 밀려났다. 미국의 피아트 크라이슬러Fiat Chrysler와 프랑스의 PSA그룹의 합병으로 세계 4위의 자동차 기업이 출현했기 때문이다. 한편 구글은 2020년 자율주행자동차 기술 업체인 죽스Zoox를 매입했으며, 한편 현대자동차는 2020년 12월 미국의 보스턴 로보틱스를 인수했다. 최근 애플은 2024년 자율주행자동차 생산을 목표로 현대자동차에 생산 협업을 요청한 것으로 알려졌다. 한편 아마존은 전기자동차 스타트업인 라이반 자동차Rivan Automotive의 지분을 취득하고 운반용 차량으로 10만 대를 주문했다. 그런가 하면 LG전자는 세계 3위의 자동차 부품업체인 캐나다의 마그나 인터내셔널과 전기자동차 파워트레인을 만드는 합작법인을 설립하기로 합의했다. 또 GM은 2025년까지 전기자동차와 자율주행 프로그램 개발에 270억 달러를 투자하여 30종 이상의 전기자동차를 생산할 것을 발표했다. 그리고 2035년까지 휘발유와 디젤 엔진 자동차의 생산과 판매를 중단하고 상업용 트럭을 제외하고는 전적으로 전기자동차를 생산할 것이라고 발표했다.

마이크로소프트는 GM이 대주주로 있는 자율주행자동차 스타트업 기업인 크루즈Cruse에 20억 달러 이상을 투자하고, 크루즈가 개발하는 자율주행자동차에 클라우딩 컴퓨팅 서비스를 제공할 계획을 발표했다.[19] 한편 세계 최대의 자동차 메이커인 폭스바겐은 테슬라를 추격하기 위해 앞으로 5년간 500억 달러를 투입하는 프로젝트를 발표했다.[20]

2020년 미국 자동차 시장에서 전기자동차의 점유율은 1.6%에 불과했으나 바이든 행정부의 친환경 정책 등을 고려하면 2030년까지 전기자동차의 비중은 26%까지 확대된다는 전망도 있다.[21] 독일의 자동차 시장은 2020년 19% 감소하는 가운데 전기자동차 시장은 206.8% 증가하여 점유율이 2019년 2%에서 6.7%로 뛰어올랐다. 이와 같이 전기자동차와 자율주행자동차 개발을 둘러싸고 아마존·애플·마이크로소프트 등 기술공룡 기업들과 자동차 제조업체들은 기술과 자본의 합종연횡으로 2020년대의 부와 산업 재편의 주도권을 장악하기 위해 치열한 경쟁 중이다.

기술 거대기업들이 자율주행자동차에 참여하는 이유는 자율주행자동차는 디지털 전환의 첨단기술을 망라하는 센서, AI, 엣지 컴퓨터, 신경망 반도체NPU, 5G의 융합 자동차이며, 1886년 현대적인 자동차의 효시라고 할 수 있는 벤츠자동차가 출현한 이래 자동차 역사의 최대 혁명이라고 할 수 있기 때문이다. 그동안 매년 135만 명의 인명이 차 사고로 사망했지만, 운전자를 대신한 알고리즘 AI는 술을 먹거나 졸거나 한눈을 팔아서 사고를 낼 염려가 없기 때문에 자동차 운전으로 인한 인명 사고를 획기적으로 줄일 수 있다. 미국의 경우 자동차는 지구 온난화를 가져오는 열 배출의 30%를 차지하는 동시에 도시의 공기 오염의 주된 원인이었으나, 전기자동차는 도로 사용을 제외하고는 거의 환경을 손상시키지 않는다.[22]

하지만 자율주행자동차는 매 시간당 수 기가바이트의 데이터를 처리할 수 있는 계산 능력을 필요로 하고 자동차에 장치된 엣지 컴퓨터는 컴퓨터 센터의 중앙 컴퓨터와 통신을 해야 한다. 이에 따라 통신 시

그림 4-4 세계 시가총액 10대 자동차 메이커

단위: 십억 달러

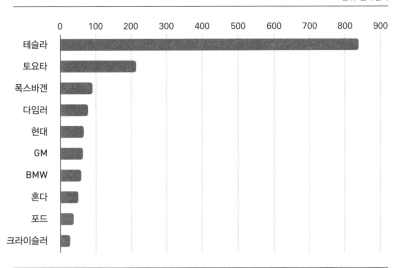

자료: WSJ. 〈Making an 애플 EV Is a Poisoned Chalice for Car Companies〉. 2021.01.11.

간과 보안 문제를 수반하기 때문에 중앙 컴퓨터의 지원을 필요로 하지 않을 만큼 빠른 연산 능력을 가진 엣지 컴퓨터를 필요로 한다. 이런 엣지 컴퓨터의 경우 신경망 반도체를 장착해야 하고 5G 통신 지원이 필수적이다. 그렇다면 전기자율주행자동차의 가격은 얼마나 할까? 차체 가격은 별도로 하고 자율주행시스템에 드는 가격만으로 7만 달러에서 15만 달러에 이를 것으로 추산되고 있으며, 이 가격은 현재 신차 가격의 4배에 달한다.[23]

자동차산업은 2030년까지 9조 달러 규모의 산업으로 성장할 것으로 전망되고 있으며, 이중 신차 판매의 비중은 38%에 이를 것으로 전망되고 있다.[24] 이러한 거대 시장을 앞두고 글로벌 자동차업체들과 애플·구글·마이크로소프트 등 세계 최대의 기술기업들까지 참여하여 사활을 건 경쟁을 하고 있다. 현재 테슬라는 미국의 배터리 충전식 전기자동차 시장의 79%를 차지하고 있으나, GM은 물론 거대 기술기업들까지 전기자율주행자동차 시장에 참여함에 따라 거센 도전을 받고 있다.

하지만 전기자율주행자동차 시장에서 테슬라의 경쟁력은 우위에 있다. 이미 현재 40만 대의 테슬라 전기자동차가 거리에서 주행하고 있으며, 자율주행을 훈련하는 기계학습machine learning 프로그램을 장착하고 있어 데이터의 축적과 학습효과를 통해 보다 안전한 소프트웨어를 개발하는 데 유리한 입장을 선점하고 있다. 그렇다면 테슬라가 자율주행자동차 산업의 승자가 될 것인가? 알파벳 그룹의 자율주행기술개발 회사인 웨이모Waymo가 테슬라와는 다른 전략으로 경쟁하고 있다. 테슬라가 운전자 지원 자율주행시스템을 지향하는 반면에 웨이모는 완성형 자율주행시스템을 추구하고 있다. 누가 자율주행자동차 시장을 선점할지는 모르지만 분명한 사실은 승자는 소수이며, 다수의 치명적인 상처를 입은 패자들이 나올 것이라는 점이다.

바이오·제약·핀테크

2020년은 코로나 팬데믹으로 인해 제약업에 대한 관심이 크게 높아졌음에도 불구하고 생명과학 산업 전체적으로 2020년 딜 규모는 1,590억 달러(Ernst & Young 추정)로 2019년 2,000억 달러 수준에 미치지 못하는 것으로 알려졌다. PwC에 따르면 2020년 생명과학 산업의 딜 규모는 1,842억 달러로 2019년 대비 48.6% 감소했으며, 딜 건수는 2% 감소한 것으로 보고 있다.[25] 그러나 이와 같이 생명과학 산업의 딜이 침체된 이유는 역설적이다. 대형 제약업체뿐만 아니라 블랙스톤이나 KKR 등 사모펀드도 성공 가능성이 있는 생명과학 벤처들을 노리고 있다. 따라서 벤처 내지는 아직 업력이 작은 업체도 대형 제약업체나 펀드에 매각함으로써 자금을 조달하는 것이 쉬워지고 있다. 오히려 기업을 시장에 내놓는 것 자체를 기피하는 경향이 나타나고 있기 때문이다.

디지털 기술의 발전과 생명과학 발전이 융합함으로써 생명과학 산업은 새로운 도약기를 맞고 있다. 2020년 노벨상 화학 분야에서 '5세대 유전자 가위'를 개발한 업적으로 독일의 에마뉘엘 샤르팡티에Emmanuelle Charpentier와 미국의 제니퍼 다우드나Jennifer A. Doudna 박사가 수상한 바와 같이 DNA 분석 기술의 발전은 질병치료에 새로운 지평을 열었다. 디지털 기술의 발전이 치료에 미친 대표적인 사례로 주의력 결핍 과잉행동장애ADHD의 경우 디지털 치료가 전통적인 약물 치료를 대신할 가능성을 보여주고 있으며, 디지털 시스템을 이용한 원격진료와 수술 기술이 비약적으로 발전하고 있다.

2020년 생명과학 산업에서 발생한 가장 주목되는 사건으로 아스트라제네카AstraZeneca의 알렉시온 파마슈티컬스Alexion Pharmaceuticals 매수와 바이온텍/화이자BioNTech/Pfizer의 코로나 백신 개발을 들 수 있다. 2020년 12월 12일 암, 당뇨병, 호흡기 치료제를 주로 생산하는 아스트라제네카는 희귀병 치료제를 전문으로 생산하는 알렉시온 파마슈티컬스를

$390억 달러에 매수할 계획임을 발표했다. 알렉시온 파마슈티컬스를 매수함으로써 장기적으로는 면역 치료제 분야의 주도권을 확보하려는 전략이다.[26] 한편 WHO는 세계 300여 개의 제약업체가 코로나 백신 개발에 참여하고 있다고 밝힌 바 있으며, 이중에서 바이온텍/화이자가 개발한 백신이 가장 먼저 사용 허가를 받았다. 바이온텍은 2019년 10월 나스닥에 주당 12.75 달러로 거래를 시작해서 2020년 12월 8일 127달러로 최고가 상승했다.

2020년 미국 바이오와 제약 벤처 딜은 998건에 274억 달러로 2019년 대비 건수로는 7% 증가했으나, 딜 규모로는 58.4%가 증가했다. 이와 같이 딜 규모가 급증한 이유는 딜의 평균 규모가 2019년 2,100만 달러에서 2020년 3,000만 달러로 43% 증가했기 때문이다. 핀테크의 경우 딜 건수는 2019년 대비 9% 감소했으나 금액으로는 205억 달러로 2019년 162억 달러에 대비하여 27%가 증가했다.

금융시장의 넘치는 자금은 잠재적으로 수익률이 높은 벤처산업으로 유입되어 전 산업에 걸쳐 기술혁신을 촉진하고 있다. 특히 정보통신기술과 데이터 처리 및 분석기술의 발전과 생명과학기술의 발전이 상호 융합되어 새로운 기술혁명의 시대를 열고 있다. 미래의 시장과 수익을 선점하고자 하는 기업들의 도전은 산업 전반에 걸쳐 선두 혁신기업을 중심으로 한 산업 집중화의 구조 개편으로 나타나고 있다.

반도체 시대

"자동차 생산의 지연을 야기하여 미국 근로자들의 시간을 삭감하는 결과를 가져온 것은 바로 '21세기 편자의 못'이라고 할 수 있는 반도체다. 이 반도체는 우표보다 작고 사람 머리카락보다 1만 배 얇은 트랜지스터 80억 개를 넘게 담고 있다. 이 칩은 자동차뿐만 아니라 스마트폰·텔레비전·의료진단기구 등 현대 생활의 많은 부분을 가능케 하는 경이로운 혁신이자 미국에 큰 힘이 되는 밑그림이기도 하다."

2021년 2월 24일 **바이든 미국 대통령**

디지털 전환의 가속화는 제품과 서비스 그리고 산업 전반에 걸쳐 최종적으로 반도체의 수요 급증을 가져왔다. 이런 이유로 2021년 반도체 세계시장 규모는 8.4% 증가하여 2020년 5.1%를 크게 능가할 것으로 전망하고 있다. 특히 자동차용 반도체와 파운드리는 세계적인 공급 부족으로 제품 생산을 제약할 정도로 심각한 상황에 있는 반면에 반도체의 공급역량은 경직성이 심각하여 단기간에 해결될 수 없다. 그

그림 4-5 세계 반도체 시장 규모 추이

단위: 십억 달러

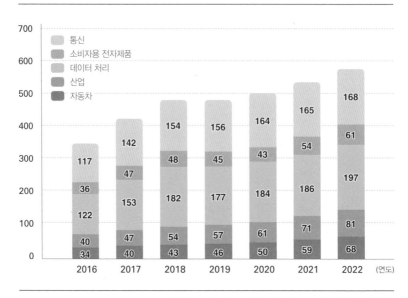

자료: www.Statista.com 'Semiconductor market size by aplication
type worldwide 2016-2022'. 2021.01.06.

결과 코로나 팬데믹의 충격이 가세된 반도체 슈퍼 사이클은 과거의 순환 사이클과는 달리 장기화할 가능성이 구조적으로 높아지고 있다. 현재 세계 반도체 업계에 전개되고 있는 산업구조 변화는 과거와 같은 순환 사이클을 전제로 일어나는 공급역량 확대와는 성격이 다르다.

이러한 첨단 기술산업의 발전이 촉진됨에 따라 시장을 선점하기 위한 기업 간의 경쟁은 세계의 산업지도를 재편하고 있다. 주목해야 할 사실은 글로벌 기업들의 산업 재편이 "왜 2020년 격렬하게 일어났으며, 이러한 양상이 2020대의 세계 경제에 의미하는 바가 무엇인가?"

하는 점이다. S&P 500 IT 지수의 추이를 살펴보면, 2008년 세계 금융 위기의 충격으로 인한 세계 경제의 침체로 동 지수는 2011년 초 대비 2017년 초 6년간 117% 상승에 그쳤으며, 2017년 초 대비해 2020년 초 3년간 동 지수는 56%가 상승했다. 반면에 2020년 2월 대비 2021년 2월 1년간 동 지수는 36%가 상승했다. 또 S&P 500 기술장비산업 지수는 2011년 초 대비 2017년 초 6년간 101% 상승에 그쳤다. 2017년 초 대비 2020년 초 3년간은 47% 상승했으나 2020년 2월 대비 2021년 2월 1년간 동 지수는 53% 상승했다.

반도체 산업의 재편

코로나 팬데믹으로 반도체 수요가 급증함에 따라 세계 반도체 업계는 대형 인수합병으로 격동하고 있다. 2020년 반도체 기업들의 M&A 규모는 1,180억 달러로 2017~2019년 합계액인 865억 달러보다 36%가 크다. 작년 세계적 그래픽처리장치GPU 생산업체인 엔비디아NVIDIA가 영국 반도체 설계회사인 ARM을 인수하자, 퀄컴Qualcomm은 칩의 중앙처리장치CPU 업체인 누비아Nuvia를 인수한다고 발표했다.

한편 미국 반도체와 디스플레이 생산에 사용되는 재료공학 솔루션 분야 세계 1위인 어프라이드 머티리얼즈Applied Materials는 2019년 7월 웨이퍼에 전기회로의 기본막을 만드는 성막장치 분야 전문업체인 일본의 고쿠사이 일렉트릭 인수계약을 체결했다. 게임용 CPU의 강자 AMD는 2020년 10월 설계변경 가능 반도체 1위인 자일링스Xilinx를 350억 달러에 인수합병함으로써 데이터 센터용 칩 시장에서 인텔에 대한 경쟁력을 강화했다. 한편 우리나라 하이닉스는 2020년 인텔의 낸드 메모리 사업을 인수했다.

한편 삼성전자와 대만의 TSMC는 3D 적층기술을 두고 치열한 경쟁을 벌이고 있다. 삼성전자가 2020년 8월 3D 적층기술 솔루션 엑스큐브x-Cub를 개발하여 7나노 반도체에 적용한 테스트 칩에 대응하여, TSMC의 CEO 웨이저쟈魏哲家는 2020년 경영실적 컨퍼런스 콜에서 2022년 3D 적층기술인 SoIC 대량생산을 목표하고 있음을 밝혔다. 세계에서 10나노 이하 미세공정을 할 수 있는 파운드리 기업인 TSMC와 삼성전자는 10나노 이하 초미세공정에서 공정 미세화의 한계를 극복할 수 있는 3D 적층기술 등 첨단 패키징 기술을 개발하며 경쟁하고 있다.

TSMC는 2021년 250억 달러에서 최대 280억 달러의 투자하고 투자금액의 80%를 7나노, 5나노, 3나노 미세공정 개발에 투자할 계획을 발표했다. TSMC는 2022년 3나노 공정 생산을 목표로 하고 있다. 한편 삼성전자는 CES2021에서 5G서비스 시장에서 구글과 마이크로소프트와 동맹을 맺었음을 밝혔다. 삼성전자는 스마트폰, 통신장비 등 전자기기에 강점이 있으며, 구글은 콘텐츠에서 강점을 가지고 있어 삼성전자와 구글의 협업은 5G에서 가능한 풀 HD 비디오 채팅을 공급하는 데 강점이 있다. 풀 HD 비디오 채팅은 많은 이용자들이 동시에 고화질의 영상을 주고받는 서비스이므로 대용량의 데이터 통신망을 필요로 한다. 한편 5G를 통해 게임을 스마트폰에 내려받지 않고 클라우드에 접속해 게임을 즐길 수 있는 클라우드 게임 서비스를 제공하

는 데 삼성전자의 기기와 마이크로소프트의 클라우딩 서비스가 협업할 계획이다.[27]

디바이스와 칩의 대결

전통적으로 애플과 같은 전자기기 업체(디바이스 업체)들과 칩 제조기업은 분업체제를 유지해왔다. 인텔과 AMD는 칩의 설계와 제조를 함께하는 대표적인 종합 칩 제조업체이며, 그래픽 전문업체로 엔비디아Nvidia가 있다. 한편 칩을 수요로 하는 디바이스 업체로는 아마존, 마이크로소프트, 구글, 애플 등이 있다. 그러나 디바이스 업체들은 기업 규모와 자본력을 갖춤에 따라 자신이 쓰는 칩에 대한 전문성을 가지고 내부에서 칩을 설계하고 생산하고자 하는 움직임을 보이고 있다.[28] 구글은 가장 먼저 2016년 칩 생산에 착수했으며 마이크로소프트는 칩을 개발해왔다. 아마존은 2020년 12월 인공지능의 데이터 학습용 알고리즘의 성능을 높이기 위해 새로 자체 개발한 칩을 공개했다.

특히 코로나 팬데믹으로 클라우드 컴퓨팅에 대한 수요가 급증함에 따라 원거리 서버를 이용하는 디지털 기기를 판매하는 아마존, 마이크로소프트, 구글 등이 호황을 누렸다. 디바이스 기기업체들은 고객의 요구에 맞는 칩을 설계하는 데 전통적인 칩 제조 전문업체보다 강점을 가지고 있을 뿐만 아니라 칩을 설계하고 생산할 수 있을 만큼 충분한 자본력을 확보하고 있다. 또한 칩 개발의 주도권을 장악하고 비용절감 및 자신들의 요구에 맞는 칩을 확보하기 위해 핵심 칩을 스스로 개발하려는 움직임이 확산되고 있다.

특히 아마존, 마이크로소프트, 구글 등 데이터 센터의 인공지능 훈련용 프로세서와 크라우딩 서비스에 효율적인 칩을 개발하고 있다. 한편 애플은 아이폰의 RF 프론트엔드 모듈RF front-end Module(안테나와 수신기 사이의 모든 회로를 조합하는 디바이스 패널, 영상응답을 최소한으로 억제하고 강력한 대역 외 신호가 입력단을 포화시키는 것을 막는 기능을 하는 패널)을 퀄컴으로부터 공급받아 왔으나, 애플은 자신의 칩을 개발하고 있는 것으로 알려졌다.[29]

인공지능과 엣지 컴퓨터의 일반화

디바이스 업체들이 자신의 칩을 직접 설계하려고 하는 데는 또 다른 중요한 기술적인 이유가 있다. 그것은 바로 인공지능과 엣지 컴퓨터가 일반화되고 중요성이 높아졌다는 점이다. 지금까지 자동차에 장착된 엣지 컴퓨터는 포착된 데이터를 직접 처리하지 못하고 중앙 데이터센터로 데이터를 보내서 해답을 기다리는 것으로 반응했다. 문제는 이 과정에서 시간이 소모되어 자동차가 필요로 하는 즉각적인 반응의 요구를 충족하는 데 미흡할 뿐만 아니라 데이터가 노출됨으로써 보안문제가 발생한다. 또한 기존 반도체는 정형의 데이터만 처리가 가능하며, 비정형 데이터를 효과적으로 처리할 수 없는 기술적 한계를 가지고 있었다. 이에 따라 디바이스에 장착된 엣지 컴퓨터에서 전기를 공급받아 인공지능이 작동하여 바로 처리할 필요성이 발생했다. 이러한 요구에 대응하여 개발된 반도체가 NPU Neural Processing Unit(신경망 반도체)다. NPU는 기존 CPU의 40배 연산 능력을 가지고 인간의 신경망을 본떠 비정형 데이터를 처리할 수 있다.

애플은 2010년대 후반 아이폰에 사용할 NPU 개발에 착수했으며, 그 성과로 2017년 애플의 뉴럴엔진의 인공지능 칩 A11 Bionic Chip 을 개발하여 아이폰8에 사용했다. 화웨이가 개발한 '기린 Kirin 970'도 NPU 칩이다. 삼성전자는 2019년 10월 '엑시노스 Exynos 990'을 발표했으나 전력 효율성 문제로 상용화에 실패한 바 있다. 퀄컴이 2020년 12월 차세대 모바일 플랫폼으로 '스냅드래곤 snapdragon 888'을 공개한 데 이어, 2021년 1월 열린 전자박람회 CES에서 삼성전자는 '엑시노스 2100'을[30] 발표했다. 이로써 두 회사는 5나노 기반 모바일 플랫폼 시장을 두고 주도권 경쟁을 다투는 것이 불가피해졌다. 엑시노스 2100은 삼성전자가 영국의 반도체 설계자산 회사인 ARM과 협력하여 개발한 5나노 초미세 플래그십 애플리케이션으로 연산 기능을 수행하는 중앙처리장치 CPU와 그래픽처리장치 GPU에 통신기능을 수행하는 모뎀 칩을 하나로 통합한 5G 통합 칩이다. 초당 26조 번 이상의 AI 연산을 할 수 있으며, 증강현실과 가상현실, 주요 주파수를 모두 지원할 수 있는 5G 스마트폰용이다.

데이터 경제의 출현

대량의 데이터를 알고리즘으로 분석하여 어떤 사안에 대한 전략적 분석이나 예측을 가능케 하는 소위 데이터 경제의 규모는 현재 2조 달러 규모에서 2030년 26조 달러로 급성장할 것이며, 성장과정에 수반되는 전환비용을 삭감하고도 순효과로 16조 달러의 산업으로 성장할 것으로 예측되고 있다(그림 4-6 참조). AI의 사용범위는 기업은 물론 가정용 기기와 소프트웨어에도 기하급수적으로 확대되고 있으며, 이에 AI가 생산하는 데이터가 급속하게 증가하고 있다.

머신러닝Machine Learning의 가치 사슬은 데이터는 수집, 데이터의 저

그림 4-6 AI의 경제적 충격

단위: %

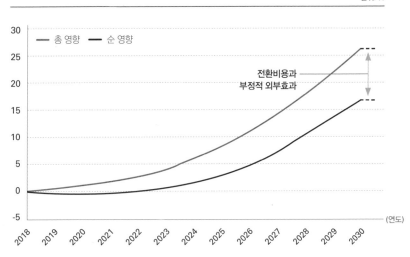

자료: Mckinsey Global Institute. 《Notes From The AI Frontier: Modeling the Inpact of AI on the World Economy》. 2018. 09, p23

장, 데이터 준비, 알고리즘 훈련, 애플리케이션 개발로 연결된다. 이러한 머신러닝 가치 사슬을 통해 데이터의 양은 급속하게 확대되고, 증가한 데이터의 양은 AI에게 처리 부담을 증가시킨다. 따라서 이러한 머신러닝 가치 사슬이 운영되기 위해서는 기하급수적으로 증가된 데이터 양과 복잡한 내용을 처리할 수 있는 연산능력을 갖춘 반도체를 필요로 한다. 따라서 데이터 경제의 성징속도가 빨라질수록 반도체의 양과 연산능력에 대한 수요도 기하급수적으로 증가한다.

한편 미국 연방통신위원회FCC는 2021년 1월 15일 5G 중대역 주파수를 경매에 붙여 809억 달러로 마무리지었다. 이 경매로 미국의 5G 투자가 본격화되면서 디바이스 기업들과 반도체 제조업체들은 새로운 5G 시장에서 치열한 경쟁을 벌일 것으로 예상된다.

'무어의 법칙'의 저주

2021년 1월 칩 부족으로 자동차 공장 가동을 멈추고 있는 독일은 외교 채널을 통해 대만의 TSMC에 자동차 칩의 공급을 요청했다. 칩의 부족은 자동차산업뿐만 아니라 가전제품을 비롯하여 제조업 전반으로 확산되고 있어 2021년 세계 경제 최대의 문제로 등장할 가능성이 높다. 코로나 팬데믹으로 2020년 상반기 시장 수요가 급격하게 위축됨에 따라 가전업체와 자동차 제조업체들은 칩 주문을 축소했으며, 그 결과로 칩 생산도 감소했다. 하지만 하반기 들어 예상보다 세계 공산품 수요가 빠르게 회복되면서 역으로 부품 부족 문제가 발생하게 되었다. 그러나 반도체 생산은 수요가 회복되었다고 해서 신축적으로 공급량을 확대할 수 있는 산업이 아닌 만큼 공급 부족 문제를 해소하는 데 상당한 시간이 필요하다.

2019년 CES 2019에서 엔비디아의 CEO 젠슨 황$_{Jensen\ Huang}$이 "Moore's Law is dead"를 선언했던 바와 같이 인텔·삼성전자·TSMC 등 반도체 칩 제조업계에서는 7나노칩을 분수령으로 하여 무어의 법칙 시대가 끝났다. 그렇다면 무어의 법칙 다음은 무엇인가?[31] 현재 무어의 법칙 시대에 컴퓨터 산업과 반도채 시장의 성장을 이끌었던 일반목적 반도체 칩 시장은 상대적으로 위축되는 반면 애플 등 디바이스 업체가 주도하는 특수목적 반도체 시장이 빠른 속도로 증가하고 있다.

반도체 산업에 나타난 분명한 변화는 특수목적 반도체와 일반 범용 반도체로 시장이 분할되기 시작했다는 점이다.[32] 특수목적 칩은 수요자인 디바이스 업체가 자신의 수요자 요구에 맞는 기능에 집중하여 설계된 만큼 범용성은 떨어지고 훨씬 정밀도가 높다. 맥킨지 조사에 따르면 5나노칩의 디자인 비용은 10나노보다 3.1배 높으며, 팹 모듈 $_{fab\ Module}$ 건설비용은 3.17배 더 높다. 뿐만 아니라 팹 모듈 생산 구조물을 하나 건설하는 데 12~24개월, 여기에 장비를 설치하고 생산 시스템을 갖추는 데 12~16개월이 소요된다.[33] 이 기간 동안 시장 수요의 변동은 반도체 제조업체의 위험으로 남는다. 즉, 특수목적 반도체 시장이 확대될수록 반도체 생산비용이 기하급수적으로 상승하는 시대의 도래가 불가피하다는 점이다. 따라서 현재 나타나고 있는 칩의 수급 불균형 문제는 일시적인 마찰적 양상이 아니라 무어의 법칙 시대가 종료된 후 진행되고 있는 반도체 시장의 구조적인 양상일 가능성이 크다는 점에 주목해야 한다.

정리하면, 칩의 수요는 구조적으로 급증하는 반면에 공급 능력의 확대 속도는 현저하게 저하됨으로써 반도체 칩의 부족과 가격 상승 문제는 반도체 산업의 구조적인 문제로 제기되고 있다. 뿐만 아니라 앞서 살펴본 바와 같이 디바이스 업체들이 자신이 필요로 하는 특수한 반도체 개발의 주도권을 장악하여 사용 목적별로 반도체 시장이 분할되고 있다. 이에 따라 칩의 범용성이 낮아짐으로써 생산비용을 낮출 수 있는 규모의 경제를 확보하기 어렵다는 문제가 생긴다. 무어의 법칙의 소멸은 반도체 시장을 분할구조로 바꾸고, 그 결과 칩 수요 기업들은 더 높은 가격을 부담해야 한다. 따라서 반도체 산업 내부적으로는 비용 상승을 최소화하여 시장 경쟁력을 강화하기 위한 치열한 경쟁이 불가피해졌다.[34]

기술국가주의와 한·미·중·일의 산업 재편 경쟁

"기술국가주의는 기술혁신을 국가안보와 경제적 번영 및 사회안정을 도모하는 국가 역량에 직결되는 것으로 보는 중상주의적 사고의 새로운 조류다. … 기술국가주의는 관련주체들이 국내로나 세계적으로 경쟁적 우위뿐만 아니라 나아가 지정학적 이익을 얻을 수 있도록 도모한다. 기술국가주의는 세계가 서방국가들의 자유방임모델과 중국의 국가중심 자본주의 간의 체제 경쟁이 새로운 단계로 진입한 결과로 조성된 양상이다. "

2019년 12월 20일 싱가포르대 비즈니스스쿨 연구원 **알렉스 카프리**

세계 각국의 산업과 주요 기업들은 2020년 코로나19를 전후하여 포스트 코로나 시대의 세계시장 주도권 확보를 두고 치열한 산업 재편 경쟁에 돌입했다. 이 산업 재편 경쟁을 주목해야 하는 이유는 직접적으로는 포스트 코로나 시대의 세계 경제 속에서 각국 경제의 위상과 국민들의 고용 및 일자리가 걸려 있을 뿐만 아니라 국제정치적으로는 미국과 중국 간의 기술패권 다툼과 한국과 일본 간의 무역마찰과 관련되어 있기 때문이다.

먼저 이 중요한 세계 핵심산업의 재편 경쟁이 포스트 코로나 시대를 앞둔 이 시점에서 전개되고 있느냐 하는 점을 주목할 필요가 있다. 세계 경제가 2008년 세계 금융위기의 후유증 때문에 2016년 하반기부터 본격적으로 회복되기 시작하여 2018년까지 강한 성장세를 지속함으로써 투자 재원을 비롯한 경쟁력을 확보하다가 2019년 세계 경제의 침체로 주춤한 상황에서 2020년 코로나 팬데믹 사태를 맞았다. 그리고 핵심 산업들이 내부적으로 구조 혁신의 모멘텀을 맞고 있었다. 자동차산업에서는 전기자동차가 휘발유와 디젤 엔진 자동차의 대안으로 부상하고 있었으며, 반도체 산업에서는 무어의 법칙이 끝난 후 구조 혁신을 모색하는 시점이었다. 생명과학과 제약 분야에서는 유전자 분석 등 그동안의 기술 축적과 데이터 처리 등 정보통신기술의 발전에 힘입어 새로운 도약 기반이 마련되어 있었다.

2015~2019년 동안 7대 신기술 분야(인공지능, 로보틱스, 사이버 보안, 블록체인, 사물인터넷, 가상현실, 증강현실)에 대한 세계 벤처 투자액은 급증했다(그림 4-7 참조). 한편 세계 경제의 장기침체에도 불구하고 미국·중국·EU의 R&D 지출규모는 2000년대에 들어 지속적으로 크게 증가했다(그림 4-8 참조). 이러한 산업 내부적 구조혁신 요인이 성숙한 시점에서 언택트와 친환경으로 집약되는 코로나19의 충격이 가해짐으로써 주요 산업의 구조혁신이 가속화되고 있다. 각 산업에서 구조혁신을 통해 포스트 코로나 시대의 세계 시장에서 주도권을 다투는 경쟁 양상을 더욱 복잡하게 한 것은 2018년부터 본격화된 미국과 중국 간의 기

술패권 다툼, 대만 해협을 둘러싼 중국과 미국 간의 긴장 고조, 한국과 일본 간의 통상 마찰 등 국제정치적 요소들이다.

미·중 간의 기술 패권 경쟁

2015~2019년간 7대 신기술 분야(인공지능, 로보틱스, 사이버 보안, 블록체인, 사물인터넷, 가상현실, 증강현실)에 대한 세계 벤처 투자액의 91%를 세계 상위 10개국이 차지하고 있다. 이중에서도 미국은 60%, 중국은 14.5%, 영국은 4%를 차지하여 여전히 미국의 기술개발 주도권은 압도적인 것으로 나타났다.

7대 신기술 분야에 대한 세계 벤처 투자액에서 차지하는 미국과 중국의 비중을 비교해보면, 인공지능 분야에서 미국 56% 대 중국 22%, 로보틱스 분야에서 미국 68% 대 중국 18%, 블록체인 분야에서 미국 35% 대 중국 6%로 미국은 중국에 절대적인 우위를 보였다. 이러한 첨단 기술의 미국 우위에도 불구하고 미국은 유독 5G 통신장비 분야에서는 중국에 크게 뒤처져 있으며, 반도체 산업의 경우 중국이 바짝 추격하면서 미국과 중국 간의 기술패권 충돌은 반도체와 통신장비에 집중되어 있다. 미국 정부는 반도체와 통신장비 산업은 국가 안보와 직결된다는 입장으로 국방부가 지정 관리하는 '중국군 연계 블랙리스트' 해당기업에는 미국 국민의 투자가 금지될 뿐만 아니라 미국 정부의 허가를 받지 않은 수출은 금지된다. 트럼프 행정부가 시작된 2017년 1월 이래 300개가 넘는 중국 기업들이 수출금지 대상 리스트에 올라

그림 4-7 세계 신기술 분야별 투자 추세

단위: 십억 달러

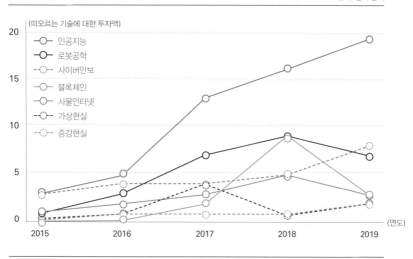

자료: Tech Nation. 〈Tech Nation Report 2020〉. 2020. 03.

그림 4-8 세계 주요국의 R&D 지출규모 추이

단위: 십억 달러

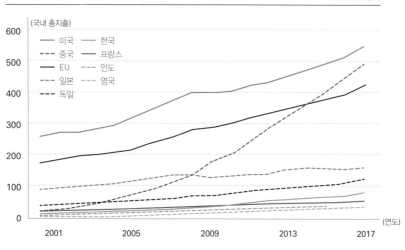

자료: Nature. 〈China is closing gap with United States on research spending〉. 2020. 01. 15.

있다. 미국 정부의 중요한 대중국 수출 규제조치는 다음과 같다.

첫째, 미국 연방통신위원회FCC는 2020년 6월 화웨이와 ZTE를 미국의 국가안보를 위협하는 기업으로 지정한 것에 대한 재심 요청을 스파이 행위 위험성 문제를 이유로 2020년 12월 10일 기각했다. 이 두 기업의 미국 내 네트워크 장치 철거를 명령하고, 차이나 텔레콤에 대해서도 미국 내 영업 허가를 취소하는 절차를 진행 중이다.

둘째, 미국 상무부는 중국의 군사산업 복합체와의 거래를 증거로 2020년 12월 18일 중국 반도체 제조기업 SMIC가 미국 기술에 접근하는 것을 금지했다.

셋째, 미국 상무부는 2020년 12월 21일 중국 기업 58개와 러시아 기업 45개를 군사적 목적의 사용자로 지정하여 특정 품목의 수출 또는 재수출 및 이전 등을 금지하는 행정명령을 강화하는 방침을 발표했다. 그동안 수출 금지 대상 기업 블랙리스트에도 불구하고 미국 기업들은 해외에서 생산된 반도체와 장비 등을 우회 수출해왔다. 하지만 이번 조치로 미국 외 지역에서 생산된 경우에도 화웨이에 대한 반도체 수출은 금지된다.

넷째, 상무부는 2019년 화웨이에 반도체 등 부품과 장비 공급에 대해 수출 허가를 얻도록 하는 규제에 근거하여 2021년 1월 17일 화웨이에 부품을 수출하는 인텔 등 4개 기업의 8개 미국 전자통신기업의 수출면허를 취소한다고 발표했다.

다섯째, 트럼프 대통령은 2021년 1월 5일 중국 기업에 의해 통제되거나 개발된 소프트웨어와 관련된 거래를 금지하는 행정명령에 서명했다.

여섯째, 미국 상무성은 2021년 1월 14일 미국 기술이나 미국 서비스로 외국 군사기관을 지원함으로써 안보를 해치는 미국민들의 행위를 금지하는 규정을 발표했으며, 여기에 중국, 러시아, 쿠바, 북한, 베네수엘라 등을 적시했다.

바이든 미국 대통령 당선자는 2020년 12월 4일 인터뷰에서[35] '미국 최우선 투자Investing in America First'를 하도록 할 것임을 강조하고, 이를 위해 에너지·생명공학·첨단물질·인공지능과 같은 분야의 연구에 대규모 정부 투자를 추진할 것임을 밝혔다. 한편 바이든 대통령은 트럼프 대통령이 추진해왔던 글로벌 가치 사슬을 중국중심 구조에서 미국중심 구조로 전환하는 정책을 이어갈 것임을 분명히 했다. 따라서 중국에 대한 무역수지 적자를 핵심 쟁점으로 했던 트럼프 행정부보다 바이든 행정부에서의 대중국 기술 패권 경쟁은 더욱 치열해지고 확산될 것으로 보인다.

반도체 전쟁

미국의 반도체 산업이 세계시장에서 차지하는 비중을 사업 모델별로 살펴보면, IDM(종합반도체업체)의 51%, 팹리스Fabless 시장의 65%, 퓨어 플레이 파운드리Pure-Play Foundry 시장의 10%, 장비시장의 40%, OSATOutsourced Semiconductor Assembly And Test 시장의 15%를 차지하고 있다. 미국은 여전히 시스템 반도체 분야와 장비 생산에서는 압도적인 위상을 가지고 있는 것에 비해 반도체 제조에서는 세계 5위로 추락했다.

2001년 세계에는 첨단 반도체를 만드는 제조업체가 30개 가까이 있었다. 하지만 기술 발전에 따라 첨단 반도체 생산이 갈수록 어렵고 생산비용이 상승하고 있다. 이에 따라 25센트 동전 크기의 면적에 10나노 기술로 200억 개의 트랜지스터를 쌓은 반도체를 만들 수 있는 제조업체는 타이완, 한국, 미국 3개국만 남았다.

2010년 로직 반도체 제조 역량에 있어 미국은 한국과 대만에 2년 앞서 있었으나 2019년 추격을 당했다. 특히 미국을 대표하는 종합반도체업체인 인텔은 10나노 생산에 난항을[36] 겪고 있는 상태이기 때문에 5나노칩을 생산할 수 있는 제조업체는 세계에 대만의 TSMC와 한국의 삼성전자에 불과하다. 이러한 첨단 칩의 생산 역량 한계로 인해 인텔은 2022년 하반기부터 대만의 TSMC에 3나노 반도체를 위탁생산할 것으로 알려졌다.[37] 특히 테슬라는 현재 전기자동차의 MCU_{Media Control Unit}(디스플레이·통신·오디오 장치) 시스템에 인텔의 아톰 프로세서_{Atom processor}를 장착하고 있다. 하지만 삼성전자가 생산하는 5나노칩으로 운영되는 시스템으로 대체하고, 오토 파일럿 기능을 담당하는 칩은 TSMC에 생산을 맡길 것으로 알려졌다.[38]

보스턴 컨설팅과 미국 반도체협회 보고서[39]에 따르면 세계 반도체 생산 역량에 있어 2020년 현재 미국의 순위는 대만, 한국, 일본, 중국 다음인 5위로 현재대로 간다면 2030년 중국이 24%를 차지하고 미국은 10%를 차지할 것으로 전망했다. 반도체 제조에 있어 미국의 경쟁력이 떨어진 이유는 미국 제조업체의 생산비용이 높기 때문이다. 미국 제조업체의 생산비용은 타이완과 싱가포르 대비 25~30%, 중국 대비 50% 높으며, 이 비용 격차의 40~70%는 정부 지원에 의한 것이라고

표 4-2 세계 반도체 산업의 분야별 국가별 비중

단위: %

	미국	대만	유럽	중국	기타
장비	45	0	20	1	34
소재(웨이퍼 이외)	28	1	30	1	40
소재(웨이퍼)	0	20	14	1	65
IP/전자디자인자동화	63	1	19	0	17
팹리스	58	18	4	16	4
통합전자기기 제조	47	2	10	1	40
파운드리(순수반도체 제조)	11	71	3	11	4
제조관련서비스	11	49	0	15	25

*2018년 매출 비중, 본사 국적 기준

자료: McKinsey & Company. 《Semiconductor design and manufacturing: Achieving Leading-edge capabilities》. 2020. 08. 20.

분석했다.

미국 의회는 반도체 업계의 청원을 받아들여 미국의 반도체 산업을 지원하기 위해 5년간 반도체 공장 건설에 100억 달러, R&D에 120억 달러, 공급망 개선에 7.5억 달러를 지원하고, 반도체 제조장비 구입비의 40% 조세 감면 등을 내용으로 하는 '반도체산업지원법' 제정을 추진하고 있다. 따라서 반도체 산업의 주도권을 두고 미국과 중국 간의 경쟁은 앞으로 정부의 지원에 힘입어 정부와 기업 합동의 국가 경쟁으로 더욱 심화될 전망이다.

중국 반도체 굴기, 가능할까?

반도체 산업은 대표적으로 중국의 국가 자본주의 체제가 안고 있는 문제들을 종합적으로 보여주고 있다. 중국 정부는 반도체 자급률을 2020년 40%, 2025년 70%로 제고한다는 목표로 반도체 산업을 적극 지원해왔다. 2014년 정부 주도로 반도체 전용펀드인 '국영 반도체 산업 투자 기금'을 설립해 매년 300~600억 위안 규모 자금을 반도체 기업에 투자해 왔으며, 2019년까지 누적투자 규모는 총 170조 위안(약 170조 원)에 달한다. 특히 기술 제고를 앞당기기 위해 2015년 마이크론Micron, 2016년 샌디스크Sandisk에 대한 M&A를 추진했으나 미국 정부의 견제로 무산된 바 있다. 미국 정부의 제재로 기술 도입을 통한 반도체 산업육성정책이 사실상 좌절됨에 따라 국무원은 자력에 의한 반도체 산업 굴기로 정책을 전환하여 2020년 8월 4일 '신시대 반도체·소프트웨어 고품질 제품 개발과 산업 발전을 위한 정책'을 발표했다.[40] 정부 지원정책에 힘입어 반도체 산업은 급속하게 성장하고 있다. 2019년 중국의 신설 반도체 관련 기업 수는 5만 3,000개에 달했으며, 2020년 상반기에는 2만 8,000개 기업이 신설되었다.

그러나 중국의 반도체 자급률은 2010년 10.2%에서 2020년 말 현재 15.9%로 정체되어 있다. 이중 중국 기업에 의한 반도체 생산비중은 5.9%에 불과하고 외국 기업(삼성전자, 하이닉스, 인텔, TSMC, UMC)들의 생산비중이 10%를 차지하고 있다. 2020년 반도체 자급률 15.9%는 '중국 제조 2025'의 목표 40%의 절반에도 미치지 못한다. 중국 정부는 2020년 1~7월간 주로 지방정부 투자로 600억 위안(10조 1,000억 원)을 투입했음에도 불구하고, 중국의 반도체 산업은 기술개발 부진과 막대한 투자 손실로 심각한 산업 부실화 위기를 맞고 있다.

대표적인 사례가 중국의 대표적 반도체 기업집단인 칭화유니그룹紫光集團, Tsinghua Unigroup의 유동성 위기다. 칭화유니그룹은 2020년 11월 17일 13억 위안의 회사채 상환을 유예했다. 12월 10일에 50억 위안 규모의 회사채에 대한 이자 지급 유예와 4억 5,000만 달러의 달러표시 회사채 원금 상환 유예를 공시했다. 추후 총 20억 달러의 회사채도 상환 불이행 위험이 있다고 공시했다. 이 문제에 대응하기 위해 공산당 서기가 칭화유니의 경영에 참여하고 국유기업인 양강산업그룹이 신규 주주로 1/3을 출자함으로써 칭화유니는 정부 지분이 66.6%로 사실상 국유화되었다. 칭화유니그룹의 채무불이행 사태는 전형적으로 국가자본주의 체제가 안고 있는 문제를 총체적으로 반영하고 있는 것으로 해석된다.

반도체 전문연구기관인 IC인사이트의 발표에 따르면[41], 2025년까지 중국의 반도체 자급률은 외국 기업체 생산을 포함하여 19.4%에 그칠 것이며, 외국업체들의 비중이 여전히 50%를 넘어설 것으로 전망했다. 따라서 '중국제조 2025'의 2025년 자급률 목표 70%는 휴지가 된 것과 다름없다.

미국의 반도체 기술 유출에 대한 압력을 견디다 못한 중국 정부는 2021년 들어 '자립 굴기'로 전략을 바꾼 것으로 보인다. 2021년 1월 중국 산업정보기술부는 화웨이·하이실리콘·샤오미·ZTE·SMIC 등 90개 기업이 가입한 '반도체표준기술위원회'를 설립했다.[42] 설립 목적은 반도체 기술의 표준화와 반도체 산업의 업스트림과 다운스트림의 연결 강화 등 반도체 산업의 건강한 생태계를 형성함으로써 경쟁력을 강화하는 것이다. 이러한 중국 정부의 움직임은 미국의 기술 유출 차단조치 강화로 인하여 첨단 반도체 제조기술의 습득이 어려워짐에 따라 반도체 기술 자립기반을 강화하는 방향으로 전략을 변경한 것으로 보인다. 최근 세계 반도체 제조업체들은 무어의 법칙 종료 이후 주로 패키징 기술의 개발을 통해 활로를 모색하고 있는 한편 중국 반도체 기업들은 고밀도 FC-BGA 패키징, TSV through-silicon via 패키징, SiP RF 패키징 등의 기술 개발에 주목하고 있다.

IC 인사이트의 전망이 맞다면, 중국 정부가 주도하는 '반도체산업 자립 굴기 전략'은 성공할 가능성이 낮아 보인다. 2020년부터 시작된 반도체의 슈퍼 사이클 기간은 미래 상당 기간의 반도체 개발과 생산 역량을 가름하는 전략적 전환점에 해당하기 때문이다. 특히 미국 정부가 반도체 산업을 전략적으로 지원하기 시작했기 때문에 시간이 갈수록 미국과 중국 간의 기술 격차는 확대될 가능이 높다. 또한 반도체 제조기술 측면에서 대만과 한국이 2020년부터 시작된 슈퍼 사이클 국면에서 대규모 설비투자를 단행하여 후발자에 대한 격차 벌이기를 추진하고 있는 바, 제조역량에 있어서도 중국 기업들이 대만의 TSMC나 한국의 삼성전자를 추격할 가능성은 낮아 보인다.

더구나 미국 정부는 그동안 묵과해왔던 미국 기업들의 해외 생산 반도체와 장비의 중국 수출을 2020년 12월로 완전히 금지했을 뿐만 아니라 어떤 형태로든 한국과 대만에 대해 압박을 가할 가능성이 높아지고 있다.[43] 따라서 중국 기업들이 미국 기업들을 뛰어넘는 첨단 반도체 개발 기술을 개발하거나 또는 대만과 한국을 능가하는 반도체 제조기술을 개발할 가능성은 낮은 것으로 보인다.

동북아 산업 주도권 경쟁

1990년대 동아시아의 일본, 한국, 중국을 연결한 소위 '기러기 편대 모델Flying geese model'은 세계 제조업 시장을 엄습했다. 그러나 이 '기러기 편대'는 2000년대에 들어 중국의 WTO 가입과 세계화의 급속한 진전, 디지털 전환 등을 계기로 크게 와해되었다. 한국과 중국 간의 공급 사슬은 더욱 강화되어 전자와 자동차 등 세계 완제품 수출시장에서 선두인 일본을 밀어냈으며, 일본은 세계시장 규모가 작은 대신 점유율이 높은 소위 소부장(소재·부품·장비) 산업으로 이동했다. 2010년대 들어 중국의 자급능력이 올라가면서 한국은 반도체와 디스플레이 등 한정된 산업에서 중국에 대한 공급 사슬을 유지하고 있다.

2000년 일본은 미국, 독일과 더불어 글로벌 공급 사슬의 3대 허브로 한국과 중국에 대한 부가가치 핵심 공급국의 위치에 있었다. 따라서 '기러기 편대'의 선두 역할을 하고 있었고 한국과 중국의 관계는 미약했다. 그러나 2017년 중국이 글로벌 공급 사슬의 최대 허브로 자리하게 된다. ICT 산업의 글로벌 공급 사슬에서는 한국과 중국의 관계가 더욱 분명하게 나타난다. 한편 부가가치 공급 사슬로서 한국, 중국, 일본의 관계를 살펴보면, 한국에 있어 중국은 전방 투입으로 37%, 후방으로 213%를 차지하기 때문에 그 중요성이 결정적이다.

한편 중국에 있어서도 한국은 전방과 후방 11%를 차지하는 가장

표 4-3 세계 중간재 수출시장에서의 주요국 비중 추이

단위: %

	2005년	2010년	2018년	2010-2018년 연평균증가율
중국	6.7	9.6	12.9	7
EU(역내 제외)	14.6	13.1	12.3	3
미국	11	10.2	9.1	2
일본	7.1	6.4	4.4	-1
한국	3.4	3.8	4.6	6
대만	2.7	2.9	3	4

자료: WTO. 〈World Trade Statistical Review 2020〉, p123.

중요한 교역 상대국의 위치에 있다. 반면에 한국에 있어 일본은 전방 참여는 미약하며, 후방으로는 3위로 9%를 차지하고 있다. 한편 일본에 있어 중국은 전방 20%, 후방 19%로 여전히 가장 중요한 교역 상대국의 위치에 있다. 한국에 대해서는 전방 10%를 보이고 있다. 종합해보면, 중국을 허브로 하여 한국-중국, 중국-일본은 글로벌 공급 사슬에서 상호 중요한 관계를 형성하고 있는 반면에 한국과 일본의 공급사슬 관계는 비대칭적인 구조를 보이고 있다. 한국에서 일본은 후방 9%를 차지하는 3위의 상대국인 반면, 일본에서 한국은 전방 10%의 2위 상대국의 관계를 가지고 있다. 따라서 '기러기 편대'의 구조가 변화하기는 했지만 동아시아의 공급 사슬은 여전히 편대를 유지하고 있으며, 세계 공산품 수출시장의 26.4%(2019년)를 차지하는 막강한 위력을 발휘하고 있다.

주목해야 할 사실은 기러기 편대 내부적으로 한국-중국, 한국-일본 간의 경쟁이 새로운 국면에 진입하고 있으며, 이 경쟁의 결과는 한

표 4-4 **총수출 부가가치의 기여도 구성**

단위: %

한국					
	총수출	국내	일본	중국	미국
2005년	100	67.3	6	3.7	4.1
2015년	100	71.4	3.1	7.3	3.6

일본					
	총수출	국내	일본	중국	미국
2005년	100	87.9	0.5	1.2	1.4
2015년	100	90.3	0.6	2.6	1.6

자료: OECD iLibrary

국과 일본의 국가 경제 명운을 좌우할 것으로 예상된다. 이 치명적인 산업 경쟁에 대한 초점은 다음 세 가지로 집약된다.

첫째, 한국과 중국의 관계에 있어 중국은 전자·자동차 등 완제품 시장에서 한국을 밀어내고 세계 시장을 주도할 것인가? 둘째, 한국은 중국에 대한 공급 사슬의 투입 역할을 얼마나 지속할 수 있을 것인가? 셋째, 한국은 세계 소부장 산업에서 일본을 밀어낼 수 있을 것인가? 한편 이상 세 가지 의문의 결과를 예상할 때 고려해야 할 양상은 다음과 같다.

첫째, '중국제조 2025' 전략에 따르면, 중국은 중점 돌파로 선진 제조 강국들과의 격차를 축소하여 2025년 제조강국 대열에 진입하는 것을 목표로 하고 있으며, 이 목표의 1차 목표는 한국을 추월하는 것이다. 나아가 2035년에는 제조강국의 중간 수준을 달성하는 것을 목표로 하고 있으며 묵시적으로 독일과 일본을 추월하는 것으로 해석된다.

표 4-5 **글로벌 공급 사슬 투입에 있어 한·중·일의 3대 수출상대국**

단위: %

2015년	한국	중국	일본
GVC 참여율	51.7	34.9	37.6
전방	19.1	17.5	24.4
후방	32.6	17.3	13.2

전방 GVC 3대 수출 상대국			
	한국	중국	일본
비중 1위	중국 37.1	한국 11.0	중국 19.9
비중 2위	베트남 6.6	미국 9.2	한국 10.1
비중 3위	멕시코 5.0	멕시코 7.7	싱가폴 7.5

후방 GVC 3대 공급국			
	한국	중국	일본
비중 1위	중국 21.3	한국 11.4	중국 19.0
비중 2위	미국 10.5	미국 11.2	미국 11.7
비중 3위	일본 9.0	일본 9.3	호주 6.4

자료: WTO, Trade in Value Added and Global Value Chains

중국의 최종 목표는 건국 100주년이 되는 2049년 최고 수준의 제조강국이 되는 것으로 이는 연구개발과 제조기술에 있어 선두 미국을 추월하는 것을 시사한다. 이 전략에 따르면 중국 제조업은 2025년 한국 제조업의 기술 수준을 추월하며, 이는 중국이 더 이상 한국의 소재와 부품 공급에 의존할 필요가 없음을 의미한다. 중국 제조업의 기술 굴기가 진행될수록 중국 제조업의 내수화와 수입 감소를 의미하는 '차이나 인사이드China Inside' 문제를 수반할 가능성이 크다. 특히 그 대표적인 희생양은 한국 제조업이 될 것이라는 점에 주목해야 한다.

둘째, 2019년 7월 일본이 반도체와 디스플레이 관련 3개 품목에 대한 수입규제로 양국 간의 무역 분쟁이 발생함으로써 소부장 산업을 둘러싼 한국과 일본 간의 경쟁이 가속화되고 있다. 완제품과 비교하여 세계시장의 규모는 작지만 일본 기업들이 절대적인 비중을 차지하고 있는 소부장 산업에 대한 한국의 도전은 중국의 추격을 받고 있는 한국 제조업으로서는 사활이 걸린 피할 수 없는 경쟁이다. 만약 세계 소부장 수출시장에서 한국 기업들이 일본 기업들을 밀어낸다면, 한국은 중국, 미국, 독일 다음의 제조업 강국으로 도약할 것이다. 반면에 만약 이 경쟁에서 일본 기업들을 밀어내지 못한다면, 한국 제조업은 완제품과 소부장 산업에서 모두 경쟁력을 상실할 것이다. 이로 인해 성장 동력의 심각한 상실 문제에 직면할 위험이 있다.

셋째, 미국과 중국 간의 무역 분쟁은 중국의 기술 굴기를 더욱 치명적으로 압박할 것이다. 미국의 시장 접근 금지와 신기술 접근 차단은 중국의 기술 굴기를 방해하는 동시에 정책적으로는 오히려 촉진하는 양면적인 역할을 하고 있다.

핵심은 한·중·일 각국 정부와 기업들이 각자 직면하고 있는 과제에 어떻게 대응하느냐에 달려 있다. 제조업 강국이 되는 길은 정부 지원이나 자금만으로 해결되지 않는다. 기술 역량과 설비 투자 외에도 금융 서비스와 기업가 정신 등 양질의 소프트 하부구조가 필요하다. 특히 중국은 자원배분의 비효율성, 기업가 정신, 정부와 시장 간의 적절한 역할 배분과 힘의 균형 등 국가자본주의 체제의 특성상 해결하기 어려운 과제들을 안고 있다.

산업연구원과 대외경제정책연구원의 평가에 따르면[44], 한국과 중국 간의 경쟁력 격차는 존재한다. 2020년 현재 중국이 인공지능과 시스템 반도체를 제외한 대부분의 산업에서 기술경쟁력이 열위에 있지만 상황은 곧 달라질 수 있다. 5년 후 가전에서 중국은 한국을 바짝 쫓아올 것이고 특히 신산업에서는 대부분 한국을 추월할 것으로 평가하고 있다.

대외경제연구원 보고서에서 현재 한국은 식품을 제외한 전 산업에서 수출 특화로 경쟁력을 가지고 있으나, 일반기계를 제외한 대부분 산업에서 무역 특화지수가 낮아지는 추세를 보이고 있다. 따라서 한국의 수출 경쟁력은 낮아지고 있는 반면에 중국은 무역 특화지수가 높아지는 추세로 수출 경쟁력이 높아지는 것으로 평가된다.[46] 특히 중국에 대하여 흑자 폭이 확대되고 무역특화지수가 높아지고 있는 한국 산업은 반도체 산업에 불과한 것으로 나타났다. 중국 반도체 수입(2020년 1~10월간)에서 차지하는 비중은 대만 38%, 한국 22%, 말레이시아 10%, 일본 7%, 미국 5%, EU 4%, 기타 8%이다.

결론적으로 반도체 산업의 경우와 같이 중국의 내부 문제로 인한 자충수로 한국에 대한 추격에 실패할 경우를 제외한다면 중국과의 산업 경쟁력의 장래는 총체적으로 비관적이다. 정부는 일본과의 무역마찰로 인한 소부장 산업의 경쟁력 확보 문제에 주목하는 정도에 비해 대중국 산업 경쟁력 확보 문제를 중시한다는 어떤 움직임도 찾기 어렵다.

한·일 간 공급 사슬과 무역 분쟁

글로벌 공급 사슬의 구조에 있어 한국은 부품 수입비중이 높은 구조인 반면 일본은 소재와 부품을 위주로 하는 생산구조를 가지고 있다. 양국의 상호의존도를 비교해보면, 2015년 한국 총수출의 부가가치에 대한 일본의 기여도는 3.1%인 반면 일본의 수출에 대한 한국의 기여도는 0.6%에 불과하다. 이것은 유감스럽게도 양국 간의 무역전쟁이 확대되어 글로벌 공급 사슬이 전면적으로 붕괴될 경우, 한국이 입을 타격이 일본이 입을 타격보다 클 것임을 시사한다.

그 이유는 한국 상품은 주로 세계시장에서 규모가 크고 상대적으로 진입장벽이 낮은 품목에 밀집되어 있는 반면에 일본상품은 세계시장에서 규모가 작고 시장점유율이 높은 품목에 집중되어 있기 때문이다. 정부자료에 따르면, 한일 양국이 공통으로 생산하는 931개 품목 중 세계시장 점유율이 50%가 넘는 일본 상품 수는 309개로 나타났다. 우리 정부가 발표한 소부장의 육성정책에서와 같이 일본에 의존하고 있는 소재와 부품의 국산화에 성공한다는 것은 가격, 품질, 공급의 안정성 면에서 일본 제품과 대등한 세계 경쟁력을 갖는다는 것을 의미한다.

따라서 만약 우리 기업들이 수입대체에 성공한다면, 양국 기업들은 세계시장에서 피나는 경쟁은 물론 세계적으로 심각한 초과공급 상태를 초래할 가능성도 있다. 반대로 우리 기업들이 수입대체에 실패한다면, 세계시장은 물론 국내시장에서도 존립이 어려운 심각한 투자 실패를 맞을 수 있다. 세계 소부장 산업의 주도권은 물론 한국과 일본 양국 경제의 명운을 건 싸움은 시작되었다. 과연 우리나라 기업은 세계의 전자 완제품 시장에서 일본 기업들을 몰아냈듯이 전자 소재부품시장에서도 일본기업들을 밀어낼 수 있을까?

　무역 분쟁이 발생하기 전 2018년과 2020년 일본 수출 총액에서 한국의 비중은 7.1%에서 6.97%로 소폭 감소했으며, 일본의 수입 총액에서 한국의 비중은 4.3%에서 4.2%로 큰 변동이 없다. 한편 한국의 수출에서 일본의 비중은 동 기간 중 5.1%에서 4.9%로, 한국의 수입에서 일본의 비중은 10.2%에서 9.8%로 양국의 상호 수출입 비중의 감소 정도가 거의 비슷하게 나타나[47] 아직은 한국 소부장 산업의 경쟁력 강화 효과가 분명하지는 않다.

PART 5

절망의 대한민국

북핵 위협과 중국의 부상에 대처하기 위한 사회적 합의의 부재는 한미동맹과 외교력을 약화시킬 것이다. 미중 갈등 상황에서 기민하게 대처하지 못하고 국익을 놓쳐 우왕좌왕하게 할 것이다. 이러한 대외적 대응 역량의 약화는 다른 위협 요소와 맞물려 국가 경쟁력을 떨어뜨린다. 생산 인력은 감소하고, 산업은 정체되며, 도전의식이 더욱 꺾이는 악순환에 빠지는 것이다. …

몰락의 과정이 혹자가 경고하는 '동아시아의 베네수엘라'처럼 극단적이지는 않을 수 있지만, 사람들은 간신히 버티며 평생 갈등 속에 살아갈 것이다. 죽어라 열심히 경쟁하고 일해도 생산성이 매우 낮고 보람을 느끼기도 힘든 세상이 된다.

KAIST 미래전략연구센터의 《2030 카이스트 미래경고》 중에서

정부주도 부채주도 저성장 경제

"한국 경제는 정책대응을 필요로 하는 단기 및 중기적 성장의 역풍에 직면해 있다."

2019년 3월 12일 **IMF 한국연례협의**

2020년 한국경제는 ▲1%를 기록했다. 중국을 제외하면 G20 국가 중에서 성장률의 저하가 가장 낮았다는 점에서 선방을 한 것으로 평가된다. 그러나 2020년 한국경제의 성장률이 ▲1%에 그쳤던 것은 코로나 팬데믹의 피해 정도가 낮았기 때문이지 경제가 튼튼했기 때문은 아니다. 한국 경제가 직면하고 있는 최대의 과제는 민간부문의 역동성의 상실이다. 역동성 상실은 가계소비의 침체와 기업의 투자 부진을 의미한다. 표 5-1이 보여주는 바와 같이 GDP 성장기여도에 있어 민간부문의 비중은 2017년 GDP 성장률의 1.28배에 달했으나, 2019년에는 GDP 성장률 2%에 민간부문 성장률 기여도는 ▲0.6%p로 악화되었다. 2020년 민간부문의 성장률 기여도가 ▲2%p로 심화된 것은 코로나

표 5-1 **GDP 지출항목별 성장기여도 추이**

단위: %, %p

	2016년	2017년	2018년	2019년	2020년
GDP	2.9	3.2	2.9	2	-1
민간	2.9	4.1	0.7	-0.6	-2
민간소비지출	1.3	1.3	1.5	0.8	-2.4
총고정자본형성	1.6	2.8	-0.8	-1.4	0.6
정부	1	0.7	0.9	1.6	1
정부소비지출	0.7	0.6	0.8	1.1	0.8
총고정자본형성	0.3	0.1	0.1	0.5	0.1
순수출	-0.9	-2	1	1	0.4
재고증감	-0.1	0.4	0.3	0.1	-0.7
(총고정자본형성)	1.9	2.9	-0.7	-0.9	0.8

*전년동기대비

자료: 한국은행 데이터베이스

팬데믹의 탓으로 어쩔 수 없는 일로 생각하더라도 문제는 사태가 끝난 후에는 민간부문의 역동성이 회복될 것인가 하는 점에 있다.

문제의 핵심은 민간부문 성장기여도의 저하가 GDP 성장률을 낮추는 주된 원인이라는 점이다. 대신 정부부문의 성장기여도는 2018년부터 크게 높아졌다. 2019년 국민소득 통계로 보면, 민간소비는 GDP의 48%를 차지하며 민간의 총고정자본형성은 GDP의 24%를 차지한다. 따라서 민간부문의 경제활동이 GDP에서 차지하는 비중은 72%에 이른다. 반면에 정부부문이 GDP에서 차지하는 비중은 21%다. 수출이 GDP에 차지하는 비중은 43%지만 수입을 차감한 순수출은 5.3%에 불과하다.

따라서 민간부문의 소비와 투자가 활력을 회복하지 않는 한 아무리 정부지출을 증가시켜도 민간부문의 성장기여도 저하를 대신할 수 없다. 문재인 정부의 소득주도성장 정책은 GDP의 72%를 차지하는 민간부문을 외면하고 정부부문 21%로 경제성장을 추구하는 것과 다름없다. 문재인 정부는 논란이 많았던 소득주도성장론을 어느 틈엔가 슬며시 내려놓고 대신 혁신성장론을 말하고 있다. 그러나 혁신성장은 민간의 혁신 생태계가 건강하고 활발한 상태를 필요조건으로 하기 때문에 정부 주도로 달성할 수 있는 정책목표가 아니다. 더욱이 기업에 대한 각종 진보적 입법과 정책으로 기업활동을 옥죄면서 혁신성장을 추진한다는 것은 앞뒤가 맞지 않다.

가계소비 증가 부진 고착화 우려

한국은행의 연구에[1] 따르면, 가계저축률이 고착화되어 소비 부진이 장기화할 가능성이 높아지고 있으며, 이에 따라 한국 경제에 저성장·저물가·저금리가 뉴노멀로 자리잡을 가능성이 있다. 고령화 인구구조로 인해 노령층의 노후 대비 저축이 증가하고, 최근 '영끌' 주택구매와 주식투자가 보여주듯이 청년층의 경우 자산 투자와 부채 증가로 소비할 여력이 구조적으로 감소하고 있다. 가계부채는 2010년 대비 2020년 배가 증가했으며, 처분가능소득 대비 가계부채 비율은 123.7%에서 171%로 높아졌다. 특히 2020년 코로나 팬데믹의 충격으로 은행 가계대출과 개인사업자대출의 합계액 증가액은 2019년 85.4조 원에서 2020년 148조 원으로 급격하게 증가했다. 2020년 말 은행 가계대출과 개인사업자 대출 합계액의 잔액은 1,374.8조 원에 이르러 가계의 부담을 가중하고 있다.

한편 기업의 총고정자본형성 규모는 2017년 대비 2019년 8.2% 감소했으며, 이중에서 특히 설비투자는 14.3% 감소했다. 기업의 총투자가 감소한 이유는 세계 경제의 불확실성 증대로 해석되지만, 문재인 정부의 진보적인 정책기조가 상당한 영향을 미쳤을 것으로 보인다. 국세청 통계연보(2017~2020년)는 한국 경제의 몇 가지 주목되는 모습을 보여주고 있다. 우선 2016년과 2019년을 대비해보면 기업들의 소득금액은 25.8% 증가한 반면 산출세액은 43%가 증가하여 조세부담율이 크게 높아졌다. 법인세 실효세율은 2016년 14.4%에서 2019년 17.5%로 높아졌다.

그 결과로 기업의 부담세액은 2016년 43조 원에서 2019년 67조 원으로 55.8% 증가했다.[2] 연구개발과 고용지원 등 공제와 감면 규모는 동 기간 중 5.4% 감소한 반면에 총부담세액은 53% 증가했기 때문이다. 한편 법인기업 중에서도 세 부담 상위 10% 기업이 소득금액에서 차지하는 비중은 2016년 81.6%에서 2019년 85.4%로 높아져 대기업으로의 집중화 양상이 심화된 것으로 보인다. 법인기업이 부담하는 총세액 중 상위 10% 기업이 부담하는 세액의 비중은 2016년 93.9%에서 2019년 95.3%로 높아졌다. 그중에서도 삼성전자가 부담하는 법인세의 비중은 2016년 7.2%에서 2017년 15.1%, 2018년 18.8%, 2019년 12.9%에 달했다.

한편 정부주도 성장정책은 재정의 부담을 수반한다. 정부의 총지출 규모는 2016년 384.9조 원에서 2020년 512.3조 원으로 33% 증가했으며, 국가채무$_{D1}$는 35% 증가했다. 명목 GDP가 2016년 대비 2019년간

표 5-2 가계·기업·정부의 부채 증가 추이

	가계부채	기업 부채	국가채무(D1)	계	대GDP비율(%)
2016년(Ⅰ)	1,342.50	1,164.30	626.9	3,133.70	180
2017년	1,450.60	1,259.40	660.2	3,370.20	183.6
2018년	1,536.70	1,355.40	680.5	3,572.60	188.2
2019년	1,600.30	1,484.70	723.2	3,808.20	198.4
2020년(Ⅱ)	1,682.10	1,700.80	846.9	4,229.80	220.4
Ⅱ/Ⅰ (%)	125.3	146.8	135.1	135	-

1) 기업부채는 예금취급기관과 비은행예금취급기관의 산업 대출금 합계
2) 2020년 가계부채와 기업부채는 3/4분기 말 통계, 국가채무는 기재부 추정치
3) 2020년 명목 GDP는 2019년 명목 GDP 사용

10.3% 증가한 것과 비교할 때, 정부 지출 증가율은 명목 GDP 증가율의 거의 3배에 가깝다.

부채로 지속하는 경제, 성장잠재력 잠식

가계와 기업과 정부의 부채를 합계한 우리나라 비금융부문의 총부채는 2016년 3,134조 원에서 2020년 4,230조 원으로 35% 증가했다. 이 증가율은 같은 기간 명목 GDP 중가율 10.3%보다 거의 3.4배 높다. 이에 따라 비금융부문 총부채의 대 GDP 비율은 180%에서 220%로 높아졌다. 비금융부문의 총부채 통계 추이는 몇 가지 의미 있는 시사점을 주고 있다. 첫째, 성장률은 낮아지고 있음에도 불구하고 부채 증가율은 높아지고 있다는 점이다. 즉, 부채로 경제가 운영되고 성장

하는 부분이 있다는 점을 시사한다. 둘째, 현재는 금리가 낮은 수준에 있기 때문에 도산 위험은 낮으나, 인플레이션 등으로 금리가 상승하거나 대외적 충격이 발생할 경우 도산 위험이 빠르게 상승할 수 있는 잠재적 위험이 높아지고 있다. 셋째, 부채 증가 속도가 높은 경제의 경우 높은 부채를 지속하기 위한 자원의 비중이 높아짐으로써 성장잠재력이 잠식된다. 특히 최근 기업 부문 부채가 빠른 속도로 증가하여 '좀비기업' 문제가 악화되었을 가능성이 높아 보인다.

잠재성장률 2% 시대가 왔다

한국 경제가 현재의 구조로 간다면, 한국 경제의 미래는 어떻게 될 것인가? 그림 5-1과 표 5-3은 이 질문에 대한 개략적인 답을 보여준다. 우선 대략 2020년대 한국 경제의 잠재성장률은 2% 내외가 될 것임을 시사한다. 성장률을 분해해보면 2020년대를 통해 경제활동인구의 증가에 의한 노동력의 성장기여도는 급속하게 낮아질 것이고, 자본스탁 증가의 기여도가 저하되며, 유일하게 성장률 제고에 기대할 수 있는 부분은 총요소생산성TFP의 증대가 된다. 특히 한국개발연구원의 예측 결과는 2020년대에 총요소생산성이 현재 수준에 머물 경우, 2020년대 잠재성장률은 1.7%에 불과할 수 있음을 보여준다.

사실 총요소생산성도 이미 장기적으로는 낮아지는 추세다. 총요소생산성을 높이기 위해서는 각 산업의 구조개혁을 통해 진입과 퇴출을 촉진함으로써 생산성을 높이고, 각종 기득권 보호를 위한 규제 철폐를

그림 5-1 **IMF의 한국 잠재성장률 전망**

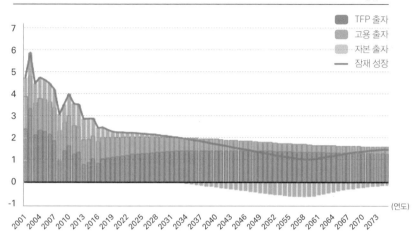

단위: %

IMF. 《Republic of Korea: Selected Issues》. 2018. 02.

표 5-3 **경제성장률 및 성장기여도 전망**

단위: %

		실질GDP(1+2+3)	취업자(1)	물적자본(2)	총요소생산성(3)
2001~2010년		4.4	0.8	1.9	1.6
2011~2018년		3.0	0.8	1.4	0.7
2020년대	시나리오1	1.7	0.2	0.8	0.7
	시나리오2	2.4	0.2	1.0	1.2

자료: KDI 경제전망. 《2019 상반기 글로벌 금융위기 이후 우리 경제의 성장률 둔화와 장기전망》. 2019. 05.

촉진하고 노동시장의 유연성을 높여야 한다. 여성들의 경제활동 참가
도 촉진되어야 한다. 성장률을 제고하기 위한 해답은 분명하다. 문제
는 기득권이 구조개혁을 막고 정치인들은 포퓰리즘에 영합함으로써
경제의 미래를 외면하는 데 있다.

제조업 위기, 답이 없는 서비스업

2020년 국민소득 통계로 제조업은 GDP의 26.5%를 차지하고, 서비스업은 GDP의 64.2%를 차지하고 있기 때문에 두 산업을 합하면 국내총생산 활동의 91%를 설명할 수 있다. 이제 생산활동 측면에서 한국 경제를 살펴보자. 제조업은 부가가치로는 GDP의 26.5%를 차지하지만 GDP의 42%를 차지하는 수출과 69%(중간재와 자본재의 비중)를 차지하는 수입의 대부분이 제조업에서 이루어진다는 점에 주목해야 한다. 따라서 제조업은 부가가치 비중을 크게 넘어 한국 경제의 운영과 성장에 절대적으로 중요한 산업이다. 이렇게 중요한 우리 경제의 제조업이 역동성을 상실하고 중병에 들어 있다. 산업의 양극화가 현저하게 진행 중이고, 생산성과 국제 경쟁력 향상을 위한 투자가 심각하게 부진하고, 진입과 퇴출의 역동성이 떨어져 가고 있으며, 특히 300명 이상을 고용하는 대형 제조업체의 신설이 격감하고 있다.

표 5-4는 산업생산지수를 이용하여 2010년에서 2020년 사이 제조

표 5-4 산업생산지수로 본 제조업 부문별 10년간 변화

	2011(I)	2020(II)	II / I (%, 증감율)
제조업	98	106.7	8.9
식품제조업	95.5	108.6	13.7
음료제조업	91.4	99.7	9.1
담배제조업	105.5	126.5	19.9
섬유제품제조업	113	74.2	▲34.3
의복, 의복악세사리, 모피	119.2	68.6	▲42.4
가죽, 가방, 신발	97.3	51.7	▲46.9
목재, 나무제품	105.4	84.8	▲19.5
펄프, 종이, 종이제품	96.8	93.8	▲3.1
인쇄, 기록매체 복제업	108.9	94.2	▲13.5
코크스, 연탄, 석유정제	91.6	107.3	17.1
화학물질, 화학제품	89.8	105.3	17.3
의료용 물질, 의약품 제조	94	141	50
고무제품, 플라스틱 제품	95	86.3	▲9.2
비금속광물제품	97.1	95.8	▲1.3
1차 금속제조업	98.2	91.8	▲6.5
금속가공제품	93.6	81.2	▲13.2
전자부품, 컴퓨터, 통신장비	94.7	149.1	57.4
반도체 제조업	67.1	233	247.2
의료, 정밀, 광학기기, 시계	98	126.6	29.2
전기장비제조업	105.4	107	1.5
기타 기계 및 장비 제조업	109.4	111.1	1.6
자동차 및 트레일러 제조업	95	83.6	▲12.0
기타 운송장비 제조업	123.8	69.5	▲43.9

업 업종별 생산활동 수준을 비교한 것이다. 전자부품·컴퓨터·통신장비 업종이 57% 성장했으며, 그중에서도 반도체 제조업이 247% 성장했다. 다음으로 의료용 물질·의약품 제조가 50% 성장하였다. 반면에 기타 운송장비 제조업(조선)은 ▲44%, 자동차 ▲12%, 1차 금속 제조업(철강)은 ▲6.5% 감소하여 개발시대에 한국 경제 성장을 주도해왔던 소위 '중후장대' 산업의 위축이 나타나고 있다.

이러한 제조업의 양극화로 인해 전체적인 산업생산 동향은 착시현상을 불러일으키기 쉽다. 이 문제를 완화하기 위해 가장 성장성이 높은 반도체 및 부품 업종을 제외하고 산출된 산업생산지수를 볼 때 2020년 산업생산 수준은 2011년 수준보다 ▲6.6% 낮은 것으로 나타났다. 반면에 자동차 업종을 제외하고 산출된 산업생산지수로 볼 때 2011년 대비 2020년 11.8% 성장한 것으로 나타났다. 자동차산업의 위축과 반도체산업의 급성장이 제조업 양극화의 대조적인 모습을 보여주고 있다.

한편 국내공급지수로 제조업의 활동 상태를 살펴보면(표 5-5 참조), 제조업의 공급 역량은 2018년부터 2020년까지 계속 감소하고 있는 것으로 나타났다. 특히 국산지수는 2020년 3/4분기 수준이 2011년보다 ▲1.4% 감소한 것으로 나타난 반면에 수입지수는 같은 기간 30% 넘게 상승했다. 이것은 제조업의 국내 공급 사슬이 위축되고, 대신 중간재로서 수입제품의 비중이 공급 사슬에서 크게 높아졌음을 의미한다. 2017년의 경우 세계 경기 회복으로 우리나라 수출이 15.8% 증가했으나 국산지수는 2.3% 상승하는 데 그치고, 대신 수입지수는 10% 상승했다. 2019년부터 수출이 감소세로 전환했음에도 불구하고 수입

표 5-5 **국내공급지수 추이**

	국내공급지수		국산지수		수입지수		수출증가율
	지수	변동률	지수	변동률	지수	변동률	변동률
2020년 3/4분기	102.7	▲0.3	98.6	▲1.1	115.3	1.8	▲8.1
2019년	104.5	▲0.8	102	▲1.0	112.4	0.2	▲10.3
2018년	105.3	▲0.7	103	▲1.8	112.2	2.7	5.4
2017년	106	4	104.9	2.3	109.3	10.2	15.8
2016년	101.7	1.5	102.5	2.5	99.2	▲0.8	▲5.9
2015년	100	1.1	100	0.8	100	1.9	▲8.0
2014년	98.9	1.7	99.2	0.9	98.2	8.5	2.3
2013년	97.2	1.4	100.1	0.1	90.5	4.7	2.1
2012년	95.9	0.4	100	0	86.4	1.5	▲1.3
2011년	95.5	4.3	100	3.6	85.1	6	19

지료: 통계청

지수는 계속 상승하여 국내 공급 사슬의 위축이 구조화되는 심각한 상태에 있다.

세계 공산품 수출시장 점유율 하락

한편 세계 공산품 수출시장에서 우리나라 공산품 수출의 점유율은 2014년 대비 2019년 ▲0.32%p 감소한 것으로 나타났다. 주목해야 할 사실은 같은 기간 중 중국의 비중은 0.29%p 상승한 반면에 미국의 비중이 ▲1.35%p, 일본의 비중이 ▲0.13%p, 독일의 비중이 ▲0.25%p 각각 낮아져 미국을 제외하고는 한국의 수출 점유율 감소가 가장 크다

표 5-6 **세계 공산품 수출시장 주요국 비중 추이**

	2014(I)	2019(II)	II - I (%p)
한국	4.03 (3.73)	3.71 (3.19)	▲0.32 (▲0.54)
중국	17.92	18.21	0.29
미국	9.48	8.13	▲1.35
일본	4.92	4.79	▲0.13
독일	10.43	10.18	▲0.25

※ 한국 ( )는 반도체 수출을 제외한 경우   자료: WTO on-line potal

는 점이다(표 5-6 참조). 특히 착시현상을 제거하기 위해 최근에 수출이
급증하고 있는 반도체를 제외할 경우, 세계 공산품 수출시장에서 우리
나라 공산품의 비중은 2014년 3.73%에서 2019년 3.19%로 ▲0.54%p
낮아진 것으로 나타난다. 따라서 반도체를 제외할 경우 전반적인 공산
품 시장 점유율 감소가 더욱 현저한 것으로 나타났다. 이러한 양상은
우리나라 제조업의 경쟁력이 반도체 등 일부 품목을 제외하고는 전반
적으로 세계 공산품 시장에서 떨어지고 있음을 반영한다.

제조업 투자 부진

그렇다면 우리나라 공산품의 수출 경쟁력이 떨어지고 있는 이유는
무엇인가? 그림 5-2는 그 해답을 보여준다. 2016년 대비 2019년 제조
업의 해외투자는 55.4% 증가한 반면 국내 설비투자액의 경우 총액으
로는 1% 증가에 그쳤다. 반도체를 제외할 경우는 ▲18.5%가 감소했다.

표 5-7 **산업별 설비투자액 추이**

단위: 조 원

	2015년 (I)	2016년	2017년	2018년	2019년	2020년 (II)	II / I (배)
전산업	181	281	190	168	166	154	▲0.85
제조업 (반도체 제외 시)	86 (62)	88 (65)	106 (68)	94 (52)	89 (53)	79 (46)	0.92 (0.74)
고위기술산업군 (28%)	44	49	65	57	54	47	1.07
(반도체 제외 시)	20	26	27	15	18	14	0.7
(반도체)	24	23	38	42	36	33	1.38
(디스플레이)	4	6	6	6	10	6	1.5
중고위기술산업군 (38%)	23	22	23	20	20	18	0.78
(자동차 제외)	13	11	13	11	11	9	0.9
(자동차)	10	11	10	9	9	9	0.9
중저위기술산업군 (20%)	14	12	13	12	10	10	0.71
저위기술산업군 (14%)	5	6	6	5	6	4	0.8
서비스업	54	58	51	44	45	43	0.8

자료: 산업연구원

2015년 대비 2020년에는 제조업 전체 설비투자액은 7% 감소했고, 생산액의 28%를 차지하는 고위기술산업군의 설비투자액은 총액으로는 7% 증가했다. 반도체산업을 제외하면 26조 원에서 14조 원으로 감소하여 무려 ▲46%가 감소했다. 중고위기술산업군의 설비투자는 ▲22%, 중저위기술산업군은 ▲29%, 저위기술산업군은 ▲20% 감소했다. 전 세계가 산업기술체계를 디지털로 전환하는 소위 '인더스트리 4.0 투자를 경쟁하는 기간에 우리나라 기업들의 설비투자는 감소했다. 그 결과 세계 공산품 시장에서 불리한 위치에 놓이는 것은 당연할 것이다.

그림 5-2 제조업 해외투자 추이

단위: 백만 달러

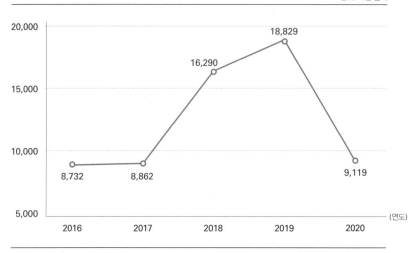

자료: 수출입은행, 해외직접투자 통계

대형 제조업체 진입 감소

제조업의 생산성과 경쟁력 저하가 심각한 문제로 다가오는 또 다른 이유는 대형 제조업체의 신설이 크게 감소했기 때문이다. 표 5-8이 보여주는 바와 같이 종사자 100명 이상의 신설 제조업체 수는 2014년 이후 100개 미만으로 감소했으며 2019년에는 57개에 불과했다. 특히 소위 '좋은 일자리'에 해당하는 종사자 300명 이상 신설 제조업체 수는 2014년 이후 10개 미만으로 줄어들었으며, 2017년과 2018년에는 1개, 2019년에는 5개가 신설되는 데 그쳤다. 새로운 기술과 설비를 갖춘 대형 제조업체가 진입하지 않는 상황이 장기화되고 있는 가운데 제조업의 생산성이나 경쟁력이 강화될 수 없는 것은 당연한 일이다.

표 5-8 대형 제조업체의 신설과 소멸 추이

	활동기업			신생기업				소멸기업	
	전체 (천 개)	종사자 100인 이상(개)	종사자 300인 이상(개)	전체		종사자 100인 이상(개)	종사자 300인 이상(개)	기업 수 (천 개)	소멸률 (%)
				(천 개)	신생률(%)				
2019	543	5,235	1,160	48	8.9	57	5	-	-
2018	534	5,434	1,171	48	8.9	70	1	39	7.4
2017	532	5,517	1,213	49	9	39	1	40	7.5
2016	524	5,737	1,232	51	9.7	65	5	39	7.6
2015	495	5,773	1,245	50	10.1	96	8	40	8.2
2014	488	6,009	1,301	54	11	162	34	41	8.4
2013	475	5,935	1,238	51	10.8	155	41	41	8.6
2012	466	5,504	1,100	51	11	172	13	43	9.3
2011	453	5,385	1,052	50	11.1	142	6	39	8.6

자료: 통계청. 《2019년 기준 기업생멸행정통계》. 2020. 12.

기업생태계 악화

그러면 기업들은 왜 국내투자를 기피하고 있는가? 대규모 사업장의 신설이 크게 감소한 원인으로 정부의 각종 규제 강화와 법인세율의 인상을 들 수 있다. 법인세율은 2017년 과세표준 2,000억 원 초과에 대하여 최고세율을 22%에서 25%로 인상했다. OECD 국가들의 법인세율은, 2000년 32.2%에서 2020년 23.2%로 장기적으로 인하하는 추세다. 2020년에는 벨기에, 캐나다, 프랑스, 그리스 인도네시아 등이 법인세를 인하했다. 반면에 우리나라 법인세 실효세율은 2016년 14.4%에서 2019년 17.5%로 높아졌다. 우리나라 GDP 대비 법인세수의 비율은 2014년 3%에서 2019년 4.3%로 높아져 7위, 총세수에서 차지하는 법인세 비중은 6위로 법인세 경쟁력은 OECD 36개국 중 33위에 있다.

대규모 투자를 기피하는 또 다른 이유는 기업규제가 대폭 강화되었으며, 앞으로도 계속 강화될 것으로 보이기 때문이다. 최저임금 인상, 주 52시간 근무를 금지하는 제도가 시행되었으며, 특히 2020년 12월 국회는 '공정경제 3법(상법·공정거래법·금융그룹감독법)'을 통과시켰다. 뿐만 아니라 2021년 2월 현재 국회 환경노동위원회에 계류 중인 고용·노동 법안 총 364개 중 규제강화가 229개(63%)인 반면에 규제완화는 30개(8%)에 불과한 것으로 나타나 규제강화 법안이 규제완화 법안의 7.6배에 달하고 있다. 한편 기업들은 정부가 추진하고 있는 '중대재해법'은 고용 위축과 사업장 해외이전의 부작용을 가져올 것으로 우려하고 있다.

벤처협회·전경련·중견기업연합회가 2021년 1월 공동으로 실시한 '기업규제 관련 기업인 인식도' 조사에 따르면, 외국과 비교하여 우리나라 산업규제의 정도에 대하여 '매우 강함'이 43.0%, '강함'이 34.3%로 77.3%의 기업인들이 강하다고 답했으며, "기업규제 3법 등 기업규제 강화가 기업 경영에 미치는 영향은?"이라는 설문에 대한 투자 감소라는 응답은 대기업의 50%, 중견·중견기업의 37.7%에 달했으며, 고용 축소라는 응답은 대기업이 33%, 중견기업이 26%로 나타났다. 특히 국내 사업장의 해외이전이라는 응답의 경우 대기업은 9.3%에 그쳤으나, 중견기업은 24.5%, 벤처기업은 24%로 나타났다.

그렇다면 기업 생태계를 혁신하기 위해서 필요한 조치들은 무엇인가? 일차적으로는 세계적 추세에 맞추어 법인세율 인하가 필요하다.

표 5-9 기업규제 3법 등 규제 강화가 기업 경영에 미치는 영향

단위: %

	대기업	중견기업	벤처기업
국내고용 축소	33.3	26.4	40.4
국내사업장 해외이전	9.3	24.5	24
국내투자 축소	50	37.7	20
사회공헌·공익활동 축소	1.9	5.7	4.8
영향 없음	0	3.8	8.8

자료: 벤처기업협회·전국경제인연합회·한국중견기업연합회.
〈최근 기업규제 강화에 대한 기업인 인식도 조사〉. 2021. 02. 16.

한편 벤처협회·전경련·중견기업연합회 공동조사 결과, 기업들의 56%는 '반시장적 정책기조 전면수정', 21.7%는 '금융지원 및 경기부양 확대', 19%는 '신사업 규제개선 등 산업별 규제완화'를 선택했다. 한마디로 기업생태계를 혁신하는 최선의 대책은 '시장기능'과 '기업의 역할'을 존중하는 것이다.

일본 제조업 몰락의 교훈

앞서 미국의 자본주의가 망가진 중요한 이유가 바로 제조업의 경쟁력 상실로 인한 기업들의 도산과 이에 따른 실직 증가로 인한 중산층의 몰락이었다는 것을 살펴본 바 있다. 또한 일본의 '잃어버린 20년'의 본질은 엔고 거품의 붕괴와 더불어 제조업의 붕괴였다는 것에 주목할 필요가 있다. 미국과 일본의 사례는 제조업의 붕괴가 경제와 정치 및

사회에 어떤 결과를 가져오는지 여실히 보여준다.

세계 상품 수출시장에서 일본의 비중은 1990년 11.5%에서 2000년 9.6%, 2010년 6.8%, 2019년 4.8%%로 감소했다. 이와 같이 일본의 제조업이 세계 상품수출시장에서 경쟁력이 저하됨에 따라 일본 제조업의 총산출액은 1997년에서 2012년간 10%가 감소했으며, 그 결과로 같은 기간에 제조업이 지급하는 임금총액은 21%가 감소했다. 제조업 종사자 수는 1992년 1,569만 명에서 2012년 1,032만 명으로 34%가 감소했다. 일본의 잃어버린 20년의 실체가 바로 제조업의 경쟁력 상실에 있음을 보여준다.

표 5-6에서 살펴본 바와 같이 한국 경제도 이미 세계 상품시장에서 점유율을 잃어가고 있다. 현재의 이 추세가 그대로 지속된다면, 10년 후 한국이 일본의 발자취를 답습할 가능성이 높다는 점을 부인하기 어려울 것이다.

중소 제조업체의 악순환

2020년 12월 현재 중소 제조업체에는 전체 중소기업(종사자 300인 이하) 취업자의 18.4%에 해당하는 351만 명이 취업해 있다. OECD 보고서에 따르면[3], 중소기업의 근로자 1인당 부가가치 생산성은 성장을 멈추었을 뿐만 아니라 대기업을 100으로 할 때 1980년 55에서 2015년 32.5로 낮아져 대기업과의 격차가 확대되었다. 종사자 10명대 제조업체의 1인당 출하액은 종사자 100명대 제조업체의 거의 절반 수준이며, 종사자 500명 이상 제조업체의 1/5 수준으로 영세한 상태에 있다. 한편 종사자 10명대 제조업체의 1인당 부가가치액은 종사자 100명대 제조업체의 거의 절반 수준이며, 종사자 500명 이상 제조업체의 1/4 수준에도 미치지 못하는 저생산성을 보이고 있다. 저생산성의 이유는 자본스톡의 차이로 설명된다.

《2030 카이스트 미래경고》에서는 중소기업의 생산성이 낮은 원인에 대하여 노동자의 숙련도가 아니라 자본투자의 부족에 원인이 있으며, 납품 단가를 맞추기 위해 낮은 가격을 유지한 결과 투자에 대한 유인이 낮으며, 낮은 원가를 지탱하기 위한 대안으로 저임금 이주 노동자를 고용하여 비용을 절감하는 것이라고 지적하고 있다. 즉, 우리나라 중소 제조업체들은 공급 사슬에서 협상력이 약하고 그 결과로 상위 제조업체의 가격 조건을 맞추어야 하고, 따라서 투자유인이 없으며 투자가 부족한 결과로 저생산성과 저임금의 악순환을 벗어나지 못하고 있다. 삼성전자와 같은 소수의 세계적인 대기업을 제외하고는 절대 다수의 중소기업이 간신히 버티고 있는 심각한 양극화 구조가 우리나라 제조업의 민낯이라고 할 것이다.

숙박·음식점업 개업 1년 내 40% 폐업

우리나라 서비스업의 사업체당 종사자 수는 4.2명이며, 종사자 1인당 연간 매출액은 1억 7,500만 원이다. 1인당 연간 매출액이 가장 낮은 숙박·음식점업의 1인당 연간 매출액은 6,700만 원으로 영세하기 때문

표 5-10 **주요 서비스업 신생기업 생존율(2018년)**

단위: %

	1년	2년	3년	4년	5년
도·소매업	59.5	48.3	40	33	27.9
운수·창고업	70.6	62.9	58.2	50	43.8
숙박·음식점업	62.2	45.1	34.2	26.3	20.5
부동산업	64.4	60.2	54.6	44.6	40.5

자료: 통계청, 국가통계포털

에 종사자의 63%는 월 200만 원 미만의 저임금을 받고 있다. 서비스업에서 보다 주목되는 양상은 높은 진입률과 소멸률이다. 가장 대중적인 서비스업인 숙박·음식점업의 경우, 2019년 신생 업소의 비중이 19.5%에 달하며, 개업 후 1년을 넘기지 못하고 문을 닫는 업소의 비중은 37.8%, 2년 안에 문을 닫는 비중은 55%에 달하는 것으로 나타났다. 우리나라의 자영업자 비율(2019년, OECD)은 24.6%로 OECD 국가 중 터키(31.5%) 다음으로 높으며, 일본 10%, 미국 6.1%, 영국 15.6%, 독일 9.6%에 비교하여 소득 상위국 중에서 예외적으로 높다.

세상에서 가장 빨리 늙어 가는 나라

"한국만큼 출산율의 변화가 극적으로 변한 사례는 지구상에 없었다."

스웨덴 한림원 교수 **한스 로슬링**

2020년 출생아 수는 27억 2,000명으로 2019년 대비 10.0% 감소했으며, 2015년 대비 5년간에 무려 38%가 감소했다. 2016년부터 출생아 수가 급격하게 감소함으로써 우리나라 인구구조가 직면하고 있는 저출산·고령화 추세는 급격하게 가속화되고 있다. 가장 주목되는 사건은 2020년 대한민국 인구 통계 사상 처음으로 총인구가 감소하는 해가 되었다. 2020년 출생아 수는 27만 2,000명으로 전년대비 10.0% 감소한 반면 사망자 수는 30만 5,000명으로 전년대비 3.4% 증가했기 때문이다.

2020년 인구 정점

저출산·고령화 추세가 급격하게 가속화된 결과, 장래인구추계에 대한 재검토가 필요하다. 또한 장래인구추계의 수정 결과에 따라 정부와 국민연금을 비롯한 공적연금들의 재정건전성 추계가 수정되는 작업이 불가피해졌다. 통계청이 2019년 3월에 발표한 '장래인구특별추계: 2017~2067년'에서 총인구는 중위추계로 2028년 정점을 이룰 것으로 전망했다. 그러나 이미 2020년 인구성장률이 마이너스로 전환하여 총인구의 정점을 2019년(5,165만 명)으로 추정한 저위추계에 근접하는 흐름을 보이고 있다. 2020년 합계출산율은 0.84명으로 저위추계의 합계출산율 0.81에 근접하고 있다.

저위추계로 간다면(표 5-11 참조), 총인구 중 65세 이상의 고령인구 비중은 2020년 15.7%에서 2025년에는 20.3%를 돌파하여 초고령사회에 진입하게 되며, 고령인구 비중이 2030년 25.2%, 2040년 34.4%, 2050년 40.9%에 이를 것으로 전망된다. 한편 15~64세의 생산연령인구의 비중은 2020년 72.2%에서 2030년 66.1%, 2040년 57%, 2050년 51%로 급격하게 낮아지는 것으로 추계된다. 생산연령인구 비중의 저하는 당연히 총부양비(유소년부양비와 노년부양비의 합계)를 상승시키는 결과를 가져온다. 2020년 총부양비는 38.5명으로 대략 3명이 약간 넘는 수가 경제활동을 해서 1명을 부양하지만, 불과 10년 후인 2030년에는 2명이 일해서 1명을 부양하는 사회가 된다. 부양을 위한 부담으로 인해 소비와 저축 여력이 대폭 떨어지고 이에 따라 잠재성장률이 하락하는 것은 당연한 결과다.

인구구조를 OECD 국가들과 비교해보면, 우리나라 생산연령인구는 2017년 73.2%로 OECD 국가 중 가장 높은 수준이었지만, 2065년에는 가장 낮은 수준이 될 것으로 전망된다. 그 결과로 총부양비는 2017년 36.7명으로 OECD 국가 중 가장 낮은 수준이지만 2065년에는 117.8명으로 가장 높은 수준으로 예상된다(통계청.〈장래인구특별추계〉). 2017~2065년 사이 우리나라 인구의 고령화 속도가 OECD 국가 중 가장 빠른 나라가 될 것임을 시사하는 것이다.

합계출산율 더 낮아진다

가장 주목해야 할 점은 향후 20년간 우리나라가 세계에서 고령화 속도가 가장 빠른 나라가 될 것이라는 점이다. 유엔의 전망[4]에 따르면 우리나라는 2020년대에 세계에서 가장 빠른 속도로 고령화가 진행될 뿐만 아니라 2050년에는 일본을 제치고 세계에서 고령화 비율이 가장 높은 나라가 될 것으로 전망되고 있다. 우리나라의 고령화율도 2075년 이후 낮아질 것으로 전망되지만 2100년까지 세계에서 고령화 비율이 가장 높은 나라로 전망되고 있다. 앞서 살펴본 통계청의 저위추계보다도 합계출산율이 더 빠르게 낮아질 가능성이 높기 때문에 저출산 문제는 예상보다 더 심각한 양상으로 전개될 것이다. 결혼 적령기에 있어 결혼에 대한 선호도가 낮아지는 추세에 있고, 결혼을 해도 자녀를 갖는 것을 기피하는 비율이 높아지고 있기 때문이다. 우리나라 미혼남녀의 54.5%는 결혼의 필요성에 대해 미온적('결혼을 해도 그만, 안

표 5-11 연령계층별 인구구조: 저위추계

단위: %, 만 명

	2017년	2020년	2030년	2040년	2050년
0~14세	13.1	12.1	8.7	8.6	7.9
15~64세	73.2	72.2	66.1	57	51.2
15~24세	12.7	11.2	8.8	6	6.4
25~49세	38	37	32.8	28.5	21.9
50~64세	22.5	24	24.5	22.5	22.9
65세 이상	13.8	15.7	25.2	34.4	40.9
75세 이상	5.9	6.7	10.2	17.5	24.2
85세 이상	1.2	1.5	2.7	4.4	8.3
총인구	5,136	5,065	4,971	4,831	4,401

자료: 통계청. 〈장래인구 특별추계: 2017~2067〉. 2019. 03.

해도 그만', 여성 66.8%, 남성 42.2%)인 것으로 나타났다.[5] 결혼을 해야 한다는 비율은 18%로 2017년 조사의 20.3%보다 약간 낮아졌다. 한편 결혼을 하더라도 자녀가 필요하지 않다고 생각하는 비율이 20대는 48.5%, 30대는 40.1%로 나타났다.[6] 흥미롭게도 우리나라 젊은이들의 결혼의사 비율은 미국의 조사 결과와 거의 비슷하다. 미국(2019년 PEW Research Center)의 경우 "결혼이 필수적"이라는 의견에 남성 16%, 여성 17%가 찬성했으며, "중요하지만 필수적인 것은 아니다important, but not essential"라는 의견에 남성 54%, 여성 54%가 찬성했다.[7]

과연 저출산·고령화가 우리 경제의 미래에 의미하는 바는 무엇인가? 막대한 재정을 투입했음에도 우리나라는 저출산·고령화에 대한 국가 전반의 대비가 세계 어느 나라보다도 절실한 상황에 있다. 저출산·고령화가 가져올 '불편한 진실'을 염두에 두어야 한다. 기획재정부

표 5-12 **주요국 고령화 전망**

단위: %

	2020년	2030년	2050년	2075년	2100년
중국	12	16.9	26.1	30.1	31.9
한국	15.8	24.8	38.1	41.5	38.3
미국	16.6	20.3	22.4	26.3	27.8
영국	18.7	21.5	25.3	27.8	29.9
프랑스	20.8	24.1	27.8	29.9	32.3
독일	21.7	26.2	30	30.4	31.3
일본	28.4	30.9	37.7	37.8	37.3

자료: Unted Nations. 〈World Population Prospect 2019〉. Vol. Ⅱ : Demographic Profiles. 2019.

전망(2020~2060 장기재정 전망)에 따르면 국민연금은 2041년 적자로 전환하고 2056년 소진되는 것으로 전망했다. 그러나 이 전망치는 인구 증가율을 중위추계에 기초하고 있어 이미 저위추계에 근접하고 있는 인구추세를 제대로 반영하지 못한, 너무 낙관적인 전망이 되고 말았다. 한편 한국고용정보원 조사에 따르면, 전국 시·군·구의 46%가 저출산·고령화의 결과 인구 감소로 '소멸 위험'에 직면해 있는 것으로 나타났다.[8]

국회 입법조사처 자료에[9] 따르면, 2006~2019년간 정부는 저출산 대책으로 무려 184.4조 원을 쏟아 부었다. 그럼에도 불구하고 합계출산율은 2006년 1.132명에서 2013년 1.3명까지 상승한 후 감소세로 전환하여 2020년 0.84명으로 낮아졌다. 무엇이 잘못되었는가? 한국의 정부 공무원들과 전문가들이 프랑스를 방문하여 프랑스가 출산율 제고에 성공한 이유를 수도 없이 물어봤으나 제대로 된 답을 들은 적이

표 5-13 유럽의 합계출산율과 혼외출산율 추이

	합계출산율 (명)		혼외출산비율 (%)	
	2011년	2018년	2011년	2018년
프랑스	2.01	1.88	55.8	60.4
스웨덴	1.9	1.76	54.3	54.5
덴마크	1.75	1.73	54.2	49
네델란드	1.76	1.59	45.3	51.9
영국	1.91	1.76	47.3	48.2(2017년)
스패인	1.34	1.26	37.4	47.3
이탈리아	1.44	1.29	23.7	34
독일	1.39	1.57	33.9	33.9

자료: Eurostat

없다고 한다. 그럴 수밖에 없는 것이 프랑스는 저출산 대책이라는 것을 정부가 시행한 적이 없기 때문이다. 유럽이 출산율 저하를 억제하는 데 상대적으로 성공한 이유가 있다면(표 5-13 참조) 그들은 혼외 출산을 법적으로 동등하게 보호한다는 점이다. 프랑스 정부는 국가의 출산율을 높이기 위한 방법을 고민하면서 저출산 대책으로 접근한 것이 아니라 1999년에 제정한 'PACSPacte Civil de Solidarité'로 접근했다. 사실혼 부부와 동성부부에게 세금 공제와 사회보장 등과 관련 결혼에 준하는 권리를 부여하는 시민연대협약을 제정하여 결혼보다 느슨한 형태의 가족 형태를 법적으로 결혼과 동등하게 대우한 것이다. 스웨덴의 경우는 1987년 동거인을 보호하는 동거법Sambolagen이 있다.[10] 유럽과 한국 사이에는 전통과 문화적 차이가 있기 때문에 접근 방법도 다를 수밖에 없다. 하지만 분명한 사실은 결혼과 출산이 삶의 기쁨이 되는 환경을 조성해주는 것이 핵심이라는 점이다. 치솟는 주택 가격, 높은 사교육비 부담, 출산으로 인한 경력 단절, 일과 가정의 양립 어려움 등이 저출산을 촉진하는 방향으로 작용하고 있다. 그러나 주목해야 할 사실은 앞서 살펴본 바와 같은 저출산이 가져올 문제의 심각성을 생각할 때 이보다 더 중대한 국가 과제는 없다는 점이다.

한편 고령화 사회의 도래를 비관할 필요가 없다는 주장에도 주목할 필요가 있다. 일본의 경험은 인구 증가 없이도 국민들의 삶의 질을 지속적으로 개선할 수 있다는 가능성을 보여준다는 시각도 있다.[11] 저출산·고령화로 생산활동 가능인구가 감소함에 따라 청년들의 취업률은 올라가고, 여성들의 경제활동이 왕성해짐으로써 사회가 새로운 활력을 찾을 수 있다는 것이다. 물론 출산율이 올라가는 것이 최선의 해답이지만, 현실적으로 그것이 어렵다면 차선책으로 여성들의 경제활동을 촉진하고, 일과 가정의 양립을 가능하게 하는 제도와 환경의 혁신을 추진하는 등의 대안을 모색하는 것이 필요하다.

부동산 장기침체가 온다

⊸──────────────────────────────⊶

24번의 정책 실패, 끊어진 희망의 사다리

2016년 12월에 대비하여 2020년 12월까지 소비자물가지수가 4% 상승하는 동안에 전국의 아파트 가격은 40%가 상승했으며, 서울 아파트 가격은 80%가 상승했다(표 5-14 참조). 금액으로 계산하면 서울의 25평 아파트의 경우 2016년 12월 5억 6,966만 원에서 2020년 12월 10억 825만 원으로 상승한 것이다. 이 아파트 가격을 정규직 근로자[12] 연봉으로 환산해보면 산술적으로는 2016년 12월 기준으로 한 푼도 쓰지 않고 17년 저축하면 살 수 있는 금액이며 2020년 12월 기준으로는 26년을 모아야 살 수 있는 금액이다.

KB국민은행 통계로 산출된 소득대비 주택가격지수PIR(5분위 중 3분위 소득으로 3분위 주택 가격을 나눈 비율)는 2020년 11월 기준 전국은 5.5년, 서울은 15.6년으로 2016년 12월 기준 전국 5.7년, 서울 10.8년과 비교

표 5-14 아파트 단위면적당(m²) 평균 매매가격 추이

단위: 만 원, %

	전국		서울		강남구		송파구	
	가격	증감율	가격	증감율	가격	증감율	가격	증감율
2016년 12월(Ⅰ)	376.3	–	690.5	–	1,294.50	–	843.9	–
2017년 12월	395.8	5.2	767.8	11.2	1,498.10	15.7	978.9	16
2018년 12월	436.7	38.2	951.4	23.9	1,831.90	22.3	1,219.30	24.6
2019년 12월	443.4	1.5	1,015.70	6.8	1,950.20	6.5	1,339.90	9.9
2020년 12월(Ⅱ)	526.9	18.8	1,222.10	20.3	2,216.00	13.6	1,565.50	16.8
2020년 6월(Ⅲ)	470.4	–	1,077.60	–	2,010.50	–	1,363.20	–
2021년 1월(Ⅳ)	537.7	–	1,243.70	–	2,236.50	–	1,596.20	–
Ⅱ/Ⅰ(%)	–	40	–	80	–	71.2	–	85.5
Ⅳ/Ⅲ(%)	–	14.3	–	15.4	–	11.2	–	17

자료: KB부동산 리브온, 아파트 시세통계

하여 서울의 경우 4년 10개월이 늘어났다. 정부 당국자들은 자신들의 정책이 국민들의 삶에 어떤 결과를 가져왔는지 직시해야 마땅하다. 한마디로 열심히 일하고 저축하면 25평 아파트를 내 돈으로 살 수 있다는 희망의 사다리를 끊어버린 것이다.

아파트 가격 상승률을 연도별로 보면 대부분이 2018년과 2020년에 상승했다. 정부가 내놓은 대책 때문이었다. 24번의 대책 중에서 6번째 대책으로 2017년 12월 임대주택등록 활성화 방안을 마련하면서 아파트 매물을 막아버렸다. 이어서 7번째 대책으로 2018년 7월 다주택자 종부세 중과대상을 확대한다는 발표로 다주택자들로 하여금 매물을 내놓지 못하게 만들고 매매가격에 조세 부담을 전가시킴으로써 아파트 가격이 급등하는 결과를 초래했다. 똑같은 일이 2019년 12월과 2020년 7월에 다시 반복되었다. 2019년 12월 18번째 대책으로 15억

표 5-15 **아파트 단위면적당(m²) 평균 전세가격 추이**

단위: 만 원, m², %

	전국		서울		강남구		송파구	
	가격	증감율	가격	증감율	가격	증감율	가격	증감율
2016년 12월(I)	280.1	–	489.9	–	755.5	–	558.3	–
2017년 12월	286.9	2.4	514.7	5.1	816	8	599.7	7.4
2018년 12월	289	0.7	537.7	4.5	868.8	6.5	603.8	-0.7
2019년 12월	286.4	▲0.9	546.2	1.6	897.1	3.3	637.3	5.5
2020년 12월(II)	337.9	18	664.6	21.7	1,131.20	26.1	806.1	26.4
2020년 6월(III)	295.3	–	565.2	–	954.2	–	653	–
2021년 1월(IV)	344	–	679.2	–	1,159.10	–	826.1	–
II / I (%)	–	20.6	–	35.7	–	49.7	–	44.4
IV / III(%)	–	16.5	–	20.2	–	21.5	–	26.5

자료: KB부동산 리브온, 아파트 시세통계

원 초과 아파트 담보대출을 전면 금지했으며, 2020년 7월에는 22번째 대책으로 다주택자 종부세를 다시 대폭 인상했다.

한편 아파트 전세가격은 같은 기간 동안 전국 20.6%, 서울 35.7%가 상승했다(표 5-15 참조). 전세 가격 상승 동향에서 주목되는 양상은 지난 4년간 아파트 전세가격 상승률을 보면 2020년 7월에서 2021년 1월 사이 상승 폭이 차지하는 비중이 전국은 80%, 서울은 56.5%에 달한다는 점이다. 즉, 이 전세 가격 앙등을 야기한 결정적인 요인이 2020년 7월에 있었던 22번째 대책이라는 점이다. 따라서 만약 22번째 대책을 단행하지 않았더라면, 전세 가격 앙등은 일어나지 않았을 것으로 유추해볼 수도 있을 정도다. 2020년 7월에서 2021년 1월까지 7개월 동안 서울 아파트 전세가격 상승 폭을 금액으로 환산해보면, 25평 아파트의 경우 4억 6,600만 원에서 5억 6,000만 원으로 9,400만 원이 상승한 것이다. 이 전세가격 9,400만 원은 2020년 8월 현재 정규직 근로자 한 달 임금 323만 원을 2.4년 한 푼도 쓰지 않고 저축해야 모을 수 있는 금액이다. 소득의 50%를 저축한다면 거의 5년을 모아야 하는 금액이다. 투기를 막는다고 은행 대출은 틀어막아 놓고 9,400만 원을 어떻게 조달하라는 것인가? 대책을 남발하는 2017년 6월부터 2021년 2월 4일 25번째 대책에 이르기까지 평균 1.7개월에 한 번꼴로 대책을 쏟아낸 정부가 왜 정부의 정책 실패로 치솟은 전세가격에 대해서는 이렇다 할 대책을 내놓지 않는가?

사슴을 쫓는 자는 산을 보지 못한다

왜 이런 정책실패가 25번이나 반복되었을까? 그 이유는 강남 재개발아파트 가격 상승을 억제하는 것을 목표로 시작된 정부의 부동산 대책이 투기를 잡는 데만 혈안이 되었지, 그 결과로 시장기능이 망가지는 것을 보지 못했기 때문이다. 투기는 사슴과 같고, 시장은 산과 같다. 사슴을 쫓느라고 24발의 화살을 다 쏘아도 여전히 사슴은 간 곳이 없고 해는 저물어 가고 있다. 문재인 정부 부동산 정책의 이념적 토대로 알려진 헨리 조지Henry George는 《진보와 빈곤Progress and Poverty》(1912)에서 도시권의 지가 상승으로부터 지주가 얻는 이익에 대한 중과세의 근거 논리를 제시해주었다.[13] 개발이익의 사유화를 막아야 한다는 주장은 기본적으로 타당하다. 하지만 재개발 아파트의 소유주가 재개발 이익에 대한 중과세 부담을 일방적으로 수용하지는 않을 것이며 아파트 시장에 그 부담을 전가시킬 수밖에 없고, 따라서 주택시장 내부에서 연쇄적으로 발생하는 부담의 문제가 아파트 가격의 상승으로 나타날 것이다. 정부의 문제는 이러한 일련의 시장의 반응(피드백)을 고려하지 않았다는 점이다.

정부는 개발이익의 사유화를 막되, 그 반작용으로 인한 개발이익의 확산을 막을 수 있는 대책을 세워야 했다. 개방이익의 확산으로 인한 부작용이 더 크고 이를 막을 방법이 없다면, 차라리 개발이익의 사유화를 어느 정도 허용하는 것이 차선의 선택일 것이다. 즉, 돌이켜 보면 2017년 6월 19일 1차 대책부터 하지 말고 공급증대대책 위주로 정책을 전개했다면, 현재와는 전혀 다른 결과가 나왔을 것이다. 최소한 내 집을 갖겠다는 희망을 없애는 일은 없었을 것이다. 공을 때리면 공은 튄다. 공을 때리면 튄다는 자연스러운 반응을 고려하지 않고 떠다니는 공이 보기 싫어 때린다면, 공은 튀면서 거실을 엉망으로 만들 수밖에 없다.

정부 규제가 시장에 미치는 영향을 고려하지 않은 일방적인 정책, 즉 '투기꾼 잡기 두더지 게임'의 과정에서 산 전체가 다 두더지 게임판이 되고 말았다. 지난 2반 동안 강남 재개발 아파트에서 강남 전역으로, 다음은 서울 전역으로, 다음은 전국으로 그 충격이 번져 나갔다. 매매에서 전세로, 아파트에서 빌라로. 결과적으로 정부는 전국의 투기판을 만든 것이다. 아파트 매매가격과 전세가격 앙등의 상당 부분은 정부 규제로 인한 시장기능의 왜곡이 초래한 비용이라는 점을 정부는 주목해야 마땅하다.

정부는 부당한 과다 이익에 대한 과세가 결과적으로 더 큰 이익을 아파트 소유주에게 안겨 주는 결과를 가져왔으며, 가격 상승분을 부담함으로써 무주택자 또는 전세입자는 더욱 힘들어졌다. '영끌로 아파트 사기'는 사다리가 끊어지기 전에 탈출하자는 무주택자와 전세입자들의 간절한 노력을 보여주는 것이다. 문재인 정부는 25발의 화살을 쏘고도 여전히 무엇이 잘못되었는지 모르는 것 같다. 아직도 사슴을 쫓느라고 산 전체를 보지 않기 때문이다.

다가 올 재앙, 2025년부터 주택 초과공급

정부의 역대급 주택공급 물량 발표에도 불구하고 부동산 전문가들은 여전히 아파트 매매가격과 전세가격은 공급 부족으로 인한 장기 상승 요인을 안고 있는 것으로 보고 있다. 그 이유는 서울 지역 아파트 입주물량은 2020년 4만 2,456호, 2021년 2만 2,977호, 2022년 1만 3,419호로 감소하는 반면에 재개발과 재건축으로 멸실되는 호수는 2025년까지 매년 5만 가구 수준(빌라, 단독주택 포함)으로 신규 아파트의 호수보다 많기 때문이다.[14]

다음으로 현재 주택시장에 나오지 않고 있는 등록임대주택의 등록기간 만기도래에 의한 자동말소 예상건수는 2020년 46만 7,885호, 2021년 11만 5,086호, 2022년 14만 1,746호, 2023년 10만 2,547호로 추산된다. 국토교통부 자료에 의하면,[15] 2020년 1분기 말 현재 등록임대주택사업자는 51만 명(서울 18.5만 명), 등록임대주택 수는 156만 9,000호(서울 50.4만 호)에 달한다. 따라서 2024년부터 등록기간 만기

도래에 의한 자동말소 예상 건수는 82만 7,000호이며, 대략 서울은 다주택자에 대한 중과를 피하기 위해 자동말소 1년 이내 최대 27만 호가 시장에 나올 수 있다. 이뿐이 아니라 3기 신도시 수도권 30만 호가 공급되고, 또 2021년 2.4대책으로 서울지역 32만 호를 포함하여 수도권에 61만 호가 공급될 계획이다.

이 25번째 대책은 공공주도 재건축과 재개발로 2025년까지 서울 32만 호를 포함하여 전국에 83만 호를 공급한다는 것이다. 서울 32만 호는 강남 3구의 기존 아파트 가구 수에 맞먹는 엄청난 규모다. 그동안 정부가 발표한 수도권 주택공급 물량 총 127만 호에 2. 4대책의 61만 호를 더하면, 총 188만 호가 공급되어 1990년대 노태우 정부의 200만 호 공급에 맞먹는 규모다. 계획의 실현 가능성은 논외로 하고 2025년까지 수도권에 188만 호가 공급된다면 어떠한 결과가 발생할 것인가?

한마디로 정리하면 2024년 또는 늦어도 2025년부터 주택시장은 초과공급으로 전환하는 것이 불가피하고, 이 압력은 상당기간 지속될 것으로 보인다. 문제는 여기서 그치지 않는다. 주택담보 대출로 2020년 말 현재 722조 원이 들어간 주택시장은 주택가격 하락으로 인한 역풍에 직면할 가능성이 크다. 그때부터 정부는 이제 주택 가격 하락의 부작용으로 전전긍긍할 수도 있다. 아마도 2020년대가 끝나도록 정부는 주택시장 문제로 골머리를 앓을 것으로 보인다. 이제부터라도 산 전체를 보고 사슴을 쫓는 지혜가 필요하다.

PART 6

희망의 대한민국

한 가지 다행스러운 점이 있다. 그것은 우리가 현재 진행되는 방향을 다시 생각하고 새로운 관점에서 세상을 다시 바라볼 수 있는 시간이 아직 있다는 점이다. 가까운 미래의 일들은 벌써 진행되고 있으며, 유럽의 다가올 운명은 이미 인간의 영역을 벗어나 있다. 정치인의 사려 깊은 행동으로도 내년의 사건에 변화를 미칠 수 없다.

그러나 역사 이면에 끊임없이 흐르고 있으면서도 누구도 그 결과를 예측할 수 없는 아직 드러나지 않은 경향은 변화될 수 있다. 우리가 이 숨겨진 흐름에 영향을 미칠 수 있는 유일한 방법은 여론을 바꾸는 상상력과 가르침의 힘으로 이 경향이 제대로 자리 잡도록 하는 것이다. 진실을 주장하고, 환상의 베일을 벗기고, 증오를 버리고, 인간의 심장을 뛰게 하고 마음을 일깨우는 그런 수단이 절실하게 필요하다.

존 메이너드 케인스의 《평화의 경제적 결과(1919)》 중에서

2021년 엿보기, 여명의 고통[1]

2021년 신축년, 신辛 자의 훈訓은 "매울 신"이지만, '辛'자는 '罪'자에서 변형된 글자로 옥편을 찾아보면 '고생한다'는 뜻을 가지고 있다. 축丑은 역학에서 시간으로는 새벽 1~3시이며, 달로는 12월이며, 계절로는 겨울 그것도 절기 중 가장 춥다는 대한大寒에 해당한다. 그렇다면 겨울 12월 가장 추운 '대한'이라는 하루 중에서도 가장 어둡고 춥고 배고픈 시간대인 새벽 1~3시 소의 상태를 생각해보자. 얼마나 춥고 어둡고 배고픈 상태인가? 그만큼 신축년이 품은 뜻은 겨울 12월 새벽 1~3시 소의 상태만큼 고통스럽다는 의미로 해석된다.

'겨울 12월 새벽 1~3시 소'만큼 고통스러운 해

그렇다면 이 고통의 의미는 무엇인가? 이유 없이 어두운 곳에 춥고 배고프게 있다면 숙명이라 할지라도 억울하지 않겠는가? 그러나 억울하지 않다. 이 춥고 어둡고 배고픈 시간을 감내할 수 있는 것은 지금만 견디면, 곧 인寅시가 오고 이어 천지를 환하게 밝히는 찬란한 여명을 맞을 수 있기 때문이다.

따라서 축시의 고통은 여명을 준비하는 중요한 시간으로서 대의를 가지고 있다. 신축년은 다가오는 여명 또는 새 시대를 준비하는 시간이다. 여명 또는 새 시대를 진지하게 기다리고 준비하는 자에게 신축년은 대반전을 잉태하는 해라고 할 수 있다. 그러나 고통스러운 준비의 시간을 기꺼이 감내하고 땀 흘릴 용의가 없다면, 신축년은 다만 어둠 속의 답답하고 춥고 배고픈 시간일 뿐이다.

코로나 팬데믹은 언제 끝날 것인가?

역시 신축년에도 관건은 코로나 팬데믹에 있다. 세계적으로도 1일 확진자 발생 건수가 정점을 보였던 2021년 1월 7일에 대비하여 2월 12일 48% 수준의 큰 폭으로 감소했으며, 우리나라의 확진자 발생 건수도 2020년 12월 26일 대비 2021년 2월 14일 현재 28% 수준으로 낮아졌다. 백신 접종 개시 등으로 2분기에는 크게 진정될 것으로 보인다. 하지만 변종 바이러스의 위협이 새롭게 대두되고 있어 2000년 안에 마스크를 벗고 정상생활로 돌아가는 것은 어려워 보인다.

GDP 성장율 2% 중반, 체감경기 호전은 언제?

정부는 2021년 경제성장률을 한국은행(3.0%)보다 높은 3.2%를 제시했다. 왜 3.2%인가? 성장률 3.0%와 3.2%의 차이는 수치로는 0.2%포인트에 불과하지만 정치적으로 엄청난 차이가 있다. 3.2% 성장률은 2019년 성장(2.0%) 궤도로 올해 바로 복귀한다는 중요한 의미를 내포하고 있다. 이 경우 중국을 제외하고는 G20 국가군에서 가장 빠른 회복성과를 자랑할 수 있다. 더구나 문재인 정부의 마지막 해의 경제성과로 이보다 더 좋은 것은 없을 것이다. 이것은 마라톤으로 말하면, 달리다가 돌뿌리에 걸려 쓰러진 선수가 다시 일어나 종전의 페이스로 달리는 것과 같다. 과연 한국 경제는 놀라운 회복력으로 팬데믹의 후유증에서 바로 벗어날 수 있을 것인가?

2021년 한국 경제 흐름은 수출 호조와 내수 침체의 양극화 현상이 현저한 해가 될 것으로 보인다. 경제성장률은 소비와 투자의 위축된 부분을 수출이 얼마나 보충할 수 있느냐에 달려 있다. 수출증가율(2021년 1월 11.4%, 2월 9.5%)이 보여주는 바와 같이 세계 경제의 견조한 회복세에 힘입어 2021년 수출은 호조를 보일 것으로 예상된다. 반면에 가계 소비는 코로나 사태와 주택 매입 등 누적된 가계부채의 부담으로 인해 그동안 억눌렸던 소비가 폭발하는 현상은 없을 것으로 보인다. 기업투자 역시 투자 여건의 불확실성 증대로 큰 증가를 보일 가능성은 낮다고 본다.

따라서 3% 성장률보다는 낮은 2% 후반의 성장률을 보일 가능성이 크다. 주목해야 할 점은 성장률보다 시장에서 느끼는 체감경기가 얼마나 개선될 것인가다. 물론 코로나 사태가 진정됨에 따라 2분기부터 사회적 거리두기는 완화되고 이에 따라 서비스 업황도 개선될 것이다. 하지만 코로나 사태가 가져온 경제적 충격의 누적된 피로감으로 인해 체감경기가 크게 호전될 것이라 기대하기는 어렵다.

신축년은 대전환을 준비하는 해

신축년은 1961년 5.16 군사혁명이 60주년을 맞는 해라는 것은 깊은 의미가 있다고 할 수 있다. 지난 60년 동안 군사독재 정권 30년, 1990년대 민주화 10년, 김대중 진보정권, 이명박·박근혜 보수정권 8.5년에 이어 문재인 진보정권이 대한민국을 이끌고 있다. 특히 지난 30년 동안 좌회전, 우회전, 좌회전을 다 경험한 만큼 이제 대한민국은 탕평의 시대 내지는 중용의 시대를 열 시점이 되었다고 본다. 다음 정부가 진보 정권이나 보수 정권이냐를 이야기하지 말고, 탕평의 정부, 중용의 정부, 통합의 정부가 출현하여 대한민국의 새로운 시대를 열 것인지 진보든 보수든 또 패거리 정권이 등장하여 '절망의 대한민국'을 만들어갈 것인지를 이야기하는 것이 맞을 것이다.

포스트 코로나 시대의 특징적인 양상은 '양극화'로 전망된다. 2020년대는 세기적 전환기이며, 2020년의 코로나 팬데믹은 특히 디지털화를 가속화하는 계기로 작용하고 있다. 따라서 개인은 물론 기업과 정부 차원에서도 신축년은 향후 10년을 준비하는 해로서 매우 중요하다. 신축년에 무엇을 어떻게 준비하느냐에 따라 각자 향후 10년의 수준이 달라질 것이다. 더구나 그 10년은 양극화가 극에 달하는 시간으로 어떻게 준비하느냐에 따라 승자와 패자가 결정되는 시기다. 결론적으로 개인, 기업, 정부 모두에게 있어 신축년은 고통스럽고 어지럽고 어려운 해이지만 다가오는 대변혁의 시대를 준비하는 대의를 품은 중요한 해가 될 것으로 예상된다.

통합·미래지향·실용의 지도력

서비스 산업 발전을 저해하는 사소한 규제를 없애려는 노력은 2004년부터 계속되어 왔지만 성과가 미미했다. 부분적으로 뒤따라오는 항의에 대처하는 리더십이 약했기 때문이다. 서비스산업이 미약하고 국내수요를 진작시키지 못하는 가장 중요한 이유는 정치적인 것이다. … 실제로 정치적 리더십의 실패이며, 정치인과 관료들이 갈등을 중재하고 문제를 완화시키며 대중을 선도할 능력이 없기 때문이다.

《한국 한국인(2018)》 **마이클 부린**

5부에서 살펴본 절망의 대한민국을 누가 어떻게 구할 것인가? 대한민국이 절망에 빠진 가장 큰 원인은 제 역할을 못하면서도 국민들의 생활에 막대한 영향력을 끼치고 있는 정치에 있다. 따라서 '절망의 대한민국'을 '희망의 대한민국'으로 바꾸는 일도 새로운 대통령의 지도력에 기댈 수밖에 없다. 역설적이지만 대통령 중심제에서 국가의 자원을 재배치하고 가치 체계를 바로 세우는 구심력은 역시 대통령의 새로운 정치 지도력이다.

국력을 재조직화하는 '통합의 리더십'

세기적 전환기에 대응하여 국력을 재조직화하기 위해서 가장 필요한 요소는 국민들로부터 통합을 이끌어낼 수 있는 역량이다. 1987년 6.10 민주항쟁과 6.29 선언을 분수령으로 하여 김영삼 문민정부, 김대중 대통령, 노무현 대통령에게 이르기까지 대한민국의 민주주의는 발전했으며, '국민정서'가 법과 대통령 위에 있다고 할 만큼 초법적인 권위를 갖게 되었다.[2]

대표적으로 박근혜 대통령이 탄핵을 당한 이유는 실정법 위반 여부 이전에 '국민정서법'을 위반했기 때문이라고 할 수 있다. 그만큼 국민의 목소리는 커졌고, 더불어 목소리를 조직적으로 낼 역량을 가진 노동조합과 시민단체 등이 정치권에 미치는 영향력도 커졌다. 다양한 계층들, 특히 소외되었던 계층들의 목소리가 주목받는 것은 그 자체로 민주주의의 발전이며 긍정적인 일이다.

하지만 다양한 목소리들을 통합하고 정리하여 사회적 합의로 이끌어낼 수 있는 정치적 과정이나 전형이 정착되지 않은 상태에서 다양한 목소리들의 뒤엉킴은 혼란 그 자체일 뿐이다. 공공의 이익은 물론 계층적 이익을 증진하는 데도 도움이 되지 않는다. 정치권은 그 다양한 목소리에 대해 정치적 이해득실을 계산하기 바쁘고 합의를 통해 문제를 해결하고 사회를 발전시키려는 노력은 없는 것이 현재 한국 정치의 실상이다.

보수진영과 진보진영 간의 통합과 지역 간 통합은 기업과 노조, 대기업과 중소기업 등 다양한 차원에서 이해와 갈등을 안고 대립함으로써 사실상 대한민국을 먹구름의 정체상태로 묶어 두고 있는 상황을 뛰어넘는 일이다. 계층 간의 통합과 합의를 이끌어낼 수 있는 역량은 바로 '통합'이며, 지금 통합이 우리나라에 가장 절실한 이유는 이 때문이다. 우리나라 서비스업이 영세성을 면치 못하고 양극화의 늪에 빠지게 된 이유에 대하여 앞서 인용한 마이클 부린의 지적은 우리나라 서비스업과 정치가 안고 있는 문제의 본질을 정확하게 드러내주었다.

정치의 실패가 얼마나 심각하게 경제문제를 악화시키는가를 보여주는 사례는 무수히 많다. 단적인 예로 앞에서 잠재성장률을 제고하기 위해서는 여성의 경제활동 참여 확대 등 노동시장의 유연성을 제고하는 노동개혁이 필요하지만 정치권은 노동개혁의 '노' 자도 이야기한 바 없다.[3] 경제의 역동성을 회복함으로써 잠재성장률을 높이는 데 이른바 4대 구조개혁(노동개혁·공공개혁·교육개혁·금융개혁)이 절실하다는 것은 IMF가 수차례 지적해왔으며[4] 많은 경제학자들이 거론해왔던 바다.

그러나 4대 구조개혁은 문재인 정부 들어 아무도 신경 쓰지 않는다. 4대 구조개혁은 보수정권이 추진하다 그만둔 과제인 만큼 소득주도성장과 혁신성장을 추진하는 문재인 정부 입장에서 금기나 다름없어 보인다. 그러나 정권이 바뀐 것이지 경제가 바뀐 것은 아닌 만큼 우리 경제의 역동성을 회복하기 위한 4대 구조개혁을 문재인 정부에서 거론조차 하지 않는 것은 옳지 않다. 경제를 경제의 논리로 접근하지 않기 때문이라고 설명할 수밖에 없다. 세기적 전환기를 맞아 국력을 재조직화하기 위해서, 통합의 리더십은 가장 중요한 필수조건이다.

과거지향적인 통과의례보다는 '미래지향적 리더십'

두 번째로 대한민국이 필요로 하는 리더십의 요소는 '미래지향적 리더십'이라고 본다. 굴곡진 역사로 인해 한의 정서가 국민들 가슴 속에 뿌리 깊이 자리 잡고 있는 만큼 정치는 국민들이 요구하는 해원解寃을 우선과제로 중시해왔다. 그 결과로 과거지향적인 청산 문제는 정치 지도자가 해결하고 넘어가야 할 통과의례와 같았다고 할 수 있다.

그러나 세기적 전환기에 직면하여 이제는 변화가 필요하다. 과거보다 해원보다 다음 세대의 미래를 더 중요하게 다루지 않는다면, 앞서 살펴본 바와 같이 다음 세대는 절망의 대한민국에 남겨질 가능성이 크다. 기성세대가 안고 있는 과거의 상처를 치유하는 일도 중요하지만, 세기적 전환기의 갈림길에서 선 현재 시점에서는 절망의 대한민국이 안고 있는 많은 과제들을 해결하여 다음 세대에게 희망을 안겨주는 것이 더 중요하다. 세기적 전환기에 직면한 기성세대가 다음 세대의 짐으로 남게 될 구조적인 문제를 청산하는 것은 시대적 의무를 다하는 것인 동시에 다음 세대의 미래를 위한 초석을 놓는 일이다.

개인적으로 끊임없이 생명을 위협받았음에도 불구하고 김대중 대통령은 놀랍게도 과거사를 들추지 않았으며, 미래지향적인 리더십으로 국난의 위기를 해결했다. 세기적 전환기를 맞아 미래지향적인 리더십으로 국가 자원과 가치체계를 재조직하여 세계 경쟁에 나서지 않는다면, 다음 세대를 지금 기성세대들이 만든 절망의 대한민국의 구렁텅이에 빠뜨리는 것과 같다.

국민의 문제를 해결하는 '실용주의 리더십'

2020년대 세기적인 혼란시대에 대응하는 리더십의 필요조건은 보수도 진보도 아니다. 《자본주의의 미래The Future of Capitalism》에서 저자 폴 콜리어 교수는 미국의 외교 전문지 〈포린어페어스〉의 편집장 조녀선 태퍼먼이 언급한 지도자상을 대안으로 제시했다. 이들의 공통점으로 "모두 이데오르기를 회피했으며, 그 대신 핵심적인 문제에 대한 실용적인 해법에 집중했고, 전개되는 상황에 맞추어 대응했다"고[5] 지적했다. 태퍼먼은 특히 보수적인 관점의 거시적 개혁을 포용함으로써 반곤층을 돕고자 했던 한국의 김대중 대통령의 실용주의 리더십을 높이 평가했다.[6] 이념적으로 보수적인 정책인가 또는 진보적인 정책인가의 여부가 아닌 그 정책이 국민이 안고 있는 어려움을 해결하거나 희망을 줄 수 있느냐 하는 해결지향적인 방향을 우선시하는 것이 실용주의다.

실용주의에 입각한 정책이 국민들에게 보편적인 설득력을 얻기 위해서는 윤리적 가치에 근거해야 한다. 쉽게 말하자면 사심이 없어야 한다. 이명박 대통령은 끊임없이 그 사심을 의심받았으며, 그 결과 재판을 받고 옥고를 치르고 있다, 박근혜 대통령은 역시 그 사심으로 인하여 국정농단으로 탄핵을 받고 역시 옥고를 치르고 있다. 반면에 문재인 정부의 많은 정책들은 이념적 편향성을 가지고 있으며, 그 결과 상당 부분 실패했다. 대표적으로 부동산 정책이 그렇다.

실용주의 리더십의 아이콘은 덩샤오핑鄧小平 중국 공산당 주석의 흑묘백묘론黑猫白猫論(1979년)이라고[7] 할 것이다. 고양이의 털 색깔이 백색이든 흑색이든 쥐를 잘 잡는 고양이가 최고이듯이 인민들을 잘 살게 할 수 있다면, 자본주의라도 수용해야 한다는 이 선언은 중국의 개방·개혁 40년의 초석이 되어 오늘날 중국의 번영을 이루었다.

국민을 하나로 묶는 '공동선의 리더십'

이념·지역·세대·보수·고용 상태 등에 따른 갈등과 대립이 갈수록 심각해짐에 따라 합의의 정치는 실종되고, 부족주의 정치가 한국 정치의 대세를 이루고 있다. 이런 상황에서 패자들은 사회적 규율의 정당성에 대한 신뢰를 잃고 장외로 나가 목소리를 높임으로써 사회적 갈등은 극단으로 치닫고 있다. 이러한 갈등과 대립을 통합으로 전환시켜 국가 역량을 극대화하기 위해서는 국민들을 하나로 묶을 수 있는 공동선에 기초한 지도력의 출현이 절실하다.

대한민국 대도약 시나리오

"체급이 다른 나라를 상대할 때 최후의 방패는 행동에 대한 정당성을 확보하는 것이다. 특정세력이 아니라 한국이 지향하는 민주주의, 시장경제, 자유무역, 인권, 환경이라는 보편적 가치와 군사동맹, 평화통일, 북핵에 대한 자구책 강구라는 분단국 특유의 가치에 깃발을 세울 필요가 있다."

2020년 6월 18일 전 외교통상부 장관 송민순

코로나 팬데믹이 가져온 기회

세계적 미래학자인 제이슨 솅커Jason Schenker는 미국과 중국의 갈등 속에 한국이 승자가 될 수 있다고 지적한 바 있다.[8] 그 이유는 '아메리칸 퍼스트America First'로 선회한 미국은 중국 중심의 글로벌 공급 사슬에 강한 불만을 가지고 있으며, 외국 제조업체들의 중국 탈출로 중국의 글로벌 공급 역량에 타격을 주기를 원하기 때문이다. 글로벌 공급 사슬에서 중국의 빈자리를 메꿀 능력이 있는 나라는 단연 제조업 강국 한국이다. 한편 한국은 제조업 중에서도 반도체 강국이다. 중국이 추격하기 어려운 반도체 생산 능력을 보유하고 있기 때문에 중국이 한국의 반도체를 필요로 하는 한 한국을 외면할 수 없다. 즉, 미국과 중국 간의 갈등 가운데서 미국도 한국을 필요로 하고, 중국도 한국을 필요로 하기 때문에 한국의 반도체와 제조업이 경쟁력을 유지하는 한 한국은 글로벌 공급 사슬에서 허브의 위치를 키울 수 있다는 지적이다.

미·중 간의 마찰에 더하여 코로나 팬데믹이 가져온 '디지털화'와 '친환경의 가속화'는 반도체·전기자동차·5G의 강국인 대한민국을 대만과 더불어 코로나 팬데믹의 최수혜국으로 만들고 있다. 코로나 사태로 국민들은 고생을 했지만 국가적으로는 코로나 팬데믹이 역전의 기회를 주었다. 2020년 10개월간 우리나라 수출 실적은 전년동기 대비 ▲8.2% 감소했으나 홍콩 +0.9%, 중국 +0.4%, 네덜란드 ▲7.4% 다음의 성과를 보였다.[9] 중개무역의 특성을 가진 홍콩과 네덜란드를 제외하면 중국 다음 순위에 해당한다. 세계 무역규모가 2019년 ▲0.1%에서 2020년 ▲9.2%(추정)로 위축된 반면에 우리나라 수출은 2019년 ▲10.4%에서 2020년 ▲5.4%로 개선되었다. 우리나라 수출이 디지털화의 가속화의 흐름과 잘 맞았기 때문이다.

디지털화의 가속화가 2020년대의 시대적 흐름이라고 한다면, 2020년대 반도체·전기자동차·5G가 주도하는 우리나라 산업과 수출은 큰 성장이 예상된다. 한마디로 한국 경제에 새로운 기회의 시대가 열렸다고 할 수 있다. 특히 우리나라를 바짝 추격하고 있는 중국은 미국의 제재로 인해 첨단 기술의 흡수가 어려운 상태에 빠져 있는 한편,

미국은 기술개발 면에서는 첨단을 달리고 있으나 제품 생산 면에서는 경쟁력을 잃은 지 오래되었다. 미국도 반도체 산업을 비롯하여 국가 지원을 대폭 강화하여 제조업의 부흥을 도모하고 있으나 한국을 추격하기는 쉽지 않을 것으로 보인다. 그 예로 반도체 칩 생산에 있어 인텔은 10나노의 상업용 생산 시스템을 안정화하는 데 문제를 겪고 있는 반면에 삼성전자는 2022년부터 3나노칩 생산을 추진하고 있다.

이와 같이 세계적인 산업판도에 있어서 한국 기업들이 도약의 기회를 맞은 것은 분명해 보이지만 그렇다고 해서 승리가 보장되는 것은 아니다. 한국 기업들은 대외적이라기보다 국내적으로 해결해야 할 난제들을 안고 있기 때문이다.[10]

세계 지정학적 구조 변화

코로나 팬데믹은 세계 지정학적으로 뜻밖의 변화를 가져왔다. 중동의 석유가 중요했듯이, 코로나 팬데믹 충격으로 인해 동아시아의 지정학적 중요성이 크게 부각되고 있다. 코로나 팬데믹이 가져온 산업 충격으로 반도체와 전기배터리 생산이 중요해졌기 때문이다. 문제는 세계 반도체 생산의 82%가 대만과 한국에 집중되어 있다는 사실이며, 전기자동차의 베터리 생산은 한국(3개사, 35.6%)과 중국(4개사, 33.3%), 일본(3개사, 24.5%)에[11] 집중되어 있다. 한국은 반도체와 전기자동차의 핵심인 배터리 두 가지 모두를 생산하는 국가이며, 특히 삼성전자는 설계·제조·디바이스를 모두 생산하는 세계 유일의 종합 반도체 제조업체다.[12]

대만 사례의 시사점

전 세계가 코로나 팬데믹의 충격에 휩싸여 있는 동안 대만은 가장 수혜를 입은 나라가 되었다. 대만은 코로나 바이러스 감염률이 0.04%(2021년 2월 9일 기준)에 불과한 청정국으로서 2020년 4월 마스크를 EU에 700만 장, 미국에 300만 장을 제공했다. 그럼에도 불구하고 독일 수상 대변인은 감사 여부에 대한 기자의 질문에 공식적으로 대만이라는 호칭을 사용하지 않았다. 독일 수상 대변인이 대만을 호칭하지 않은 이유는 독일의 5번째 수출시장인 중국의 비위를 자극하지 않기 위해서였을 것이다. 2021년 1월에는 독일 경제장관이 대만의 경제장관에게 TSMC로 하여금 자동차 칩을 공급해달라고 요청했다.

자동차 칩의 부족으로 자동차 생산을 일부 중단해야 하는 상황에 직면한 독일에 이어 미국과 일본도 대만 정부에 협력을 요청했다. 대만의 무역대표부 수장 존 덩John Deng은 〈파이낸셜타임스〉와의 인터뷰에서[13] "이 상황을 보고 있는 모든 사람은 더 이상 대만을 무시할 수 없다고 생각할 것이다"라고 했다.

코로나 팬데믹과 자동차 칩 부족 사태로 인하여 대만은 세계의 주요국들이 모두 도움을 요청하는 '귀하신 몸'이 되었으며, 이에 따라 대만을 둘러싼 중국과 미국 간의 갈등은 새로운 국면에 들어갔다. 대만은 세계 파운드리 반도체 생산의 63%(2020년)를 차지하고 있는 만큼, 글로벌 공급 사슬에 있어 중국과 미국이 포기할 수 없는 전략적 가치를 가지고 있다. 유럽조차도 방관할 수 없는 이해관계를 가지고 있다. 따라서 대만의 외교적 협상력은 유리해질 수밖에 없다.

미국의 안보와 중국의 경제력 사이에서 이해가 충돌하는 한국은 대만의 사례로부터 생존의 해답을 찾을 수 있다. 대만의 전략적 가치가 상승하는 한 미국은 절대 대만을 포기할 수 없으며, 이것은 중국으로 하여금 대만을 공격할 경우 치러야 할 대가를 높이는 결과를 가져온다. 따라서 중국은 대만을 공격하기 더욱 어려워졌다. 대만의 사례가 시사하는 바는 한국의 전략적 가치가 상승하는 한 미국과 중국도 한국을 적대시할 수 없다는 사실이다. 미국의 경우 한국의 전략적 가치가 상승하면 한국과 중국과의 경제협력을 이유로 한국에 불리한 조치를 취하기 어려우며, 중국의 경우 중국 경제의 공급 사슬 안에서 한국의 가치가 상승하면 한국의 미국에 대한 안보의존을 이유로 한국을 적대시할 수 없다. 문제는 중국 경제의 공급 사슬에서 한국의 가치가 지속적으로 상승할 수 있는가의 여하에 있다.

한국이 계속해서 중국의 추격을 당하는 경우, 중국의 공급사슬에서 더 이상 한국이 중요하지 않거나 필요하지 않을 수도 있다. 그럴 경우 2016년 7월 미국의 사드THAAD 한국 배치를 이유로 중국이 경제 보복 조치를 단행했던 바와 같은 일이 다시 일어날 수도 있다. 중국이 경제 보복을 하는 경우 관광과 같이 미약한 부분에까지 영향을 준다는 점에 주목할 필요가 있다. 즉, 한국의 산업기술이 중국과의 격차를 유지하지 못한다면, 중국이 한국을 제재하는 비용은 낮아지므로 우리나라가 제재받을 위험도 높아진다. 반면에 산업기술 격차를 유지하는 한 제재비용이 크기 때문에 중국이 한국에 제재를 가하기는 어려워진다.

따라서 한국은 미국과 중국 양측이 상충하는 압박을 이겨내기 위해 중국과의 격차를 유지해야 한다. 한국이 산업기술 경쟁력을 상실하여 중국 경제의 공급 사슬로서 가치가 없다면, 중국은 한국시장을 그저 중화 경제권의 일부로서 다루게 될 것이기 때문이다. 따라서 한국의 선택지는 하나밖에 없다. 중국과의 산업기술 경쟁력 격차를 유지하는 것이다.

중국과의 산업기술 경쟁력 격차를 확보하는 것은 한국 경제의 생존에 있어 또 다른 중요성을 갖는다. 만약 한국 기업들의 기술 경쟁력이 중국에 대하여 우위를 유지하지 못한다면, 외국 금융자본들은 한국 증권시장에 투자할 유인이 없다. 2021년 3월 말 현재 외국인은 우리 증시에 주식시장의 32%(코스피시장의 36%, 코스닥시장의 9.8%), 채권시장의 8.1%를 투자하고 있다. 이중에서 미국계 자본의 비중은 43% 수준(2019년 6월 말 현재)을 차지하고 있다. 한국이 중국을 선택하고 미국이 미국 금융기관들의 대한국 증권투자를 제한하는 경우, 하루아침에 한국 증권시장은 심각한 위기상황을 맞을 수 있다.

10년 후 한국은 무엇으로 먹고 살 것인가?

최근 발표된 각국의 국력에 대한 장기전망에 따르면(표 6-1 참조), 2030년 중국이 미국을 추월하여 세계 최대 경제대국이 되고, 인도가 부상하며, 한국은 11위 정도의 순위를 유지할 것으로 전망된다. 그러나 산업 경쟁력 측면에서 한국의 속내는 앞에서 살펴본 바와 같이 답답하고 복잡하다. KAIST 미래전략연구센터의 보고서는 "10년 후 한국은 무엇으로 먹고 살 것인가?"를 묻고 있다.[14] 대한민국이 10년 후

표 6-1 **세계 주요국 경제력 순위 전망**

	2010년	2015년	2020년	2025년	2030년	2035년
미국	1	1	1	1	2	2
중국	2	2	2	2	1	1
일본	3	3	3	3	4	4
독일	4	4	4	4	5	5
영국	6	5	5	6	6	6
인도	9	7	6	5	3	3
프랑스	5	6	7	7	7	7
이탈리아	8	8	8	10	13	14
캐나다	11	10	9	8	9	12
한국	14	11	10	9	11	11
러시아	10	12	11	12	10	10
베트남	53	44	37	29	24	19

자료: Cebr. 〈WORLD ECONOMIC LEAGUE TABLE 2021〉. 2020. 12.

먹고 사는 것을 걱정해야 하는 이유는 무엇인가? 그 핵심적인 이유는 지난 60년간 후발 산업국가로서 한국은 선진국가들의 산업을 추격하는 데 성공했지만 이제 더 이상 추격할 모형도 힘도 한계에 이른 반면 후발 경제대국 중국은 산업 경쟁력을 바탕으로 한국을 빠르게 추격해 오고 있기 때문이다(표 6-2 참조).

선진국이 되기 위해서는 '축적의 시간'이 필요한 것은 분명하지만[15] 그럴 만한 여유가 없다. 하지만 2030년 대한민국이 최소한 세계 11위로 현상유지라도 하기 위해서는 이대로는 안 된다. 10년 후 대한민국이 무엇으로 먹고 살 것인가 하는 절박한 국가과제에 직면하지 않기 위해서 우리는 지금 무엇을 해야 하는가?

표 6-2 **추격성장의 한계에 직면한 대한민국**

국가	특징	추격이 안되는 이유
미국	혁신innovation으로 창조경제 – IT Creative	혁신생태계 결여
일본	깊이death로 버티기	'축적의 시간' 필요
독일	깊이death로 혁신, 경쟁력 강화(제조업 창조경제)	'축적의 시간' 필요 '협력의 문화' 결여
영국	융합convergence으로 창조경제	유연성과 개방성 부족
한국	추격intensity + speed	추격의 한계에 직면 중국의 추격

대도약을 위한 준비

분명한 것은 이대로는 안 된다는 것이다. 축적의 시간도 없고 산업 생태계를 바꿀 만한 시간적 여유도 없다. 그러나 다행히 애국가의 "하느님이 보우하사 우리나라 만세"처럼 희망의 메시지가 펼쳐지고 있다. 코로나 팬데믹 이후 세계 경제 환경은 한국 경제에 유리한 방향으로 전개되고 있기 때문이다. 전 세계적으로 빠르게 전환되는 디지털화와 친환경화는 한국 경제가 확고한 경쟁력을 가지고 있는 반도체·컴퓨터·2차전지 등에 대한 세계적 수요를 급증하게 만들었다. 2020년 한국의 공산품 수출 감소율은 중국·홍콩·네덜란드를 제외하고는 가장 낮았다.

반도체 수출이 호조를 보였던 2017년을 제외하고 2016~2019년 간 우리나라의 공산품 수출은 경쟁국들보다 훨씬 저조했다. 이 추세에 비추어보면 2020년 우리나라 수출은 상대적으로 크게 호조를 보인 것

표 6-3 주요국 공산품 수출 증감율 추이

단위: %, 배

	2016년	2017년	2018년	2019년	2020년	2019년/2015년
세계	▲1.7	8.8	8.3	▲1.9	▲9.2	1.136
중국	▲8.3	7.6	9.8	▲0.1	0.4	1.083
미국	▲3.9	4	4.2	▲1.3	▲14.5	1.028
독일	1.2	9	7.9	▲5.0	▲10.4	1.131
일본	3.3	7.2	6.1	▲4.7	▲11.7	1.121
한국	△5.5	14.8	3.3	▲10.4	▲5.4	1.004

※ 2020년 중국·미국·독일·일본
증감율은 1~10월 사이.
세계와 한국은 산업자원통상부
추정치

자료: WTO. 산업자원통상부. 〈2021년 1월 수출입 동향〉.

으로 평가된다. 물론 코로나 팬데믹이 종료됨에 따라 그 속도가 크게 완화된다 하더라도 디지털화와 친환경화의 시대적 큰 흐름은 지속될 것으로 전망된다. 따라서 이러한 세계 경제 흐름의 변화에 대응하여 한국 경제의 경쟁력을 강화하는 길은 선도 투자를 대폭 강화하여 추격 국가들과의 경쟁력 격차를 크게 만들고 세계 시장을 넓히는 것이다. 그렇기 때문에 2020년대 초반 몇 년의 대응이 매우 중요하다.

그러나 문제는 앞에서 살펴본 바와 같이 이러한 시대적 전환기에 대응하기 위해서는 국내 투자 여건이 크게 미흡하다는 점이다. 정부는 포스트 코로나 팬데믹의 세계 산업구조 변화가 대한민국의 산업 경쟁력에 시사하는 바에 주목해야 한다. 이 문제는 경기 변화와 같은 일시적 양상이 아니라 2020년대의 시대 흐름이며, 글로벌 산업패권과 기술국가주의 경쟁에서 어느 나라가 우위를 확보하느냐에 따라 각국의 국민 소득과 고용이 결정되기 때문이다. 따라서 글로벌 산업패권과 기술국가주의의 경쟁 관점에서 기업의 투자 생태계 전반을 대폭 혁신할 필요가 있다. 특히 한시적 투자세액공제제도를 비롯하여 기업의 투자에 대한 위험부담을 덜어주는 정책이 필요하다.

대한민국 리셋 방향

○─────────────────○

"한국의 눈부신 성공은 두말할 필요가 없거니와 한국의 존재 자체
가 경제이론과 지정학을 모두 거스른다. 그런 점에서 한국은 독특하
다. 앞으로 닥칠 시대에 살아남으려면 한국은 그 독특함을 절대로
잃지 말아야 한다."

《각자도생의 세계와 지정학(2021)》 **피터 자이한**

피터 자이한Peter Zeihan이 언급한 한국의 독특함은 과연 무엇일까?
한국 사람보다 한국인을 더 잘 안다고 해도 과언이 아닐 마이클 부린
은 그 해답을 알고 있는 것으로 보인다. "불운이 그들을 미끄러져 떨어
지게 하더라도 즉각 다시 사다리를 밟고 올라오는 것"을 가능하게 하
는 힘이다. 주변 열강들의 잦은 침략과 굴곡진 역사를 견디면서 다져
진 강인함, 역동성, 불꽃 같은 응집력, 근면성 등을 생각할 수 있을 것
이다. 특히 한국은 4.19 혁명, 부마항쟁, 6월 민주항쟁, 광주민주화운동,
촛불혁명 등 민중 혁명을 통해 민주주의를 발전시켜 온 민중 혁명의

나라다. 더 나아가 1998년 금 모으기 운동 등 역사적으로 겪은 숱한 국난을 민중의 힘으로 이겨낸 나라다.

한국의 독특함이 세기적 전환기를 직면하여 절망과 희망의 갈림길에 놓인 대한민국에 의미하는 바는 무엇인가? 서울대학교 공과대학에서 경쟁력 위기에 처한 대한민국의 산업과 경제의 해결책을 모색한 《축적의 시간》(2015)이 제시한 해답은 "산업이 아니라 우리 사회 전체의 틀을 바꾸어 국가적으로 축적해나가는 체제를 갖추어야 한다"였다. 한편 KAIST 미래전략연구센터가 발간한 《2030 카이스트 미래경고》(2020)는 "대외적으로는 중국의 부상과 북핵 위협, 대내적으로는 사회 갈등 심화와 답보 상태의 국가조정 역량이라는 위기에 대한 해결책으로 3대 전환 시스템을[16] 갖춰야 한다"고 말한다. 혁신·포용(공정)·공유를 핵심요소로 하여 공동선과 공동부를 지향하는 새로운 경제·산업 패러다임으로 전환할 것을 대안으로 제시했다.

《축적의 시간》이 "산업이 아니라 우리 사회 전체의 틀"을 바꾸어야 한다는 주장과 《2030 카이스트 미래경고》의 "새로운 경제·산업 패러다임으로 전환"에 대한 강조는 공통적으로 경제 생태계의 총체적인 전환을 요구한다고 할 수 있다. 한편 세기적 전환기의 양상을 살피면서 필자가 생각한 것은 대한민국의 국가 역량을 총체적으로 재배분하고 투입하는 '국가 자원 재배치The Great Reset'가 필요하다는 것이다. 도출 과정과 표현의 차이는 있지만 해답에는 큰 차이가 없어 보인다. 부분적이고 기술적인 변화로는 대한민국이 직면하고 있는 위기를 해결할 수 없고 제도와 관행 그리고 정부와 기업을 포괄하는 총체적인 혁신이 필요하다는 것이다. 그렇다면 다음 문제는 이 방향으로의 국가 혁신을 어떻게 실행할 수 있는가다.

외환위기 극복의 교훈

우리 사회 전체의 틀을 한꺼번에 바꾸는 것이 가능하냐고 의문을 갖는 분들이 많겠지만 필자는 대한민국이라면 가능하다고 본다. 한국은 1997년 12월 3일 체결한 IMF 구제금융을 2001년 8월 23일 185억 달러를 조기상환함으로써 불과 3년 8개월 만에 졸업한 나라다. 이 역사적 사건은 앞서 피터 자이한이 '한국의 그 독특함'이라고 했던 대한민국의 역동성을 보여준 대표적인 사례다. 한편 그것은 조국의 역사적 과제의 해결에 헌신한 실용주의적 대통령이 대한민국을 성공적으로 리셋한 결과다. 세기적 전환기를 맞아 절망과 희망의 갈림길에 놓인 현재의 대한민국은 미래지향적이고 통합적이며 실용적인 정책을 추진하는 대통령과 국가 자원과 시스템을 리셋하는 정책을 필요로 한다.

우리는 세기적 전환기를 맞아 상향식 합의를 추진하거나 부분적인 혁신으로 시간을 소모할 여유가 없다. 2022년 대통령 선거를 부족주의 선거가 아니라 대한민국의 미래를 어떻게 만들 것인가에 대한 합의의 과정으로 만든다면, 국민의 지지를 동력으로 다음 대통령은 대한민국을 희망으로 바꿀 수 있다. 2022년 대통령 선거를 이념·지역·계층 등 부족 간의 대결 선거가 아니라 세기적 전환기에 대응하여 대한민국의 나아갈 방향을 결정하는 선거로 바꾸는 것은 바로 국민들에게 달려 있다. 절망과 희망의 기로에 놓인 대한민국 국민들이 느끼는 절박감을 정치권에 표로 전해야 한다. 국민들은 정당들에게 부족주의, 단기주의, 포퓰리즘 정치를 준엄하게 응징할 것이며, 대한민국의 통합과 미래를 제시하는 정치를 원한다는 것을 강력하게 전달해야 한다.

이스털린의 역설, 성장보다 포용이 중요

이스털린의 역설Easterlin Paradox은 특정 시점의 횡단분석에서는 소득계층과 행복의 정도는 비례하는 것으로 나타나지만 장기적으로 시계열 분석으로 보면 소득의 증가와 행복의 증진 간에는 관계가 없다는 모순된 결과를 말한다.[17] 그 이유는 특정시점에서는 소득계층 간의 사회적 비교를 통해 자산의 소득이 다른 사람의 소득보다 높다는 행복감을 갖지만 장기적으로는 소득이 전반적으로 상승함에 따라 자신의 소득 증대에서 발생하는 행복 효과가 사회적 비교 계층의 소득증가에 의해 약화되기 때문이다. 이스털린의 역설이 타당하다면, 장기적으로 볼 때 경제성장 자체로는 행복을 증진시키지 않는다는 의미다. 따라서 경제성장을 우선으로 추구하는 경제정책의 타당성에 심각한 의문이 제기된다.

경제성장의 목적이 궁극적으로는 국민들을 행복하게 하는 데 있다면, 경제성장 정책보다는 사회안전망의 강화 등 포용정책이 더 중요할 수 있다. 반면에 스티븐슨과 울퍼스Stevenson & Wolfers는[18] 이스털린의 역설은 성립하지 않으며, 경제성장은 국민의 행복증진과 정正의 관계를 가지고 있다고 비판했다. 이스털린(2020)은 장기적으로 국민들의 행복

그림 6-1 국가발전 지속가능 균형의 틀

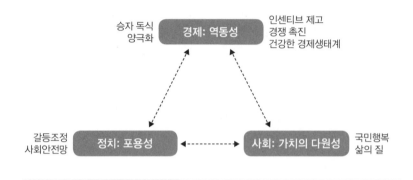

감을 증진하는 데 경제성장의 한계를 보완하는 완전고용과 강력한 사회안전망이 중요한 역할을 할 수 있다고 했다.

주목해야 할 것은 장기적으로 경제성장이 뒷받침되지 않는 사회라면 복리 증진은 지속가능하지 않을 뿐만 아니라 경제성장 자체를 손상함으로써 축소지향 경제로 전환될 위험이 크다는 사실이다. 대표적으로 앨런 그린스펀Alan Greenspan 전 미국 연준 의장은 사회보장지출의 과도한 증가가 구축효과를 통해 미국 경제성장을 잠식했다고 지적했다.[19] 한편 사회안전망의 보완을 병행하지 않는 경제성장이라면 양극화와 사회불안정이라는 변수 때문에 성공하기 힘들다는 점이다. 결론적으로 포용정책이 성장정책보다 더 중요할 수는 없다. 성장을 중심으로 하되 포용정책이 보완하며 적절한 균형을 유지하는 것이 국가발전의 지속 가능한 틀의 핵심이라는 점을 주목할 필요가 있다.

정치가 총요소생산성을 결정한다

경제성장의 원천은 노동력과 자본축적으로 집약되는 요소 투입과 생산성으로 나누어지고, 경제성장률(GDP 성장률)은 노동투입 증가율과 물적자본투입 증가율과 그리고 생산성 증가율의 합계로 산출된다. 생산성은 노동과 자본을 결합하여 산출물을 만드는 생산과정의 효율성을 반영한다. 경제성장의 초기에는 요소(노동과 자본 스톡)투입이 중요하지만 어느 단계를 넘어서면 한계생산성이 저하되어 요소투입의 성장 기여도가 하락하기 때문에 성장을 지속하기 위해서는 생산성을 제고하는 것이 중요하다.

고령화가 진행될수록 노동투입 증가율이 하락함으로써 경제성장률은 낮아질 수밖에 없다. 물적 자본투입은 주로 기업의 투자에 의해 결정된다. 한편 국민경제의 총체적인 생산성 증가율을 직접 산출할 수 없기 때문에 경제활동규모에서 노동과 자본축적의 기여도를 뺀 나머지 부분을 생산성의 기여 부분으로 간주하고, 이것을 총요소생산성Total Factor Productivity이라고 부른다. 한국개발연구원의 발표(KDI 경제전망, 2019 상반기)에 따르면, 우리나라의 총요소생산성은 2001~2010년 간 연 1.6% 증가에서 2011~2018년 간에는 연 0.7% 증가로 대폭 낮아졌다.

총요소생산성은 우선 개별기업 차원의 생산성 증가와 산업 차원의 기업 활동에 따른 생산성 증가로 구분된다. 개별기업 차원의 생산성 증가는 자발적인 혁신과 다른 기업의 혁신을 수용하는 것으로부터 발생한다. 그리고 이 두 가지 기업 차원의 생산성의 증가는 교육을 통한 인적 자본의 변화와 새로운 투자에 의한 물적 자본의 변화, 연구개발, 생산 공정의 효율성, 경영역량 등의 작용으로 산출된다. 한편 산업 차원의 생산성 변화는 신기술을 가진 신규 기업의 진입과 경쟁력이 낮은 기업의 퇴출과 생산성이 낮은 기업으로부터 생산성이 높은 기업으로 노동력과 자본이 이동함으로써 발생하는 자원배분의 효율성 증대 효과에 의해 발생한다.

총요소생산성은 사회적 하부구조에서 나온다. 사회적 하부구조는 재산권 보호와 특허 제도, 조세, 노동 규율, 금융 가용성 등을 포함한다. 정치가 경제성장에 중요한 영향을 미치는 이유는 총요소생산성을 결정하는 사회적 하부구조의 대부분이 정치의 통제를 받거나 영향을 받기 때문이다. 사회적 하부구조의 중심은 법과 제도와 관행이며, 법은 국회가 제정하고, 법을 근거로 정부는 정책을 추진한다. 국회는 법률 제정을 통해 경제활동을 촉진하거나 제약하며, 정부 예산을 심의하고 확정함으로써 경제활동 수준과 개별 산업에 중요한 영향을 미칠 수 있다. 따라서 사회적 하부구조의 핵심은 정치라고 할 수 있다.

독일의 경우 2020년 재선에 간신히 성공하여 정치적으로 어려운 상황에서 슈뢰더 총리는 2003년 3월 소위 '어젠다 2010'을 발표했다. 독일 경제가 '유럽의 병자'로 전락한 원인이 2차 세계대전 이후 50년간 지속해온 복지시스템을 통일 후에도 지속했기 때문이며, 이대로는 독일을 지탱할 수 없다는 역사적 소명을 가지고 독일을 개혁하는 대안으로 '아젠다 2010'을 발표한 것이다. 그 결과로 슈뢰더 총리는 정권을 잃었으나 2005년 9월 정권과 더불어 '어젠다 2010'을 넘겨받은 메르켈 총리는 대연정으로 현재까지 일관되게 정책을 추진함으로써 독일을

일으켜 세웠다.[20]

사회와 정치의 불안정은 기업 활동의 불확실성과 위험을 높임으로써 투자를 위축시킬 뿐만 아니라 정부의 정책 시계를 단기화함으로써 장기적 관점의 정책 선택을 어렵게 한다. 그 결과로 정치 불안정은 물적 자본축적을 감소시키고 총요소생산성을 저하시킨다. 정치적 대립과 분열이 심한 정치 환경하에서는 정부 정책결정과정의 불확실성이 높기 때문에 장기적 관점의 국익을 위한 제대로 된 정책을 입안하고 실행하는 것이 어렵다. 뿐만 아니라 단기 가시적인 정책으로 재정을 낭비하기 쉽다.

총요소생산성을 높이는 길, 구조개혁

그렇다면 총요소생산성을 제고하여 성장률을 높이는 방법은 무엇인가? 핵심은 정책의 불확실성을 제거함으로써 가계와 기업이 적극적으로 경제활동을 하도록 시장의 신뢰를 높이는 것이다. 특히 기업이 위험을 적극적으로 감수하고 투자와 혁신을 추진하도록 격려하는 정책이 필요하고, 규제 철폐와 조세 부담을 낮추는 것이 필수적이다. 산업 측면에서는 기득권을 보호하는 규제의 장벽을 폐지하여 높은 생산성을 가진 새로운 기업의 진입을 촉진해야 한다. 그리고 생산성이 낮은 좀비기업들을 퇴출시켜 생산성이 높은 기업과 산업으로 인력과 자금이 재배분되도록 하는 구조개혁이 필요하다.

노동시장의 유연성을 높이고 교육과 훈련으로 인적 자본을 제고하는 정책은 생산성 향상과 고용 확대를 촉진하는 정책의 핵심이다. 하지만 총요소생산성을 높이는 정책들은 단기적으로 기득권과 마찰하고 희생계층을 수반하기 때문에 선거의 승리와는 역행하는 것이 일반적이다. 아무리 타당한 정책이라도 정치적 득실을 넘어선 장기적인 안목과 지도력 없이는 추진되기 어렵다. 따라서 무엇보다 지속적인 경제 번영의 핵심은 국가를 운영하는 제도의 질에 있으며, 제도 중에서도 정치의 질이 가장 중요하다.

대한민국 리셋 전략

"승자와 패자를 결정하는 시스템인 창조적 파괴가 핵심이다. 만약 우리가 더 높은 생활수준과 더 높은 생산성을 바란다면, 생산성이 낮은 설비를 첨단기술을 갖춘 설비로 대체하는 것 외에 다른 대안이 없다."

《The Map and The Territory(2013)》 중에서 **앨런 그리스펀**

정치를 개혁하라

더 이상 부족주의, 단기주의, 포퓰리즘 정치가 발을 붙이지 못하도록 한국 정치의 상부구조를 혁신하는 것이 최우선 선결과제다. 이념·지역·세대·계층별로 편을 가르고 특정 부족 이익에 영합하는 것으로 지지기반을 유지하는 정당들과 정치인들의 행태를 국민들이 용납해서는 안 된다. 정치쇄신의 관건은 결국 국민들의 선택에 달려 있다. 부족주의, 단기주의, 포퓰리즘 정치에 표를 주지 말고 정치판에서 고사시키는 것 외에는 다른 답이 없다. 국민들이 부족주의·단기주의·포퓰리즘의 유혹을 벗어나는 것 외에 다른 선택지가 있을 수 없다. 절망의 대한민국으로 가는 정치에서 빠져나오지 못한다면, 정치가 사는 길은 부족주의, 단기주의, 포퓰리즘에 더 절실하게 매달리는 것뿐이다. 그 결과로 절망으로 가는 길은 더 가깝고 더 빨라질 것이다. 정치를 개혁하지 않는다면, "너 죽을래"[21] 겁박을 받는 공무원들은 스스로 한 치도 움직이지 않을 것이며, 악순환은 계속될 것이다. 정치 개혁만이 대한민국이 희망의 길로 가는 첫 걸음이다.

공동선을 정립하라

부족주의 정치가 발생하는 중요한 이유는 국민들을 하나로 연결하는 공동선이 없기 때문이라고 할 수 있다. 개발시대의 공동선은 "잘 살아보자"였다. 그러나 경제가 성장하면서 게임의 룰이 과연 공정한가에 대한 신뢰 상실과 양극화의 진행으로 공동선은 무너졌다. 세계화 시대에 들어 게임은 더 복잡해지고, 양극화는 더 심해지면서 경제적 약자들은 경제의 장외로 나가 정치의 힘으로 대항하기 시작했다. 그 결과 국회는 이익집단들의 경쟁과 갈등의 장이 되었으며, 부족주의 정치 행태가 만연하게 되었다. 리셋이 정당성을 얻기 위한 필요조건은 새로운 시스템과 자원배분 및 유인제도가 공정하고 모두가 배려되는 상황이다. 이 필요조건이 설립하기 위해서는 모든 부족과 계층, 현재와 미래를 아우르는 대원칙인 공동선이 정립되어야 한다.

복지 시스템을 재정비하라

2021년 정부 총지출 예산에서 보건·복지·고용 부문이 차지하는 비중은 36%에 달한다. 정부의 예산안에서 사회안전망과 고용확충을 위한 재정지출은 절대적으로 중요하다. 그러나 복지시스템이 꼭 필요한 부분에 효율적으로 투입되도록 정비하지 않은 채, 소위 퍼주기 낭비를 그대로 둔다면, 복지와 재정은 둘 다 망가질 것이다. 그 부담은 고스란히 차세대의 몫이 될 것이다. 저출산 대책이 대표적인 사례다. 따라서 복지 지출을 비롯한 재정 전반에 대한 전면적인 점검과 정비가 필요하다. 이를 통해 절약된 예산은 기초과학 등 미래의 일자리와 소득 창출을 위한 제도적 하부구조를 구축하는 데 투입되어야 한다.

경제 생태계를 쇄신하라

경제 생태계를 총체적으로 쇄신하는 것은 절실하다. 새 정부가 들어오면 규제 혁신에 열을 올린다. 그러나 얼마 지나지 않아 기득권의 반발에 지쳐 기득권의 포로가 되어 시간이 갈수록 흐지부지되고 만다. 정부는 기득권과 국민이 얻을 미래의 이익 사이에서 과감한 조정에 나서야 하며, 기득권보다 규제개혁으로 국민이 얻을 미래의 이익을 추구해야 한다. 그러기 위해서는 규제를 포지티브 틀(허가하는 것만 할 수 있다)에서 네거티브 틀(금지하는 것을 제외하고는 모든 것을 할 수 있다)로 바꾸어야 한다. 이를 통해 잠재적인 진입자의 진입을 촉진하는 동시에 기업들로 하여금 새로운 영역에 도전하고 이에 따른 위험 부담을 감수하도록 독려해야 한다. 데이터 경제, 인공지능, 자율주행자동차, 생명공학 등 새로운 산업은 정부 규제의 새로운 영역이며, 어떠한 규제의 틀을 설정하느냐에 따라 미래산업의 성장 가능성이 결정된다. 미래에 대한 불안감 때문에 규제를 단단하게 한다면, 미래에 얻을 수 있는 가치도 작을 수밖에 없다. 미래의 불안감을 감당하지 못하는 정부의 역량 부족 때문에 미래에 국민들이 누릴 수 있는 편익과 일자리를 사라지게 한다면, 대한민국의 미래는 축소지향 경제로 갈 수밖에 없다.

천천히 멀리 보고 생각하기

"세상은 계속 바뀐다. 변화에 대응하는 유일한 방법은 자신도 함께 변하는 것이다. 당연한 일이지만 그저 손실을 최소화하려 애쓰거나 한 번에 하나씩 소극적으로만 해결하려고 하면 크고 작든 새로운 변화에 제대로 대응할 수 없다. … '흐름을 놓치지 않는 사람'이 되어 인구통계학적, 경제적, 문화적, 기술적인 변화가 다가올 때 그 흐름에 올라탈 수 있도록 준비해야 한다."

《2030 축의 전환(2020)》 중에서 **마우로 기엔**

해답이 무엇인가?

이 암울한 시대의 전망을 이야기하면, 그렇다면 해답이 무엇인가 하는 질문을 받곤 한다. 그럴 때면 필자는 "내가 줄 수 있는 해답은 없다. 해답은 당신만이 알 수 있다"라고 대답할 수밖에 없다. 다만 얼마나 도움이 될지는 모르겠으나 해줄 수 있는 충고가 있다면 다음 세 가지다. 첫째, 우리는 지금 정치·경제·기술 모두가 급변하는 세기적인 전환점에 있다. 둘째, 그렇기 때문에 개인·기업·국가 모두 현재의 선택이 향후 10년을 가름하는 전략적 전환점inflection point에 직면해 있다. 셋째, 그 해답을 찾기 위해 지금이야말로 멀리보고 생각하고 나침판을 보고 나아갈 길을 고민해야 할 시점이다.

맹자는 "마음은 생각을 관장하며, 생각하면 깨우칠 것이요, 생각하지 않으면 얻는 바가 없다心之官則思, 思則得之, 不思則不得也"고 했다. 깊은 자기성찰의 고민을 통해 스스로 얻는 해답이 아니라면, 그것은 그저 스쳐가는 그럴듯한 글귀에 불과하다. 서점 입구에는 성공의 비결을 써놓은 자기개발 서적들이 가득하다. 오마하의 현인 워런 버핏의 성공비결은 이미 비밀이 아니다. 그런데도 왜 우리는 워런 버핏처럼 부자가 되지 못할까?

해답은 명확하다. 워런 버핏이 가진 항심恒心이 우리에게는 없기 때문이다. 항심은 책을 읽고 밑줄을 치거나 고개를 끄덕인다고 해서 얻을 수 있는 것이 아니다. 한 치도 용납하지 않는 엄격한 자기성찰을 통해 이 어지러운 시대에 내가 이루고자 하는 바가 무엇이며, 그러기 위해 내가 할 수 있는 것이 무엇인지 해답을 찾는 치열한 고민의 과정에서 산출된 해답이다. 필자가 해줄 수 있는 충고는 지금이 바로 자신의 삶과 조직의 장래와 나라의 앞날을 위해 '천천히 멀리 보고 생각하는 것'이 절실한 시점이라는 것이다.

Back to the Present!

역사를 들여다보고 있으면 한 치의 틈도 없이 딱딱 맞아 들어가는 것이 놀라울 따름이다. 우리 개개인의 삶도 원인과 결과가 놀랍게 연결되어 있음을 알 수 있다. 그럼에도 불구하고 우리는 한 치 앞도 알 수 없다.

과거로는 한 치도 돌이킬 수 없는 불가역성不可逆性과 미래는 한 치도 알 수 없는 불확실성不確實性 사이에서 현재 무엇인가를 선택해야만 하는 것이 인간 행위의 본질이다. 더구나 2020년대와 같은 모든 것이 변화하는 세기적 전환기에서 현재의 선택은 더더욱 돌이킬 수 없는 미래의 결과를 낳는다. 갈수록 변화의 가속도가 붙기 때문에 선택의 누적적 결과에 따른 차이는 갈수록 기하급수적으로 커질 수밖에 없다.

미래의 '나'는 현재의 내가 무엇을 어떻게 했는지 알고 있다. 따라서 현재의 선택이나 행위가 타당한지 의문이 생긴다면 미래의 자신에게 물어보라. 미래의 자신은 현재를 돌아보고 해답을 줄 것이다. 대한민국은 코로나 팬데믹을 계기로 놀랍게 빠른 속도로 세계의 중심, 동시에 미래지향적인 방향으로 좌표를 틀고 있다. 이것은 대한민국의 개인, 기업, 정부에게 놀라운 잠재적 기회를 제공한다. 이 엄청난 세기적 기회를 잡기 위해 지금 개인, 기업, 국가가 무엇을 해야 하는지 또는 무엇을 할 것인지 엄중한 선택의 기로에 놓여 있다.

대한민국은 외환위기를 극복한 이래 진보와 보수 정권을 오가면서 실망과 방황의 20년을 보냈다. 우리가 2030년의 시각으로 2021년 현재 시점에서 자신과 조직과 사회를 바라본다면, 2030년 원하는 바를 이루기 위해 지금 무엇을 어떻게 해야 하는지 해답을 얻을 수 있을 것이다. 최소한 현재의 부족주의 정치와 이념, 지역, 계층, 세대로 갈라진 사회가 해답이 아니라는 것은 분명하다.

'왕좌의 게임'의 교훈

드라마 〈왕좌의 게임〉은 7왕국을 지배하는 왕좌를 두고 일곱 가문이 다투는 과정을 다룬 이야기다. 드라마 8편에서 북부의 왕, 존은 왕좌의 게임을 산 자와 죽은 자의 싸움으로 프레임을 바꾸고, 2부 '긴 밤'에서 산 자와 죽은 자의 마지막 전투를 한다. 이미 죽었으므로 죽음에 대한 두려움이 없는 얼음강시들과의 전투에서 이길 수 없다는 것을 7왕국 사람들은 모두 다 알고 있다. 그럼에도 불구하고 어린 아이부터 여왕에 이르기까지 모든 것을 던져서 각자 자신이 할 수 있는 바를 한다. 이 집단적 열망이 기적을 만들어 마왕의 마법을 깨고 산 자들의 세계가 승리한다.

이 중요한 시기에 절망의 대한민국을 탈피하여 다음 세대에 희망을 주는 대한민국으로 국력을 전환하지 못한다면 더 이상 보수도 진보도 의미가 없다. 현재의 보수·진보 부족 대결에서 대한민국의 암울한 미래에 대한 대응으로 정치 프레임을 전환하는 것이 대한민국 리셋 전략의 핵심이다. 우리 모두 희망의 대한민국을 만들기 위한 해답을 알고 있다. 다만 정치가 그 소망을 따르지 못한다는 것이 난관이다. 실용적이고 통합적이고 미래지향적으로 대한민국의 가치를 혁신하고 국가의 자원을 재배치하는 '위대한 재정럴The Great Reset'이 단행되기를 소망한다.

2020년대에 대한 필자의 부족한 통찰이 독자에게 이 놀랍고 복잡하고 불확실한 시대에 대한 확실한 해답을 드릴 수는 없지만 미약하나마 나침반이 될 수 있기를 소망하며 긴 이야기를 마친다.

미주

PART 1 **2020년대, 세기적 대전환기**

1 "If the 21st century turns out to be an Asian century as the 20th was an American one, the pandemic may well be remembered as the turning point. We are living through not just dramatic events but what may be a hinge in history."(Lawrence Summers. 〈Covid-19 looks like a hinge in history〉. May 14, FT)

2 1830년 혁명, 1848년 민주공화국 혁명, 1851년 나폴레옹 3세 쿠데타, 1870년 민주공화국

3 "1876년과 1915년 사이에 지구 땅의 약 4분의 1이 약 6개국에 의해 식민지로 분할되고 재분배되었다."(에릭 홉스봄. 《제국의 시대》. 한길사. 1998.)

4 Andrew Gamble. 《Britain in Decline》. St. Martin's Press. 1994.

5 칼 폴라니. 《거대한 전환》. 도서출판 길. 2009.

6 "우리는 21세기의 세계가 더 나아질 것이라는 근거를 갖고 있지 못하다, 만일 세계가 스스로 파괴시키지 않는 데 성공한다면 그와 같은 가능성은 꽤나 강력해질 것이다. 그러나 그것은 분명하지 않다. 미래에 대해 유일하게 확실한 것은, 미래는 그것에 대해 사장 멀리 예측한 사람들조차도 놀라게 할 것이라는 점이다"(에릭 홉스봄. 《제국의 시대》. 한길사. 1998.)

7 J.M. Keyens는 1919년 출간한 〈The Economic Consequences of the peace〉에서 독일이 감당할 수 없는 배상 요구는 또 다른 전쟁을 초래할 것이라는 역사적 통찰을 남겼다.

8 CIA. 〈The Global Infectious Disease Threat and Its Implications for the United States〉. NIE 99-17D. January 2000.

9 "The 2003 epidemic of SARS could possibly have been a global pandemic responsible for millions of death."(《World Health Report 2007》)

10 Hillary Clinton. 〈A National Security Reckonin〉. Foreign Affairs. November/December 2020, p89.

11 《바이러스 쇼크(최강석, 2020)》에 따르면, 코로나 바이러스는 동물이나 사람에게 호흡기 질환이나 소화기 질환(설사)을 일으키는 바이러스의 한 종류로 사람에게 전파 가능한 종류는 6가지가 발견되었으며, 이중 4종류는 감기를 일으키는 바이러스이며, 그 외에 SARS와 MERS 두 종류가 있다. 코로나19는 SARS를 일으킨 박쥐 바이러스와 유전자 일치도가 가장 높아(89%) SAR-Cov-2로 명명된 것이다.

12 Nichplas Christakis. 《APOLLO'S ARROW》. Hachette Book Group. 2020.

13 감염 의심 환자에게 14일의 자가격리를 요구하는 이유다.

14 "We are living in the age of pandemics. … I think we are going to see more and more of them, the fundamental reason is that we failed to lived in harmony with nature."(Financial Times. 〈The next pandemic where it is coming from and how do we stop it?〉. Oct 29, 2020.)

15 Financial Times. 〈The next pandemic where it is coming from and how do we stop it?〉. Oct 29, 2020.

16 UNEP. 〈Preventing Next Pandemic〉. July 2020.

17 Financial Times. <Are we ready for the next Pandemic?〉. Oct 19, 2020.

18 WSJ. 〈Lessons for the Next Pandemic-Act Very, Very Quickly〉. Oct 11, 2020.

19 IMF. 〈World Economic Outlook Update〉. January 2021, p4.

20 ILO. 〈ILO Monitor: Covid-19 and the world of work〉. January 25, 2021.

21 IMF. 〈Fiscal Monitor Report〉. Sep 11, 2020.

22 보스턴 전체의 감염율은 2% 미만인 반면에 노숙자 합숙소의 경우(4월 2~3일, 2020년 조사) 검사인원의 36%가 감염자로 나타났다.(Nichplas Christakis. 《APOLLO'S ARROW》. Little Brown. 2020.)

23 Nichplas A. Christakis. 《APOLLO'S ARROW》. Little Brown. 2020.

24 "2020년 2월 말에 대비하여 6월 말 아마존의 창업자 제프 베조스의 부는 480억 달러 증가하였으며, 일론 머스크의 부는 172억 달러 증가하였다."(Hiatt Woods. 〈How billionaires saw their net worth increase by haif a trillion dollars during the pandemic〉. Business Insider. October 31, 2020.)

25 Nichplas Christakis. 《APOLLO'S ARROW》. Little Brown. 2020.

26 연합뉴스. 〈빌 게이츠, "코로나19, 내년 여름 백신 후 2022년 끝날 것"〉. 2020. 09. 15.

27 Nichplas Christakis. 《APOLLO'S ARROW》. Little Brown. 2020.

28 WEF. 《The Global Risk Report 2020》. 2020.

29 Severin Borenstein. 〈Think 2020's disasters are wild? Experts see wores in future〉. AP. September 9, 2020.

30 NASA. 〈Sign of Drought in European Groundwater〉. Earth Observatory. June 22, 2020.

31 Felix Suntheim. 〈Equity Investors Must pay More Attention to Climate Change Ohysical Risk〉. IMF Blog. May 29, 2020.

32 중앙일보. 〈사라지는 빙하의 습격… 10년 뒤 인천공항 완전히 집어삼킬 판〉. 2020. 09. 22.

33 IPCC. 〈Global Warming of 1.5℃〉. 2019.

34 IMF. 〈Long-term Macro Effects of Climate Change: A Cross-Country Analysis〉. WP/19/215. 2019, p7.

35 WWF. 〈Global Futures〉. February 2020.

36 UNEP. 〈Emission Gap Report 2019〉. 2019.

37 IMF. 〈Fiscal Monitor〉 October 2019.

38 김진형. 〈4차 산업혁명, 용어의 유행과 본질〉. 국가미래연구원. 2017. 05. 28.

39 WWW.techwells.com.

40 Robert Colwell. 〈Moore's Law Dead by 2022, Expert Says〉. EE Times. August 27, 2013.

41 CNET. 〈CES 2019: Moor's Law is dead, says Nvidia's CEO〉. January 9, 2019.

42 앤드루 맥아피·에릭 브린욜프슨. 《머신 플랫폼 크라우드》. 청림출판. 2017.

43 Mckinsey Global Institute. 〈What's Now and Next in Analytics, AI, and Automation〉. May 2017, p2.

44 Ray Kruzwell. 《The Singularity Is Near》. Penguin Books. 2006.

45 Dirk Schulze-Makush. 〈Reaching the Singularity May be Humanity's Greatest and Last Accomplishment〉. AIR SPACE. March 27, 2020.

46 BBC News. 〈Stephen Hawking warns artificial intelligence could end mankind〉. December 2, 2014.

47 Joe Gale, Amri Wandel and Hugh Hill. 〈Will recent advances in AI result in a paradigm shift in Astrobiology and SETI?〉. International Journal of Astrobiology. December 3, 2019.

48 예로 고래와 코끼리의 뇌 속 뉴론의 수는 인간의 뉴론 수의 배를 넘지만, 고래와 코끼리의 지능은 인간에게 미치지 못한다.

49 Institute for Quantum Computing. 〈Quantum computing 101〉. University of Waterloo.

50 재레드 다이아몬드.《대변동 위기, 선택, 변화》. 김영사. 2019, p22.

51 IMF Blog. 〈What the Continued Global Uncertainty Means for You〉. January 19, 2021.

52 "2008년 세계 금융위기가 발생하고, 이에 대응하기 위한 각국들이 재정지출 확대를 통해 경기를 부양한 결과 재정적자가 대폭 확대되고, 그 결과로 2011년 9월 유럽 재정위기 발생했던 바와 같이 똑같은 재정위기가 반복될 가능성이 높다."(CNBC. 〈EIU warns of no recovery until 2022 and a possible euro zone debt crisis〉. May 27, 2020).

53 "Vulnerability are rising, intensifying financial stability concerns in some countries. Vulnerability have increased in the nonfinancial corporate sector as firms firms have taken on more debt to cope with cash shortages and in the sovereign sector as fiscal deficits have widened to support the economy"(IMF. 〈Financial Stability Report〉. Oct 2020.)

54 Nouriel Roubini. 〈The Coming Greater Depression of the 2020s〉. Project Syndicate. April 28, 2020.

55 "The ongoing pandemic has powerfully demonstrated the cost of neglecting catastrophic tail risks" (Kemal Dervis, Sebastian Strauss. 〈the Carbon-Tax opportunity〉. Project Syndicate. May 6, 2020,)

56 Kemal Dervis, Sebastian Strauss. 〈The Carbon-Tax Opportunity〉. Project Syndicate. May 6, 2020.

57 Wall Street Journal. 〈U.S.-U.K. Realtionship Is a Little Less Special After Brexit〉. Dec 26, 2020.

58 연합뉴스. 〈쇠퇴하는 미독관계, 독일 외무 '다시는 예전 같지 못할 것'〉. 2020. 06. 30.

59 러시아 북부에서 우크라이나를 우회하여 독일까지 연결하는 천연가스 파이프 라인 건설 사업.

60 Financial Times. 〈Populism and pandemic put world economic order at risk〉. November 3, 2020.

PART 2 체제 혼돈의 시대

1 Michael Beckley. 〈Rogue Superpower〉. Foreign Affairs. November/December 2020, p82.

2 Michael Beckley. 〈Rogue Superpower〉. Foreign Affairs. November/December 2020, pp80-82.

3 Baltimoresun. 〈Here's why Trumpism is unlikely to be an enduring ideology〉. Jonah Goldberg. Dec 09, 2020.

4 한겨레. 〈미국은 트럼프를 떠나보내지 아니하였다〉. 2020, 12. 30.

5 CBS News. 〈Biden says he told foreign leaders "America is back"〉. November 11, 2020.

6 연합뉴스. 〈투키디데스 함정, 美 교수, 바이든 시대 미중 이념차 심화〉. 2020. 12. 14.

7 조지 프리드먼. 《다가오는 폭풍과 새로운 미국의 세기》. 김앤김북스, 2020, pp172-173, p210.

8 조지 프리드먼. 《다가오는 폭풍과 새로운 미국의 세기》. 김앤김북스, 2020, p229.

9 U. S. White House. 〈U. S. Strategic Approach to the People's Republic of China〉. May 20, 2020.

10 이성현. 〈미·중 신냉전의 시작인가?〉. 세종논평 9호. 세종연구소. 2020. 05. 27.

11 EC. 〈EU – China – A Strategic Outlook〉. 2019.

12 Yoon Young-Kwan. 〈The Shape of Asia's New Cold War〉. Project Syndicate. Jun 10, 2020.

13 WSJ. 〈Trump, Biden and Taiwan〉. The Editorial Board. August 14, 2020.

14 "시 주석은 2012년 11월 29일 톈안먼 광장 동쪽의 국가박물관에서 '부흥의 길'이라는 전시회를 참관했다. 여기서 시 주석은 '누구나 이상과 목표가 있으며, 스스로의 꿈을 갖고 있다. 현재 모두가 중국의 꿈을 이야기하는데, 나는 중화민족의 위대한 부흥을 실현하는 것이 곧 중화민족의 근대 이후 가장 위대한 꿈이라 생각한다'고 말했다." (네이버 지식백과)

15 Chad P. Brown. 〈US-China phase one tracker: China's purchases of US goods〉. Peterson institute for International Economics. February 2021.

16 "The Biden Plan to Ensure the Future is 'Made in All of America' by all of America's Workers."(http://joebiden.com/made-in-america)

17 정승철. 〈바이든 행정부의 등장과 국제다자주의에 대한 전망〉. 제주평화연구원. 2020. 12. 04.

18 The Wall Street Journal. 〈Biden Plans to Build a Grand Alliance to Counter China. It Won't Be Easy〉. Jan 6, 2021.

19 연합뉴스. 〈투키디데스 함정, 美 교수, 바이든 시대 미중 이념차 심화〉. 2020. 12. 14.

20 필자가 썼던 '글로벌 가치사슬과 국익의 충돌'(중앙일보. 〈김동원의 이코노믹스〉 2019. 10. 29.) 위주로 수정 가필한 것이다.

21 WTO. 〈Global Value Chain Development Report 2019〉. 2019, p11.

22 EIU. 〈Covid-19 and The localization of Global Supply Chain〉. May 13, 2020.

23 Allianz. 〈Global Supply Chain Survey〉. December 10, 2020.

24 브랑코 밀라노비치.《홀로 선 자본주의》. 세종서적. 2000, p77. (브랑코 밀라노비치가 인용한 자료 출처는 Wolf, Edward N. 〈A Century of Wealth in America〉. Harvard Universiti Press. 2017.)

25 브랑코 밀라노비치.《홀로 선 자본주의》. 세종서적. 2000, pp80-81.

26 아마존의 주식 소유구조는 창업자인 Bezos 회장 11%를 포함하여 내부진이 14.6%, 기관투자가 58.7%, 개인 투자자는 20~22%를 소유하고 있는 것으로 알려졌다.

27 Pew Research Center. 〈Most American Say There Is Too Much Economic Inequality in the U.S., but Fewer Than Half Call it a Top Priority〉. January 9, 2020.

28 Richard Hass. 〈One America, Two Nations〉. Project Syndicate. Nov 6, 2020.

29 WSJ. 〈Job Losses in 2020 Were Worst Since 1939, With Hispanics, Blacks, Teenagers Among Hardest Hit〉. Jan 8, 2021.

30 존 주디스. 《포퓰리즘의 세계화》. 메디치미디어. 2016, p65.

31 J. D. 밴스. 《힐빌리의 노래》.흐름출판. 2017.

32 존 주디스. 《포퓰리즘의 세계화》. 메디치미디어. 2016, pp22-23.

33 The Guardian. 〈Revealed: the rise and rise of populist rhetoric〉. Mar 6, 2019.

34 에이미 추아. 《정치적 부족주의》. 부키. 2020. p18.

35 스티븐 레비츠키·대니얼 지블랫. 《어떻게 민주주의는 무너지는가》. 어크로스. 2018, p66.

36 스티븐 레비츠키·대니얼 지블랫. 《어떻게 민주주의는 무너지는가》. 어크로스. 2018, p262.

37 Tahsin Saadi and Rui Xu. 〈A Vicious Cycle: How Pandemics Lead to Economic Despair and Social Unrest〉. IMF Working Paper, WP/20/216. October 2020.

PART 3 긴 겨울이 온다

1 IIF. 〈More debt, more trouble〉. Nov 20, 2020.

2 Financial Times. 〈Pandemic fuels glibal〉. debt tsunami. November 19, 2020.

3 국제금융센터. 〈글로벌 정부부채관련 낙관론 불구 지속 가능성에 대한 의문 제기〉. Global View. 2020. 12. 11.

4 IMF. 〈Fiscal Monitor Update〉. January 2021.

5 Raghuram G. Rajan. 〈How Much Debt Is Too Much〉. Project Syndicate. Nov 30, 2020.

6 Jason Furman and Lawrence H. Summers. 〈Who's Afraid of Budget Deficits?〉. Jan 28, 2019.

7 Oscar Jorda & Martin Komejew, Moritz Schlarick, Alan m Talor. 〈Zombies at Large? Corporate Debt Overhang and the Macroeconomy〉. FRB of New York, Staff Report No.951. December 2020.

8 Gavyn Davies. 〈The risks of the global Covid debt bridge〉. Financial Times. November 30, 2020.

9 CNBC. 〈Fed's Esther George cautions that inflation could rise faster than expected〉. Jan 12, 2021.

10 The Wall Street Journal. 〈From Stocks to Bitcoin, Investors Bet the 'Everything Rally' will Continue〉. Jan 3, 2021.

11 현재 증권시장이 거품이 아니라는 주장은 주로 투자자문계에서 나오고 있다. (Steve Goldstein. 〈Tech bubble? Credit Suisse strategists say 'no' but say it's time to get pickier with these stocks〉. MarketWatch. Sept 18, 2020.; Zachary Karabell. 〈What Recession? Low interest Rates Could Mean TechFueled Growth〉. Wired. Sep 4, 2019.)

12 IMF. 〈Financial Stability Report〉. October 2020, p58.

13 S&P Global. 〈US leveraged loan default rate tops 4% as Oil & Gas pumps out sector record〉. August 5, 2020.

14 Lawrence H. Summers. 〈The threat of secular stagnation has not gone away〉. May 2018.

15 Edward N. Gamber. 〈The Historical Decline in Real Interest Rates and Its Implications for CBO's Projections〉. Congressional Budget Office, Working Paper 2020-09. December 2020.

16 Lukase Rachel & Lawrence H. Summers. 〈On Falling Neutral Real Rates, Fiscal Policy, and the Risk of Secular Stagnation〉. Brookings Paper on Economic Activity, BPEA Conference Draft. March 7-8, 2019.

17 Edward N. Gamber. 〈The Historical Decline in Real Interest Rates and Its Implications for CBO's Projections〉. Congressional Budget Office. Working Paper 2020-09. December 2020.

18 Lawrence H. Summers. 〈Accepting the Reality of Secular Stagnation〉. IMF, FINANCE & DEVELOPMENT. May 2020.

19 Lawrence H. Summers. 〈Global economy is at risk from a monetary black hole〉. October 11, 2019.

20 이용대·이채현. 〈코로나19 위기에 따른 가계저축률 상승 고착화(level-up) 가능성〉. 한국은행 조사월보. 2020. 11.

PART 4 융합혁명 시대의 세계 경제 재편

1 Financial Times. 〈Tech sector looks beyond WFH〉. January 21, 2021.

2 McKinsey Global Institute. 〈What's next for remote work: An analysis of 2,000 tasks, 800 jobs, and nine countries〉. November 2020, p2.

3 마우로 기엔.《2030 축의 전환》. 리더스북. 2020, p157.

4 McKinsey & Company. 〈The future is not what it used to be: Thought on the shape of the next normal〉. April 2020.

5 세계 최대의 자산운용회사이자 최대 자산규모를 가진 금융기관인 블랙록은 2020년 1월 자신의 자산운용에서 발열석탄 생산에 총수입의 1/4을 얻는 기업은 퇴출하겠다는 것을 발표했으며, 이어 BNP Paribas asset management는 석탄생산으로부터 총수입의 10% 이상을 얻는 기업은 자산운용 대상에서 제외할 것을 발표했다.

6 Michel Spence. 〈Winner and loser of the Pandemic Economy〉. Project Syndicate. Aug 31, 2020.

7 òscar Jordà, Sanjay R. Singh and Alan M. Taylor. 〈Long-Run Economic Consequences of Pandemics〉. FRB of San Francisco, Working Paper 2020-09. June 2020.

8 Julian Kozlowski, Laura Veldkamp and Venky Venkateswaran. 〈Scarring Body and Mind: The Long-Term Belief-Scarring Effects of 코로나19〉. FRB of St, Louis, Working Paper 2020-009A. April 2020.

9 Kenneth Rogoff. 〈The Uncertainty Pandemic〉. Project Syndicate. Sep 3, 2020.

10 World Economic Forum. 〈The Future of Jobs Report 2020〉. October 2020.

11 Nichplas Christakis. 《APOLLO'S ARROW》. Little Brown. 2020.

12 Allianz. 〈Global Supply Chain Survey〉. December 10, 2020.

13 Klaus Schwab. 〈Post-Covid Calitalism〉. Project Syndicate. Oct 12, 2020.

14 세계 반도체 시장 규모 증가율에 대하여 WSTS(World Semiconductor Tarde Statistics)는 2020 년 5.1%, 2021년 8.4%로 전망한 한편, IC Insight(〈What To Expect From the IC Industry in 2021〉. December 17, 2020)는 2020년 8%, 2021년 10%에 이를 것으로 전망했다.

15 Fernando Duarte & Carlo Rosa. 〈The Equity Premium: A Review of Models〉. FRB of New York, Staff papers. No.714. Feb, 2015.

16 Ernest Liu, Atif Mian & Amir Sufi. 〈Low Interest Rates, Market Power, and Productivity Growth〉. August 2020.

17 WIRED. 〈What Recession? Low Interest Rates Could Mean Tech-Fueled Growth〉. April 9, 2019.

18 IMF의 World Economic Outlook Data Base 2021년 GDP 추정치로 산출했다.

19 GM은 직원 40명의 Cruise를 2016년 10억 달러에 매입했으며, 현재 Cruise 직원 수는 2,000명에 가까운 규모로 급성장했음(WSJ. 〈Microsoft Bets Bigger on Driverless-Car Space With Investment in GM's Cruise〉. Jan 19, 2021).

20 WSJ. 〈How Volkswagen's $50 Billion Plan to Beat 테슬라 Short-Circuited〉. Jan 19, 2021.

21 KOTRA. 〈미국, 전기차 개발 전성시대〉. 해외시장 뉴스. 2021. 01. 12.

22 BBC Future. 〈Why dtriverless cars have an emissions problem〉.

23 BBC Future. 〈Why dtriverless cars have an emissions problem〉.

24 Statista. 〈Global automotive industry revenue between 2017 and 2030〉

25 PWC. 〈Phamaceutical & life science deals insights〉. 2021.

26 Jacob Bell. 〈What a surprise deal does for AstraZeneca and Alexion〉. BioPharma Dive. Dec 16, 2020.

27 BLOTER. 〈삼성전자가 구글·MS와 5G 동맹 맺은 이유〉. 2021.01.13.

28 WSJ. 〈Chip Giants Intel and Nvidia Face New Threats From Amazon to Google to Apple〉. Dec 20, 2020.

29 WSJ. 〈Apple's Chip Dreams Haunts Its Suppliers〉. Dec 11, 2020.

30 전자신문. 〈5나노 AP' 엑시노스 꺼냉 삼성, 애플·퀄컴 넘는다〉. 2021.01.12.

31 David Rotman. 〈We're not prepared for the end of Moore's Law〉. MIT Technology Review. February 23, 2020.

32 Neil C. Thompson and Svenja Spanuth. 〈The Decline of Computers As A general Purpose Technology〉. MIT INITIATIVE ON DIGITAL ECONOMY RESEARCH BRIEF 2019, Vol.1.

33 McKinsey & Company. 〈Semiconductor design and manufacturing: Achieving Leading-edge capabilities〉. August 20, 2020.

34 Neil C. Thompson and Svenja Spanuth. 〈The Decline of Computers as a General purpose Technology〉. MIT Initiative on the Diital Economy research Brief. 2019, Vol.1.

35 "'I want to make sure we're going to fight like hell by investing in America first' said Biden. He ticked off energy, biotech, advanced materials and artificial intelligence as areas ripe for large-scale government investment in research."(Thomas Friedman. 〈Biden: we're going to fight like hell by investing In America first〉. The New York Times. Dec 5, 2020.

36 Intel은 차세대 7나노 공정 CPU를 2022년 하반기 또는 2023년으로 연기한 상태에 있으며, 그 이유는 10나노 공정의 수율이 여전히 상업화 가능한 수준에 미치지 못하기 때문이다. (www.bloter.net. 〈삼성의 인텔 14nm 반도체 수주 뉴스, 어떻게 봐야 할까〉. 2021. 01. 24.)

37 TechRader.com. 〈Intel could get help to make 3nm processors in 2022 – which may be bad news for AMD〉. January 29, 2021.

38 !T Chosun.〈삼성·TSMC, 테슬라 車 반도체 독식 전쟁〉. 2021. 01. 29.

39 BCG x Semiconductor Industry Association. 〈Government Incentives and US Competitiveness in Semiconductor Manufacturing〉. September 2020.

40 "재정·조세·투자·연구·개발(R&D)·수출입·인재육성·지적재산권·상용화·국제협력 등 8개 방면에서 40개 세부 항목에 걸친 지원정책. 특히 28나노미터(nm, 10억분의 1m) 이하 반도체 공정 기술력을 보유하고 15년 이상 반도체 사업을 운영한 기업엔 향후 최대 10년간 법인세가 면제된다."(아주경제. 〈파격 혜택에 내수 뒷받침 …붉은 반도체가 온다〉. 2020. 08. 07.)

41 IC Insight. 〈China Forecast to Fall Far Short of its〉. Made in China 2025 Goals for ICs, Research Bulletin. January 6, 2021.

42 "90 Chinese companies including Huawei, Hisilicon and Xiaomi wants to form a community to build China's own seconductor industry."(www.huaweicentral.com. January 29, 2021.)

43 "2020년 10월 14일 한미 고위급 경제협의회에서 미국 측은 '모든 5G 네트워크 구축에 신뢰할 수 없는 공급업체를 포함할 가능성에 대해 심사숙고하라는 점을 계속해서 촉구하고 있다'고 언급하며 사실상 LG유프러스의 화웨이 장비 수입을 중단할 것을 요구했으며, 한국 정부에 대하여 중국의 스파이 행위 위험이 없는 '클린 네트워크'의 참여를 요구하였다."(연합뉴스. 〈미 국무부, 화웨이 사용 한국기업 향해 "심사숙고해라"〉. 2020. 10. 21.

44 산업연구원. 〈한·중 수출경합관계 및 경쟁력 비교 분석〉. 산업경제이슈 제65호. 2019. 05.; 대외경제정책연구원. 〈중국 산업 고도화에 따른 한중 경쟁력 변화와 대응 전략〉. 2020.

45 대외경제정책연구원. 〈중국 산업 고도화에 따른 한중 경쟁력 변화와 대응 전략〉. 2020, p60.

PART 5 절망의 대한민국

1 이용대·이채현. 〈코로나19 위기에 따른 가계저축률 상승 고착화(level-up) 가능성〉. 한국은행 조사통계월보. 2020년 11월호.

2 MK 뉴스. 〈기업 이익 3년새 42% 늘 때, 법인세 부담은 56% 뜀박질〉. 2021. 01. 11.

3 OECD. 〈Enhancing Dynamism in SMEs and Entrepreneurship in Korea〉. Economic Department Working Papers No. 1510. October 5, 2018.

4 United Nations. 〈World Population Prospect 2019〉. Demographic Profiles. 2019, Vol. II

5 엠브레인 트렌드모니터. 〈2020년 4월 19~45세 미혼 남녀 1,200명 상대 조사〉. 2000.

6 통계청. 〈한국의 사회지표 2019〉. 2020. 06.

7 PEW Rearch center. 〈More than haif of Americans say marriage is important but not essential to leading a fulfilling life〉. February 14, 2020.

8 문화일보. 〈전국 시·군·구 46%가 인구감소로 '소멸위험'〉. 2020. 11. 16.

9 박선권. 〈한국 저출산 대응 예산 증가의 특징과 시사점〉. 국회입법조사처. 2020. 06. 01.

10 우치다 다쓰루. 《인구감소 사회는 위험하다는 착각》.위즈덤하우스, 2019.

11 Financial Times. 〈Japan's lesson on aging gracefully〉. November 29, 2020.

12 정규직 근로자 월 임금(통계청 자료)은 2016년 8월 280만 원에서 2020년 8월 323만 원으로 15.5% 상승했다.

13 헨리 조지의 《진보와 빈곤》에는 토지 가격의 상승에 대한 과세가 시장에 파급되는 영향에 대해서는 언급이 없다. 《진보와 빈곤》에서 저자는 부정의하고 불평등한 부의 분배의 원인은 토지사유제에 있기 때문에, 토지사유제를 철폐하는 것, 즉 토지공유제 실시만이 유일한 해결책이라고 주장했다. (헨리 조지. 《진보와 빈곤》. 비봉출판사. 2016.)

14 뉴스 인사이트. 〈전세시장이 안정되었다고?〉. 국가미래연구원. 2020. 10. 25.: 한국경제신문. 〈내년 서울 아파트 입주 올해보다 2만 가구 줄어… 분양도 절벽〉. 2020. 12. 22.

15 국토교통부. 〈20년 1분기 신규 임대사업자 3.0만 명 및 임대주택사업자 6.2만 호 등록〉. 2020. 04. 23.

PART 6 희망의 대한민국

1 국가미래연구원 News Insight. 〈신축년 엿보기〉. 2021. 02. 09 일부 수정

2 마이클 브린은 《한국, 한국인》에서 국민정서에 대해 다음과 같이 서술했다. "국민정서는 여론과 국민보다 상위에 있다. 독재자를 몰아내고 그 자리를 차지한, 민주주의 생명력이라고까지 말할 수 있다. 국민정서는 도전을 불허하기 때문에 대통령도 복종해야 하며, 정치인, 관료, 검찰, 세무당국, '재벌'이 유의해야 하는 힘이다. 끝나기를 기다릴 수는 있어도 맞서 싸울 수는 없다. 국민정서는 민주 한국의 신이기 때문이다." (마이클 브린. 《한국, 한국인》. 실레북스. 2018, pp481-482.)

3 노조가 한국경제를 망치고 있다는 주장도 있다.(윤기설. 《노조공화국》. 미래사. 2020.)

4 "한국 정부는 서비스 산업의 규제완화를 포함하여 성장을 촉진하기 위한 구조개혁을 계속 추진해야 한다."(IMF. 〈2019 Article IV Mission to Korea〉. March 12, 2019.)

5 폴 콜리어. 《자본주의의 미래》. 까치. 2020, p43.

6 조너선 태퍼먼. 《픽스》. 세종연구원. 2018, p357.

7 등소평 주석이 1979년 미국 방문 후 교시 '부관흑묘백묘(不管黑猫白猫), 착도로서(捉到老鼠) 취시호묘(就是好猫)'의 줄임말

8 한국경제TV. 〈美 1위 미래학자 예언 "미·중 갈등 속 한국이 승자"〉. 2020 글로벌 인더스트리 쇼퍼런스. 2010. 10. 21.

9 산업자원통상부. 〈2021년 1월 수출입 동향〉. 2021. 01. 01.

10 Financial Times. 〈Samsung's biggest challenge: The Lee family has to reform〉. February 7, 2021.

11 2020년 1~7월 실적 기준

12 TSMC는 반도체 생산만 하고, Intel은 설계와 제조를 함께 하는 종합 반도체 제조업체로 디바이스를 생산하지 않는다. 반면에 Apple은 디바이스를 생산하지만 스마트 폰 반도체를 설계만 하지 생산을 하지 않는다. 삼성전자가 반도체의 설계와 제조 및 디바이스 제조를 함께 한다는 것은 장점인 측면도 있고, 단점인 측면도 있다. 이 장점을 키울 수 있다면 삼성전자는 세계 최고의 반도체종합 메이커로서 자리할 것이나, 단점을 극복하지 못하면 경쟁에 밀릴 수밖에 없을 것으로 보인다.

13 Financial Times. 〈Taiwan sense opportunity to bolster relations with west after chip shortages〉. February 8, 2021.

14 KAIST 미래전략연구센터. 《2030 카이스트 미래경고》. 김영사. 2020년.

15 서울대학교 공과대학. 《축적의 시간》. 지식노마드. 2015.

16 "현재 당면한 어려움과 구조적인 문제점을 바꾸어 새로운 기회로 산자는 전환 시스템, 사회와 과학기술 분야에서 자연스럽게 일어나는 혁신 시스템, 사회·문화적 갈등을 해소하고 나아갈 수 있게 해주는 합의 시스템"(KAIST 미래전략연구센터. 《2030 카이스트 미래경고》, 김영사, p.9).

17 Easterlin, Richard A., Laura Angelescu McVey, Malgorzata Switek, Onnicha Sawangfa, and Jacqueline Smith Zweig. 〈The happiness-income paradox revisited〉. Proceeding of the National Academy of Science of United States of America. December 28, 2010.; Easterlin, Richard A., 〈The Easterlin Paradox〉. IZA Institute of Labor Economics, Discussion Paper Series No.13923. December 2020.

18 Betsey Stevenson & Justin Wolfers. 〈Economic Growth and Subjective Well-Being Reassessing the Easterlin Paradox〉. CESifo Working Paper No.2394. August 2008.

19 Alan Greenspan. 《The Map and The Territory》. The Penguin Press. 2013.

20 김동원. 《한국경제, 반전의 조건》. 매일경제신문사. 2018, pp174-184.

21 조선일보. 〈'원전 조작' 실무자만 구속, '너 죽을래' 겁박 장관은 기각〉. 2021. 02. 10.

혼돈의 시대

초판 1쇄   2021년 4월 29일

지은이   김동원
펴낸이   서정희
펴낸곳   매경출판㈜
책임편집   정혜재
마케팅   강윤현 이진희 김예인
디자인   김보현 이은설

매경출판㈜
등록   2003년 4월 24일(No. 2-3759)
주소   (04557) 서울시 중구 충무로 2(필동1가) 매일경제 별관 2층 매경출판㈜
홈페이지 www.mkbook.co.kr
전화   02)2000-2641(기획편집) 02)2000-2636(마케팅) 02)2000-2606(구입 문의)
팩스   02)2000-2609   **이메일** publish@mk.co.kr
인쇄 · 제본   ㈜M-print 031)8071-0961
ISBN 979-11-6484-245-2(03320)